U0544312

司法解释理解与适用丛书

最高人民法院
审理使用人脸识别技术处理个人信息案件司法解释
理解与适用

杨万明　主　编

郭　锋　副主编

最高人民法院研究室　编著

人民法院出版社

PEOPLE'S COURT PRESS

图书在版编目（CIP）数据

最高人民法院审理使用人脸识别技术处理个人信息案件司法解释理解与适用 / 杨万明主编；郭锋副主编；最高人民法院研究室编著. --北京：人民法院出版社，2021.11

ISBN 978-7-5109-3340-0

Ⅰ.①最… Ⅱ.①杨… ②郭… ③最… Ⅲ.①个人信息—法律保护—法律解释—中国 Ⅳ.①D923.75

中国版本图书馆CIP数据核字(2021)第230875号

最高人民法院审理使用人脸识别技术处理个人信息案件司法解释理解与适用

杨万明　主编
郭　锋　副主编
最高人民法院研究室　编著

策划编辑	陈建德　李安尼
责任编辑	张　怡
出版发行	人民法院出版社
地　　址	北京市东城区东交民巷27号（100745）
电　　话	（010）67550691（责任编辑）　67550558（发行部查询） 　　　　　65223677（读者服务部）
客服QQ	2092078039
网　　址	http://www.courtbook.com.cn
E – mail	courtpress@sohu.com
印　　刷	河北鑫兆源印刷有限公司
经　　销	新华书店
开　　本	787毫米×1092毫米　1/16
字　　数	347千字
印　　张	23.75
版　　次	2021年11月第1版　2021年11月第1次印刷
书　　号	ISBN 978-7-5109-3340-0
定　　价	78.00元

版权所有　侵权必究

出版说明

习近平总书记指出:"民法典实施水平和效果,是衡量各级党和国家机关履行为人民服务宗旨的重要尺度。"[①] 贯彻实施好《民法典》,特别是将《民法典》规定的重要制度宣传好、适用好,是人民法院的重要职责使命。个人信息保护"入典"体现了《民法典》鲜明的时代特征和国际视野。加强个人信息司法保护是人民法院坚持以人民为中心,积极回应社会关切,切实实施《民法典》,维护法律适用统一的题中应有之义。

随着云计算、大数据、物联网、人工智能等互联网技术发展,人脸识别技术凭借便捷、非接触等优势,在消费、金融、出行等社会各领域快速普及。大到智慧城市建设,小到手机客户端的登录解锁,都能见到人脸识别的应用。特别是在国境边防、公共交通、城市治安、疫情防控等诸多领域,人脸识别技术发挥着巨大作用,有力推动精准治理,提高社会管理水平。与此同时,滥用人脸识别技术侵害人民群众合法权益的现象日益增多,有些知名门店使用"无感式"人脸识别技术在未经同意的情况下擅自采集消费者人脸信息,部分物业服务企业强制将人脸识别作为业主出入小区的唯一验证方式,部分应用软件强制索取用户人脸信息,有些卖家在社交平台和网站公开售卖人脸信息等,引发人民群众的普遍质疑。《民法典》顺应社会发展需要,在总则编规定个人信息保护的基础上,在人格权编专章规定了"隐私权与个人信息保护",为加强个人信息司法保护提供了基本民事法律遵

---

① 习近平:《充分认识颁布实施民法典重大意义 依法更好保障人民合法权益》,载《求是》2020 年第 12 期。

循。为深入学习贯彻习近平法治思想，切实保护人民群众的"人脸"安全，在吃透《民法典》立法精神基础上，最高人民法院紧锣密鼓开展起草调研工作，于2021年7月28日发布了《关于审理使用人脸识别技术处理个人信息相关民事案件适用法律若干问题的规定》（以下简称《规定》），对滥用人脸识别问题作出司法统一规定，既为人民群众维权提供了明确的裁判指引，也为相关信息处理者依法处理敏感个人信息提供了有效的行为指引。在《规定》起草过程中，我们紧跟《个人信息保护法》立法进程，在涉及敏感个人信息保护等的重要规则制度上保持与《个人信息保护法》规定精神的一致性。《规定》的施行，有力配合了《个人信息保护法》的起草及实施工作。从实施效果看，《规定》一经发布，引发社会普遍关注，反响积极强烈。很多平台信息处理者第一时间完善隐私政策或者用户协议，为切实保障广大网络用户的信息自决权营造了良好的网络环境。

由于涉敏感个人信息相关纠纷具有复杂性、疑难性、新颖性等特征，《规定》的内容也较为简练和原则，为帮助广大法官和社会各界正确理解和适用该司法解释，妥善解决审判实践中遇到的新情况新问题，推动各级人民法院贯彻实施好《民法典》《个人信息保护法》等重要法律，我们组织骨干力量编写了《最高人民法院审理使用人脸识别技术处理个人信息案件司法解释理解与适用》一书。本书的编写突出以下特点：一是详细阐释《规定》的制定背景以及每个条文在起草中的具体考量，便于读者深入把握条文的具体精神内涵。二是将《民法典》《个人信息保护法》相关规定一并予以深入解读，便于读者更加系统掌握《民法典》《个人信息保护法》关于个人信息特别是敏感个人信息的相关处理规则，更加准确理解《规定》的体系定位以及与法律法规的衔接适用。三是结合典型案例和具体场景，重点阐述审判实践中应注意的相关问题，增强《规定》的针对性、实用性、操作性；同时对一些尚存争议的重点难点问题予以列明，引导司法实践重点关注、积极探索、积累经验。四是注重比较法研究，结合个人信息保护具体规则，对欧盟、美国、日本等国家和地区的相关规定予以介绍，便于广大读者从更广阔的视角去理解我国个人信息保护所取得的重大成果和历史进步。

本书由最高人民法院党组成员、副院长杨万明定稿，研究室副主任、一级巡视员郭锋核稿，研究室民事处处长陈龙业、副处长贾玉慧统稿。参与本书编写的人员和分工如下：

1. 郭　锋：引言、第1条；
2. 陈龙业：第5条、第6条、第7条；
3. 蒋家棣：第14条；
4. 贾玉慧：第2条、第4条、第9条、第16条；
5. 沙　玲：第13条；
6. 张　音：第3条、第8条、第15条；
7. 邹　治：第11条；
8. 孙铭溪：第12条；
9. 颜　君：第10条。

在《规定》起草过程中，最高人民法院研究室在全国范围内进行广泛调研，得到了全国人大常委会法工委经济法室的全程大力指导，得到了中央有关单位的有力支持，得到了石佳友、程啸、朱虎、洪延青等专家学者的悉心帮助。全国各高级人民法院高度重视、快速反应、积极组织辖区三级法院开展广泛研究讨论，及时报送相关调研报告。江苏高院、北京高院、上海高院、四川高院、深圳中院、北京互联网法院等精心筹备调研座谈会；人民法院出版社为本书的出版付出了很多心血。在此一并感谢。由于时间仓促，本书疏漏之处在所难免，敬请读者批评指正。

编者
2021年11月

目 录

第一部分　司法解释全文

最高人民法院
　关于审理使用人脸识别技术处理个人信息相关民事案件适用
　法律若干问题的规定
　　（2021年7月28日）……………………………………………… 3

第二部分　新闻发布会及答记者问

《最高人民法院关于审理使用人脸识别技术处理个人信息相关
　民事案件适用法律若干问题的规定》新闻发布会
　　（2021年7月28日）……………………………………………… 11
最高人民法院相关负责人就制定发布《最高人民法院关于审理使用
　人脸识别技术处理个人信息相关民事案件适用法律若干问题的
　规定》回答记者提问……………………………………………… 17

第三部分　条文释义

　引　言……………………………………………………………… 27

1

第一条

【条文主旨】·················· 33

本条是关于本解释适用范围和相关概念的规定。

第二条

【条文主旨】·················· 47

本条是关于处理人脸信息侵害自然人人格权益具体样态的规定。

第三条

【条文主旨】·················· 68

本条是关于认定使用人脸识别技术侵害人格权益承担民事责任时的考量因素的规定。

第四条

【条文主旨】·················· 77

本条是关于强迫同意无效规则的规定。

第五条

【条文主旨】·················· 88

本条是关于处理人脸信息免责事由的规定。

第六条

【条文主旨】·················· 102

本条是关于审理侵害人脸信息纠纷案件举证责任的规定。

第七条

【条文主旨】·················· 114

本条是关于多个侵权主体责任承担的规定。

第八条

【条文主旨】……………………………………………… 132

本条是关于因信息处理者使用人脸识别信息侵害他人人身权益造成财产损失如何赔偿的规定。

第九条

【条文主旨】……………………………………………… 141

本条是关于使用人脸识别技术侵害人格权益时人格权侵害禁令适用的规定。

第十条

【条文主旨】……………………………………………… 157

本条是关于物业服务企业或者其他建筑物管理人的责任的规定。

第十一条

【条文主旨】……………………………………………… 167

本条是人脸信息处理中格式条款被认定无效的情形的规定。

第十二条

【条文主旨】……………………………………………… 175

本条是关于按照合同关系处理人脸信息争议及删除权的规定。

第十三条

【条文主旨】……………………………………………… 189

本条是关于多数人诉讼可以采用共同诉讼方式的规定。

第十四条

【条文主旨】……………………………………………… 200

本条是关于人脸信息保护民事公益诉讼的规定。

第十五条

【条文主旨】 ································· 209

本条是关于死者人格利益保护的规定。

第十六条

【条文主旨】 ································· 213

本条是关于司法解释施行日期和溯及力的规定。

第四部分　个人信息保护案例

案例一：郭某诉杭州野生动物世界服务合同纠纷案 ·········· 229

案例二：李某诉黄某某隐私权纠纷案 ····················· 235

案例三：庞某某诉北京趣拿信息技术有限公司、中国东方航空股份有限公司隐私权纠纷案 ····························· 239

案例四：孙某某诉北京百度网讯科技有限公司、第三人北京搜狐互联网信息服务有限公司人格权纠纷案 ················· 243

案例五：黄某诉腾讯科技（深圳）有限公司、腾讯科技（北京）有限公司等隐私权、个人信息保护纠纷案 ··················· 248

案例六：淘宝（中国）软件有限公司诉安徽美景信息科技有限公司不正当竞争纠纷案 ····························· 253

案例七：四川省自贡市人民检察院与被告周某某人格权纠纷民事公益诉讼案 ··· 257

第五部分　相关法律法规、部门规章和其他规定

【法律】

中华人民共和国宪法（节录）

（2018年3月11日修正） ······················· 265

中华人民共和国民法典（节录）
　　（2020 年 5 月 28 日） ………………………………… 265
中华人民共和国个人信息保护法
　　（2021 年 8 月 20 日） ………………………………… 268
中华人民共和国数据安全法
　　（2021 年 6 月 10 日） ………………………………… 280
中华人民共和国刑法（节录）
　　（2020 年 12 月 26 日修正） …………………………… 286
中华人民共和国网络安全法（节录）
　　（2016 年 11 月 7 日） ………………………………… 288
中华人民共和国消费者权益保护法（节录）
　　（2013 年 10 月 25 日修正） …………………………… 290
中华人民共和国未成年人保护法（节录）
　　（2020 年 10 月 17 日修订） …………………………… 291
全国人民代表大会常务委员会关于加强网络信息保护的决定
　　（2012 年 12 月 28 日） ………………………………… 294
中华人民共和国商业银行法（节录）
　　（2015 年 8 月 29 日修正） …………………………… 296
中华人民共和国反洗钱法（节录）
　　（2006 年 10 月 31 日） ………………………………… 297

【部门规章及规范性文件】

网络交易监督管理办法
　　（2021 年 3 月 15 日） ………………………………… 299
电信和互联网用户个人信息保护规定
　　（2013 年 7 月 16 日） ………………………………… 308
网络预约出租汽车经营服务管理暂行办法（节录）
　　（2019 年 12 月 28 日修正） …………………………… 311

儿童个人信息网络保护规定

　　（2019年8月22日）……………………………………………… 313

国家互联网信息办公室秘书局、工业和信息化部办公厅、公安部办公厅、

　　国家市场监督管理总局办公厅关于印发《常见类型移动互联网

　　应用程序必要个人信息范围规定》的通知

　　（2021年3月12日）……………………………………………… 316

中国人民银行关于银行业金融机构做好个人金融信息保护工作的通知

　　（2011年1月21日）……………………………………………… 322

移动互联网应用程序信息服务管理规定（节录）

　　（2016年6月28日）……………………………………………… 325

互联网直播服务管理规定（节录）

　　（2016年11月4日）……………………………………………… 326

【国家标准】

信息安全技术 个人信息安全规范

　　（2020年3月6日）……………………………………………… 327

第一部分　司法解释全文

最高人民法院
关于审理使用人脸识别技术处理个人信息相关民事案件适用法律若干问题的规定

法释〔2021〕15号

（2021年6月8日最高人民法院审判委员会第1841次会议通过，自2021年8月1日起施行）

为正确审理使用人脸识别技术处理个人信息相关民事案件，保护当事人合法权益，促进数字经济健康发展，根据《中华人民共和国民法典》《中华人民共和国网络安全法》《中华人民共和国消费者权益保护法》《中华人民共和国电子商务法》《中华人民共和国民事诉讼法》等法律的规定，结合审判实践，制定本规定。

第一条 因信息处理者违反法律、行政法规的规定或者双方的约定使用人脸识别技术处理人脸信息、处理基于人脸识别技术生成的人脸信息所引起的民事案件，适用本规定。

人脸信息的处理包括人脸信息的收集、存储、使用、加工、传输、提供、公开等。

本规定所称人脸信息属于民法典第一千零三十四条规定的"生物识别信息"。

第二条 信息处理者处理人脸信息有下列情形之一的，人民法院应当认定属于侵害自然人人格权益的行为：

（一）在宾馆、商场、银行、车站、机场、体育场馆、娱乐场所等经营场所、公共场所违反法律、行政法规的规定使用人脸识别技进行人脸验证、辨识或者分析；

（二）未公开处理人脸信息的规则或者未明示处理的目的、方式、范围；

（三）基于个人同意处理人脸信息的，未征得自然人或者其监护人的单独同意，或者未按照法律、行政法规的规定征得自然人或者其监护人的书面同意；

（四）违反信息处理者明示或者双方约定的处理人脸信息的目的、方式、范围等；

（五）未采取应有的技术措施或者其他必要措施确保其收集、存储的人脸信息安全，致使人脸信息泄露、篡改、丢失；

（六）违反法律、行政法规的规定或者双方的约定，向他人提供人脸信息；

（七）违背公序良俗处理人脸信息；

（八）违反合法、正当、必要原则处理人脸信息的其他情形。

第三条　人民法院认定信息处理者承担侵害自然人人格权益的民事责任，应当适用民法典第九百九十八条的规定，并结合案件具体情况综合考量受害人是否为未成年人、告知同意情况以及信息处理的必要程度等因素。

第四条　有下列情形之一，信息处理者以征得自然人或者其监护人同意为由抗辩的，人民法院不予支持：

（一）信息处理者要求自然人同意处理其人脸信息才提供产品或者服务的，但是处理人脸信息属于提供产品或者服务所必需的除外；

（二）信息处理者以与其他授权捆绑等方式要求自然人同意处理其人脸信息的；

（三）强迫或者变相强迫自然人同意处理其人脸信息的其他情形。

第五条　有下列情形之一，信息处理者主张其不承担民事责任的，人民法院依法予以支持：

（一）为应对突发公共卫生事件，或者紧急情况下为保护自然人的生命健康和财产安全所必需而处理人脸信息的；

（二）为维护公共安全，依据国家有关规定在公共场所使用人脸识别技术的；

（三）为公共利益实施新闻报道、舆论监督等行为在合理的范围内处理人脸信息的；

（四）在自然人或者其监护人同意的范围内合理处理人脸信息的；

（五）符合法律、行政法规规定的其他情形。

第六条 当事人请求信息处理者承担民事责任的，人民法院应当依据民事诉讼法第六十四条及《最高人民法院关于适用〈中华人民共和国民事诉讼法〉的解释》第九十条、第九十一条，《最高人民法院关于民事诉讼证据的若干规定》的相关规定确定双方当事人的举证责任。

信息处理者主张其行为符合民法典第一千零三十五条第一款规定情形的，应当就此所依据的事实承担举证责任。

信息处理者主张其不承担民事责任的，应当就其行为符合本规定第五条规定的情形承担举证责任。

第七条 多个信息处理者处理人脸信息侵害自然人人格权益，该自然人主张多个信息处理者按照过错程度和造成损害结果的大小承担侵权责任的，人民法院依法予以支持；符合民法典第一千一百六十八条、第一千一百六十九条第一款、第一千一百七十条、第一千一百七十一条等规定的相应情形，该自然人主张多个信息处理者承担连带责任的，人民法院依法予以支持。

信息处理者利用网络服务处理人脸信息侵害自然人人格权益的，适用民法典第一千一百九十五条、第一千一百九十六条、第一千一百九十七条等规定。

第八条 信息处理者处理人脸信息侵害自然人人格权益造成财产损失，该自然人依据民法典第一千一百八十二条主张财产损害赔偿的，人民法院依法予以支持。

自然人为制止侵权行为所支付的合理开支，可以认定为民法典第一千一百八十二条规定的财产损失。合理开支包括该自然人或者委托代理人对侵权行为进行调查、取证的合理费用。人民法院根据当事人的请求和具体案情，可以将合理的律师费用计算在赔偿范围内。

第九条　自然人有证据证明信息处理者使用人脸识别技术正在实施或者即将实施侵害其隐私权或者其他人格权益的行为，不及时制止将使其合法权益受到难以弥补的损害，向人民法院申请采取责令信息处理者停止有关行为的措施的，人民法院可以根据案件具体情况依法作出人格权侵害禁令。

第十条　物业服务企业或者其他建筑物管理人以人脸识别作为业主或者物业使用人出入物业服务区域的唯一验证方式，不同意的业主或者物业使用人请求其提供其他合理验证方式的，人民法院依法予以支持。

物业服务企业或者其他建筑物管理人存在本规定第二条规定的情形，当事人请求物业服务企业或者其他建筑物管理人承担侵权责任的，人民法院依法予以支持。

第十一条　信息处理者采用格式条款与自然人订立合同，要求自然人授予其无期限限制、不可撤销、可任意转授权等处理人脸信息的权利，该自然人依据民法典第四百九十七条请求确认格式条款无效的，人民法院依法予以支持。

第十二条　信息处理者违反约定处理自然人的人脸信息，该自然人请求其承担违约责任的，人民法院依法予以支持。该自然人请求信息处理者承担违约责任时，请求删除人脸信息的，人民法院依法予以支持；信息处理者以双方未对人脸信息的删除作出约定为由抗辩的，人民法院不予支持。

第十三条　基于同一信息处理者处理人脸信息侵害自然人人格权益发生的纠纷，多个受害人分别向同一人民法院起诉的，经当事人同意，人民法院可以合并审理。

第十四条 信息处理者处理人脸信息的行为符合民事诉讼法第五十五条、消费者权益保护法第四十七条或者其他法律关于民事公益诉讼的相关规定，法律规定的机关和有关组织提起民事公益诉讼的，人民法院应予受理。

第十五条 自然人死亡后，信息处理者违反法律、行政法规的规定或者双方的约定处理人脸信息，死者的近亲属依据民法典第九百九十四条请求信息处理者承担民事责任的，适用本规定。

第十六条 本规定自 2021 年 8 月 1 日起施行。

信息处理者使用人脸识别技术处理人脸信息、处理基于人脸识别技术生成的人脸信息的行为发生在本规定施行前的，不适用本规定。

第二部分　新闻发布会及答记者问

《最高人民法院关于审理使用人脸识别技术处理个人信息相关民事案件适用法律若干问题的规定》新闻发布会

最高人民法院党组成员、副院长　杨万明

（2021年7月28日）

各位记者：

上午好！感谢大家出席今天的新闻发布会。最高人民法院审判委员会第1841次全体会议审议通过了《最高人民法院关于审理使用人脸识别技术处理个人信息相关民事案件适用法律若干问题的规定》（以下简称《规定》），今天正式对外发布。这部司法解释，是人民法院深入贯彻习近平法治思想，坚持以人民为中心，维护自然人人格权益，保护人民群众"人脸"安全的重要规范性文件；是人民法院切实实施《民法典》，服务构建新发展格局，强化个人信息司法保护，促进数字经济健康发展的有力司法举措。这部司法解释的颁布实施，对最高人民法院指导各级人民法院正确审理相关案件、统一裁判标准、维护法律统一正确实施、实现高质量司法，具有重要而现实的意义。

根据发布会安排，由我向各位简要介绍人民法院个人信息保护基本情况、《规定》的制定背景及其主要内容，并与郭锋同志、陈龙业同志共同回答大家关心的问题。

一、人民法院个人信息保护基本情况

全国各级人民法院历来重视个人信息的司法保护工作。最高人民法院通过司法解释、典型案例、案件审判、加强对地方法院的审判指导等举措，对包括人脸信息在内的个人信息提供有力司法保护，严惩各种侵犯个人信息的违法犯罪行为。

从民事审判工作来看，自《侵权责任法》将隐私权确认为一项独立的民事权利以来，全国各级人民法院审理了一大批隐私权等人格权纠纷案件。2010年7月1日《侵权责任法》实施以来至2020年12月31日，人格权纠纷案件共1 144 628件。2016年1月至2020年12月，隐私权纠纷案件共1678件。2014年，最高人民法院颁布了《关于审理利用信息网络侵害人身权益民事纠纷案件适用法律若干问题的规定》，对网络用户或者网络服务提供者利用网络公开他人隐私和个人信息的侵权责任予以规定。司法实践中，人民法院通过审理一系列新类型典型案例，不断探索信息化时代个人信息及隐私保护规则。如庞某某诉东方航空公司、趣拿信息技术公司隐私权纠纷案，孙某某诉百度公司人格权纠纷案，等等。《民法典》颁布后，最高人民法院对《民事案件案由规定》进行了修正，新增了个人信息保护纠纷案由。《民法典》施行以来，截止到6月30日，各级人民法院正式以个人信息保护纠纷案由立案的一审案件192件，审结103件。"人脸识别第一案"也于2021年4月9日二审宣判，依法保护自然人人脸信息等生物识别信息。随着《民法典》贯彻实施的不断深入、《个人信息保护法》即将颁布实施，人民法院将进一步通过司法裁判筑起保卫人民群众个人信息权益的坚强司法屏障。

从刑事审判工作来看，近年来，侵犯公民个人信息犯罪处于高发态势，而且与电信网络诈骗、敲诈勒索、绑架等犯罪呈合流态势，社会危害严重。为依法严惩此类犯罪，最高人民法院会同有关部门，于2017年5月9日发布了《关于办理侵犯公民个人信息刑事案件适用法律若干问题的解释》（法释〔2017〕10号），自2017年6月1日起施行。该司法解释根据《刑法》有关规定，对侵犯公民个人信息犯罪的定罪量刑标准和有关法律适用问题作了全面、系统的规定。该司法解释施行以来，各级人民法院立足审判职能，依法惩治侵犯公民个人信息犯罪，案件数量显著增长。2017年6月至2021年6月，全国法院受理侵犯公民个人信息刑事案件10 059件，审结9743件，生效判决人数21 726人，对3803名被告人判处三年以上有期徒刑，比例达17.50%。

二、制定出台《规定》的背景

人脸识别是人工智能的重要应用。近年来，随着信息技术飞速发展，人脸识别逐步渗透到人们生活的方方面面。大到智慧城市建设，小到手机客户端的登录解锁，都能见到人脸识别的应用。在国境边防、公共交通、城市治安、疫情防控等诸多领域，人脸识别技术发挥着巨大作用。

在为社会生活带来便利的同时，人脸识别技术所带来的个人信息保护问题也日益凸显。一些经营者滥用人脸识别技术侵害自然人合法权益的事件频发，引发社会公众的普遍关注和担忧。比如，有些知名门店使用"无感式"人脸识别技术在未经同意的情况下擅自采集消费者人脸信息，分析消费者的性别、年龄、心情等，进而采取不同营销策略。又如，有些物业服务企业强制将人脸识别作为业主出入小区或者单元门的唯一验证方式，要求业主录入人脸并绑定相关个人信息，未经识别的业主不得进入小区。再如，部分线上平台或者应用软件强制索取用户的人脸信息，还有的卖家在社交平台和网站公开售卖人脸识别视频、买卖人脸信息等。因人脸信息等身份信息泄露导致"被贷款""被诈骗"和隐私权、名誉权被侵害等问题也多有发生。甚至还有一些犯罪分子利用非法获取的身份证件照片等个人信息制作成动态视频，破解人脸识别验证程序，实施窃取财产、虚开增值税普通发票等犯罪行为。上述行为严重损害自然人的人格权益，侵害其人身、财产等合法权益，破坏社会秩序，亟待进行规制。

人脸信息属于敏感个人信息中的生物识别信息，是生物识别信息中社交属性最强、最易采集的个人信息，具有唯一性和不可更改性，一旦泄露将对个人的人身和财产安全造成极大危害，甚至还可能威胁公共安全。据 App 专项治理工作组去年发布的《人脸识别应用公众调研报告》显示，在 2 万多名受访者中，94.07% 的受访者用过人脸识别技术，64.39% 的受访者认为人脸识别技术有被滥用的趋势，30.86% 受访者已经因为人脸信息泄露、滥用等遭受损失或者隐私被侵犯。这段时间，人脸识别成为热门词汇，社会公众对人脸识别技术滥用的担心不断增加，强化人脸信息保护的呼声日益高涨。

党中央高度重视个人信息保护工作。习近平总书记多次强调，要坚持网络安全为人民、网络安全靠人民，保障个人信息安全，维护公民在网络空间的合法权益，对加强个人信息保护工作提出明确要求。最高人民法院深入学习贯彻习近平法治思想，立足人民群众的现实需求，以问题为导向，充分发挥审判职能作用，主动回应人民关切和期待，严格依照《民法典》《网络安全法》《消费者权益保护法》《电子商务法》《民事诉讼法》等法律，吸收个人信息保护立法有关经验成果，在充分调研基础上制定了本司法解释，对人脸信息提供司法保护。

三、《规定》的主要内容

《规定》的起草，以习近平法治思想为指导，严格遵循《民法典》人格权编及相关法律的规定精神，坚持问题导向、需求导向，针对实践中反映较为突出的问题，从侵权责任、合同规则以及诉讼程序等方面规定了 16 个条文。现将重点内容介绍如下：

（一）关于适用范围

《规定》第 1 条对适用范围作了明确规定。首先，《规定》适用于平等民事主体之间因使用人脸识别技术处理人脸信息所引起的相关民事纠纷。其次，信息处理者使用人脸识别技术处理人脸信息，或者虽然没有使用人脸识别技术但是处理基于人脸识别技术生成的人脸信息,均属于《规定》的适用范围。再次,涉及的责任承担既包括侵权责任,也包括违约责任,受侵害的权益既包括个人信息权益,也包括肖像权、隐私权、名誉权等人格权以及财产权。

(二)从人格权和侵权责任角度作出规定

《规定》第2条至第9条主要从人格权和侵权责任角度明确了滥用人脸识别技术处理人脸信息行为的性质和责任。其中,第2条规定了侵害自然人人格权益行为的认定,针对2021年"3·15晚会"所曝光的线下门店在经营场所滥用人脸识别技术进行人脸辨识、人脸分析等行为,以及社会反映强烈的几类典型行为,该条均予以列举,明确将之界定为侵害自然人人格权益的行为。针对部分商家采用一次概括授权、与其他授权捆绑、"不同意就不提供服务"等不合理手段处理自然人人脸信息的,第2条和第4条明确,处理自然人的人脸信息,必须征得自然人或者其监护人的单独同意;对于违反单独同意,或者强迫、变相强迫自然人同意处理其人脸信息的,构成侵害自然人人格权益的行为。第5条对《民法典》第1036条进行细化,明确了处理人脸信息的免责事由;第6条至第9条分别规定了举证责任、多个信息处理者侵权责任的承担、财产损失的范围界定以及人格权侵害禁令的适用等。

(三)从合同角度对重点问题予以回应

《规定》第10条至第12条,主要从物业服务、格式条款效力、违约责任承担等角度对人民群众普遍关心的问题予以回应。针对物业服务企业或者其他建筑物管理人以人脸识别作为业主或者物业使用人出入物业服务区域的唯一验证方式的,第10条明确,不同意的业主或者物业使用人请求其提供其他合理验证方式的,人民法院依法予以支持。针对信息处理者通过采用格式条款与自然人订立合同,要求自然人授予其无期限限制、不可撤销、可任意转授权等处理人脸信息的权利的,第11条规定,自然人依据《民法典》第497条请求确认格式条款无效的,人民法院依法予以支持。第12条对自然人请求信息处理者承担违约责任并删除其人脸信息的情形作了规定。

此外,《规定》第13条、第14条,对相关诉讼程序进行细化规定。第15条至第16条,对涉及个人信息的死者人格利益保护、本司法解释的施行日期以及溯及力作出明确规定。

《规定》在制定过程中,得到了全国人大常委会法工委的全程指导,得到中央政法委、中宣部、中央网信办、公安部、最高人民检察院、司法部、工信部、市场监管总局等中央有关单位的大力支持,得到法学理论界的支持帮助,也得到新闻媒体朋友和社会各界的关心关注。借此机会,表示衷心的感谢!

习近平总书记在庆祝中国共产党成立100周年大会上讲话强调,必须"坚持全心全意为人民服务的根本宗旨,站稳人民立场","着力解决发展不平衡不充分问题和人民群众急难愁盼问题,推动人的全面发展、全体人民共同富裕取得更为明显的实质性进展"。个人信息,特别是敏感个人信息,关系到每个人的人格尊严,强化个人信息司法保护,符合人民群众所急所盼,也是人民法院的工作重点。下一步,最高人民法院将继续深入贯彻习近平法治思想,始终坚持以人民为中心,持之以恒抓好个人信息司法保护各项工作,促进信息数据依法合理有效利用,推动数字经济健康发展。

谢谢!

最高人民法院相关负责人就制定发布《最高人民法院关于审理使用人脸识别技术处理个人信息相关民事案件适用法律若干问题的规定》回答记者提问

1.记者：通过刚才杨万明副院长的介绍，我们注意到，这个司法解释以问题为导向，有针对性地对人民群众关心的问题予以及时回应，强化对人脸信息的司法保护。请问，最高人民法院出台《规定》，是如何兼顾权益保护和价值平衡的？

杨万明：谢谢你的提问。我们出台这个《规定》主要是对滥用人脸识别问题作出司法统一规定。"保护当事人合法权益，促进数字经济健康发展"是本《规定》的制定宗旨。《规定》在起草过程中紧紧围绕这一宗旨，既注重权益保护，又注重价值平衡。

在权益保护方面，除了刚才介绍的内容之外，《规定》还在如下方面强化对人脸信息的司法保护：一是合理分配举证责任。《规定》第6条依据现有举证责任的法律适用规则，以及《民法典》第1035条、第1036条等规定内容，充分考虑双方当事人的经济实力不对等、专业信息不对称等因素，在举证责任分配上课以信息处理者更多的举证责任。二是合理界定财产损失范围。除适用《民法典》第1182条外，考虑到侵害人脸信息可能并无具体财产损失，但被侵权人为维权支付的相关费用却较大，如果不赔偿，将会造成被侵权人维权成本过高，侵权人违法成本较小的不平衡状态。第8条明确被侵权人为制止侵权行为所支付的合理开支以及合理的律师费用可作为财产损失请求赔偿。三是积极倡导民事公益诉讼。由于实践中受害者分散、个人维权成本高、举证能力有限等因素，个人提起诉讼维权的情况相对较少，而公益诉讼制度能够有效弥补这一不足。结合人民法院审理个人信息民事公益诉讼相关实践，《规定》第14条对涉人脸信息民事公益诉讼予以明确规定。

在价值平衡方面，一是注重个人利益和公共利益的平衡。在依法保护自然人人脸信息的同时，第5条在吸收个人信息保护法立法精神的基础上，对《民法典》第1036条规定进行了细化，明确规定了使用人脸识别不承担民事责任的情形，比如，为应对突发公共卫生事件，或者紧急情况下为保护自然人的生命健康和财产安全所必需而处理人脸信息的；再如，为维护公共安全，依据国家有关规定在公共场所使用人脸识别技术的；等等。同时，第5条通过"兜底条款"的规定，将其他免责事由适用引向《民法典》等法律。二是注重惩戒侵权行为和促进数字经济发展的平衡。《规定》充分考量人脸识别技术的积极作用，一方面规范信息处理活动，保护敏感个人信息，另一方面注重促进数字经济健康发展，保护人脸识别技术的合法应用。为了避免对信息处理者课以过重责任，妥善处理好惩戒侵权和鼓励数字科技发展之间的关系，《规定》第16条明确了本司法解释不溯及既往的基本规则，即：对于信息处理者使用人脸识别技术处理人脸信息、处理基于人脸识别技术生成的人脸信息的行为发生在本规定施行前的，不适用本规定。

2. 记者：未成年人保护是全社会关注的焦点，《规定》第3条专门将"受害人是否未成年人"作为动态考量因素。请问，关于未成年人的人脸信息，《规定》是如何进行保护的？

郭　锋：习近平总书记指出："全社会都要了解少年儿童、尊重少年儿童、关心少年儿童、服务少年儿童，为少年儿童提供良好社会环境。""对损害少年儿童权益、破坏少年儿童身心健康的言行，要坚决防止和依法打击。"未成年人是国家的未来、民族的希望。未成年人的健康成长，关系亿万家庭的幸福安宁，关系社会的和谐稳定。

伴随着人脸识别应用场景越来越广泛，未成年人的人脸信息被采集的场景也越来越多,既有线上的,也有线下的。比如,商场、小区、学校等场所安装的人脸识别系统,手机上带有人脸识别功能的 App 软件,互联网上需要进行人脸验证的平台,等等。由于未成年人身心发育尚未成熟,社会阅历有限,个人信息保护意识相对淡薄,加之对新生事物较为好奇,其人脸信息被采集的概率相对较大。据团中央最近发布的《2020 年全国未成年人互联网使用情况研究报告》显示,2020 年我国未成年网民规模达到 1.83 亿,个人信息未经允许在网上被公开的比例为 4.9%。在这些个人信息中,人脸信息具有唯一性和不可更改性,我们可以换手机、可以换密码、可以换住址,但是我们没法"换脸"。未成年人的人脸信息一旦泄露,侵权影响甚至可能伴随其一生,特别是技术歧视或算法偏见所导致的不公平待遇,会直接影响未成年人的人格发展。

我国《未成年人保护法》《网络安全法》等法律对未成年人的网络保护作出了专门规定。如信息处理者处理不满 14 周岁未成年人个人信息的,应当征得未成年人的父母或者其他监护人同意;未成年人、父母或者其他监护人要求信息处理者更正、删除未成年人个人信息的,信息处理者应当及时采取措施予以更正、删除;等等。从比较法的角度看,欧盟 GDPR、《美国儿童网上隐私保护法》等对未成年人个人信息保护也作出了特别规定。

《规定》坚持最有利于未成年人原则,从司法审判层面加强对未成年人人脸信息的保护。按照告知同意原则,第 2 条第 3 项规定,信息处理者处理未成年人人脸信息的,必须征得其监护人的单独同意。关于具体年龄,可依据《未成年人保护法》《网络安全法》以及将来的《个人信息保护法》进行认定。从责任认定角度看,第 3 条在《民法典》第 998 条的基础上,对侵害人脸信息责任认定的考量因素予以细化,结合当前未成年人人脸信息保护现状,明确将"受害人是否未成年人"作为责任认定特殊考量因素,对于违法处理未成年人人脸信息的,在责任承担时依法予以从重从严,确保未成年人人脸信息依法得到特别保护，呵护未成年人健康成长。

3. 记者：当前，部分小区使用人脸识别门禁系统，引发了社会热议。我们注意到，《规定》第 10 条对此予以回应，能否详细介绍一下制定本条的考量因素？

郭　锋：关于部分小区使用人脸识别门禁系统的问题，我们一直在关注，前期也做了一些调研。伴随着人脸识别技术应用场景的不断丰富，一些小区引入人脸识别系统，用"刷脸"代替"刷卡"，可以说，这是新形势下小区物业管理的一种创新模式。当前，社会各界对此有不同看法。有意见认为，将人脸识别作为住户身份验证方式，是一种智能化管理，可以更精准识别出入小区人员，让小区管理更安全、更高效。也有意见认为，在录入人脸信息时，小区物业要求人脸信息和详细住址、身份信息相绑定，这些信息一旦泄露，可能给个人隐私造成损害。

调研中发现，群众关心小区物业安装人脸识别设备，集中在强制"刷脸"的问题上。人脸信息属于敏感个人信息，小区物业对人脸信息的采集、使用必须依法征得业主或者物业使用人的同意。只有业主或者物业使用人自愿同意使用人脸识别，对人脸信息的采集、使用才有了合法性基础。实践中，部分小区物业强制要求居民录入人脸信息，并将人脸识别作为出入小区的唯一验证方式，这种行为违反"告知同意"原则，群众质疑声较大。我们应该拥抱新科技，但同时也要尊重人格权益。小区物业不能以智能化管理为由，侵害居民人格权益。为此，《规定》第 10 条第 1 款专门规定："物业服务企业或者其他建筑物管理人以人脸识别作为业主或者物业使用人出入物业服务区域的唯一验证方式，不同意的业主或者物业使用人请求其提供其他合理验证方式的，人民法院依法予以支持。"根据这一规定，小区物业在使用人脸识别门禁系统录入人脸信息时，应当征得业主或者物业使用人的同意，对于不同意的，小区物业应当提供替代性验证方式，不得侵害业主或物业使用人的人格权益和其他合法权益。

另外，为更好规范物业服务企业或者其他管理人，防止其将人脸信息泄露或者侵害业主或物业使用人隐私，第10条第2款又进一步明确："物业服务企业或者其他建筑物管理人存在本规定第二条规定的情形，当事人请求物业服务企业或者其他建筑物管理人承担侵权责任的，人民法院依法予以支持。"这样就对业主及其他物业使用人的人脸信息形成全面保护。

4. 记者：当前，一些App通过捆绑授权等不合理方式强制索取个人信息的现象较为突出。对此，《规定》是如何采取司法对策的？

陈龙业：一段时间以来，部分移动应用程序（App）通过一揽子授权、与其他授权捆绑、"不点击同意就不提供服务"等方式强制索取非必要个人信息的问题比较突出，这既是广大用户的痛点，也是维权的难点。

为从司法角度规范此类行为，更好保护人民群众合法权益，《规定》根据《民法典》第1035条，在吸收个人信息保护立法精神、借鉴域外做法的基础上，明确了以下处理人脸信息的规则：

一是单独同意规则。由于人脸信息属于敏感个人信息，处理活动对个人权益影响重大，因此，在告知同意上，有必要设定较高标准，以确保个人在充分知情的前提下，合理考虑对自己权益的后果而作出同意。《规定》第2条第3项引入单独同意规则，即：信息处理者在征得个人同意时，必须就人脸信息处理活动单独取得个人的同意，不能通过一揽子告知同意等方式征得个人同意。

二是强迫同意无效规则。基于个人同意处理人脸信息的，个人同意是信息处理活动的合法性基础。只要信息处理者不超出自然人同意的范围，原则上该行为就不构成侵权行为。自愿原则是民法典的基本原则之一，个人的同意必须是基于自愿而作出。特别是对人脸信息的处理，不能带有任何强迫因素。如果信息处理者采取"与其他授权捆绑""不点击同意就不提供服务"等做法，会导致自然人无法单独对人脸信息作出自愿同意，或者被迫同意处理其本不愿提供且非必要的人脸信息。为强化人脸信息保护，防止信息处理者对人脸信息的不当采集，《规定》第4条对处理人脸信息的有效同意采取从严认定的思路。对于信息处理者采取"与其他授权捆绑""不点击同意就不提供服务"等方式强迫或者变相强迫自然人同意处理其人脸信息的，信息处理者据此认为其已征得相应同意的，人民法院不予支持。第4条的规定不仅适用于线上应用，对于需要告知同意的线下场景也同样适用。

5. 记者：下一步，最高人民法院在个人信息保护方面还将采取哪些举措？

杨万明：个人信息保护关系到广大人民群众的切身利益，关系到数字经济的健康发展。最高人民法院将始终坚持以人民为中心，系统谋划，整体推进，持之以恒抓好个人信息司法保护各项工作。重点抓好以下几方面工作：

一是将个人信息司法保护融入《民法典》贯彻实施工作当中。我们将认真贯彻落实习近平总书记重要讲话精神，不断加强涉及人格权保护特别是个人信息保护的民事审判工作和监督指导工作，积极回应社会关切。将个人信息保护作为民法典教育培训、普法宣传的重要内容，指导广大法官不断提高依法审理涉个人信息保护纠纷案件的司法能力和水平；采取喜闻乐见的形式，让《民法典》关于个人信息保护的规定精神真正走进人民群众心里。

二是全力配合做好《个人信息保护法》立法工作。立足人民法院工作职责，不断总结审判实践经验，紧紧围绕个人信息保护法草案内容，积极向立法机关建言献策。《个人信息保护法》颁布后，人民法院将认真做好贯彻实施工作，确保《个人信息保护法》的新精神、新理念在审判执行工作中落地落实落细。

三是切实加强个人信息司法保护的统一法律适用工作。我们将紧紧围绕《民法典》规定精神，坚持问题导向，加大调研力度，及时制定或完善其他个人信息保护民事司法解释。充分发挥一个案例胜过一打文件的优势，加大个人信息保护方面的指导性案例、典型案例发布力度，切实加强对下业务指导。开展个人信息司法保护专项调研，密切关注司法实践中个人信息保护所遇到的新情况、新问题，认真总结提炼规律性、经验性成果，确保法律规则的统一正确适用。

四是持续加强对个人信息刑事犯罪的打击力度。全国法院要保持高压态势，坚持依法严惩不放松，进一步加强对相关案件的审判工作，通过依法严惩侵犯公民个人信息及相关犯罪，切实维护人民群众的个人信息安全和财产、人身权益，促进完善国家和社会治理。

谢谢！

第三部分　条文释义

> 为正确审理使用人脸识别技术处理个人信息相关民事案件，保护当事人合法权益，促进数字经济健康发展，根据《中华人民共和国民法典》《中华人民共和国网络安全法》《中华人民共和国消费者权益保护法》《中华人民共和国电子商务法》《中华人民共和国民事诉讼法》等法律的规定，结合审判实践，制定本规定。

【说明】

一、关于本解释的命名

根据《最高人民法院关于司法解释工作的规定》第6条的规定，对于如何应用某一法律或者对某一类案件、某一类问题如何适用法律所作的规定，采用"解释"的形式；根据审判工作需要，对于审判工作提出的规范、意见，采用"规定"的形式。本解释主要是对《民法典》等法律规定的解释，比如，对人脸信息范畴的界定、对《民法典》第1036条免责事项的细化等。但是，本解释的定位是对人民法院如何审理使用人脸识别技术处理个人信息相关民事纠纷案件进行系统性规范，且在起草过程中吸收了《个人信息保护法》相关立法精神和阶段性成果，个别规则甚至具有一定的填补空白功能，经研究决定，本解释采"规定"形式。

本解释以问题为导向，结合当前滥用人脸识别技术现状和相关案件审判，从侵权、合同以及诉讼程序入手，主要调整因使用人脸识别技术所引发的相关民事纠纷案件，因此，最初的解释稿使用的名称为"最高人民法院关于审理涉人脸识别技术相关民事纠纷案件适用法律若干问题的规定"。征求意见过程中，最高人民法院相关部门提出，该名称外延过大，可能将涉人脸识别技术的知识产权类案件也包含其中。为了实现标题的精准性，我们进一步限缩范围，将名称修改为"最高人民法院关于审理使用人脸识别技术处理人脸信息相关民事纠纷案件适用法律若干问题的规定"，明确本解释只是调整因使用人脸识别技术处理人脸信息时所引发的相关民事纠纷案件，对于涉人脸识别技术的其他民事纠纷不属于本解释的调整范围。征求意见过程中，有意见提出，"使用人脸识别技术处理人脸信息"的表述虽然精准，但是作为效力层级较高的司法解释，一个标题中连续出现两个"人脸"，重复率太高，建议将"人脸信息"修改为"个人信息"。我们采纳了这一意见。经反复论证，将本解释命名为《最高人民法院关于审理使用人脸识别技术处理个人信息相关民事案件适用法律若干问题的规定》。

二、关于本解释的制定宗旨

本解释的出台具有深刻的时代背景，滥用人脸识别技术侵害人民群众合法权益的严峻形势是制定本解释的直接原因。近年来，人脸识别技术滥用的形势日益严峻，比如，有些知名门店使用"无感式"人脸识别技术在未经同意的情况下擅自采集消费者人脸信息，部分物业服务企业强制将人脸识别作为业主出入小区的唯一验证方式，部分应用软件强制索取用户人脸信息，有些卖家在社交平台和网站公开售卖人脸信息等，这些问题既是人脸识别技术滥用的重点领域，也是容易引发人民群众集体焦虑的问题。鉴于此，本解释坚持"以人民为中心"的发展理念，旨在通过充分发挥司法审判职能作用，对滥用人脸识别现象予以有效规制，切实保障广大人民群众人脸信息的安全。同时，也必须看到：一方面，随着云计算、大数据、物联网、人工智能等互联网技术发展，人脸识别技术凭借便捷、非接触等优势，在消费、金融、出行等社会各领域快速普及。大到智慧城市建设，小到手机客户端的登录解锁，都能见到人脸识别技术的应用。特别是在国境边防、公共交通、城市治安、疫情防控等诸多领域，人脸识别技术发挥着巨大作用，有力推动精准治理，提高社会管理水平。另一方面，个人信息数据是大数据的核心和基础，数据的竞争已成为国际竞争的重要领域。习近平总书记深刻指出，要发展数字经济，加快推动数字产业化，依靠信息技术创新驱动，不断催生新产业新业态新模式，用新动能推动新发展。[①]"十四五"规划也特别强调了激活数据要素潜能。因此，本解释既要依法规制技术滥用、保护人民群众的合法权益，又必须立足于鼓励科技创新，促进数字经济健康发展。为防止各级法院在审理此类案件过程中，只注重权益保护，忽视科技创新发展，故本解释明确将"保护当事人合法权益，促进数字经济健康发展"作为制定宗旨。

　　本解释在起草过程中，严格遵循这一宗旨，强化权益保护，注重价值平衡。比如，针对当前人脸识别技术滥用现状，本解释将人脸信息等人格权益的保护作为重点，通过明确侵权行为样态、责任承担、举证责任、财产损失范围界定等规则，多角度遏制侵害自然人人格权益的行为。同时，本解释通过细化免责事由、引入动态系统论、明确不溯及既往等，妥善处理好个人利益和公共利益、惩戒侵权行为和促进数字经济发展之间的关系，促进个人信息合法合理使用和数字经济健康发展。

三、关于本解释的法律依据

　　《民法典》从整体角度用了7个条文（第111条、第1034~1039条）对个人信息保护作了规定，明确了个人信息处理的含义、私密信息的法律适用、个人信息处理的原则与合法性要件、侵害个人信息的

[①]《习近平在全国网络安全和信息化工作会议上强调 敏锐抓住信息化发展历史机遇 自主创新推进网络强国建设》，载《人民日报》2018年4月22日，第1版。

免责事由等具体内容，侵权责任编规定了网络侵权、多数人侵权的责任承担问题，是本解释的主要制定依据。其中，本解释中的"人脸信息"属于《民法典》第 1034 条规定的"生物识别信息"［按照《信息安全技术 个人信息安全规范》（GB/T 35273—2020）的界定，生物识别信息包括面部识别特征信息］。此外，2017 年《网络安全法》第四章专门对网络运营者处理个人信息的行为作出了规定；《电子商务法》《消费者权益保护法》中也有个别条文对电子商务平台、经营者收集、使用用户、消费者个人信息进行了规定；因此，本解释将上述法律一并作为实体法依据。除实体性规定外，本解释还涉及人脸识别案件的相关诉讼程序，故将《民事诉讼法》作为程序法依据。需要说明的是，2012 年 12 月 28 日《全国人民代表大会常务委员会关于加强网络信息保护的决定》也对公民个人电子信息的保护作了全面规定，但是相关内容在《网络安全法》以及上述其他法律中已有涉及，因此未将之作为法律依据。此外，本解释于 2021 年 7 月 28 日颁布，而当时《个人信息保护法》尚未颁布，故未将《个人信息保护法》作为法律依据。但是，本解释的起草得到了全国人大常委会法工委的全程指导，充分吸收了《个人信息保护法》的先进立法成果，符合《个人信息保护法》的立法精神。

四、关于本解释的起草过程

为及时对滥用人脸识别问题作出统一司法规定，最高人民法院专门成立了由研究室牵头，民一庭、民三庭、行政庭、知识产权法庭、司法案例研究院、司法大数据研究院等单位共同参与的起草小组，紧锣密鼓开展涉人脸识别司法解释的调研起草工作。2021 年 3 月中旬，起草小组向全国各高院下发通知征集意见建议，并与个人信息保护领域专家学者进行深入探讨。在认真梳理各高院意见、专家学者意见和国内外相关资料的基础上，搭建了司法解释整体框架，拟定了需重点解决的问题清单。3 月底到 4 月初，起草小组先后在江苏高院、北京互联网法院进行调研座谈，听取全国部分高院和北京市三级法院部分审判业务专家意见，形成司法解释初稿。4月8日，在最高人民法院机关召开的专项工作小组会上，成员单位对司法解释初稿逐条进行研究论证。4月中下旬，起草小组又分别在上海、四川召开全国部分法院座谈会，听取审判一线法官的意见建议，并委托地方法院就小区物业安装人脸识别门禁问题开展实地调研。为确保司法解释质量，起草小组又组织召开了专家论证会，全国人大常委会法工委、中央网信办等有关领导同志，石佳友、程啸、朱虎等专家学者，以及个人信息国标牵头人等参加论证，对司法解释稿予以高度评价，并提出了很好的意见建议。起草过程中，起草小组始终与全国人大常委会法工委、中央网信办等单位以及专家学者保持动态沟通，认真打磨每一个条文表述。形成征求意见稿后，广泛征求全国人大常委会法工委、中央政法委、中央网信办、公安部、最高人民检察院、司法部、工信部、市场监督管理总局等中央有关单位以及国内知名专家学者的意见建议。在认真吸收各方意见建议基础上，形成送审稿，提交最高人民法院审判委员会讨论。6月8日，本解释经最高人民法院审判委员会第1841次全体会议审议通过。根据审委会决议，起草小组又对司法解释部分条文表述进行修改完善，并向中央宣传部征求意见，第二次征求全国人大常委会法工委意见。中央宣传部、全国人大常委会法工委回函均无不同意见。可以说，本解释在全国人大常委会法工委的全程指导下，广泛吸纳各方面意见和建议，符合立法精神，是理论界和实务界共同智慧的结晶。

五、本解释的基本原则

本解释的起草，始终坚持四个原则：

一是以人民为中心，回应群众所急所盼。人脸识别技术的合理使用为人民群众的生活带来了便利，而人脸识别技术的滥用不同程度侵害了人民群众的合法权益，引发社会普遍关注和担忧。本解释的起草,始终坚持以习近平法治思想为指导,牢牢站稳人民立场,积极回应滥用人脸识别技术的这一群众所急所盼的问题,切实加强权益保护。通过对滥用人脸信息行为进行统一司法规制,充分发挥裁判引领作用,实现好、维护好最广大人民群众根本利益。

二是坚持问题导向,聚焦重点领域。本解释并非限制人脸识别技术的使用,而是限制人脸识别技术的滥用。本解释坚持以问题为导向,对人脸识别技术滥用的主要场景进行全面梳理。比如,有些知名门店使用"无感式"人脸识别技术在未经同意的情况下擅自采集消费者人脸信息,部分物业服务企业强制将人脸识别作为业主出入小区的唯一验证方式,部分应用软件强制索取用户人脸信息,有些卖家在社交平台和网站公开售卖人脸信息等,这些问题既是人脸识别技术滥用的重点领域,也是容易引发人民群众集体焦虑的问题。对于上述问题,本解释均提出针对性的司法解决方案。

三是严格依照法律规定,切实符合司法规律。对生物识别信息等敏感个人信息的规范,是一个系统工程。在《个人信息保护法》以及相关行政法规出台前,起草涉人脸识别司法解释需要注意与立法、行政执法的衔接,做到不缺位、不越位。本解释的起草坚持用足用好《民法典》等现有法律规定,为规制人脸识别技术滥用提供清晰的法律适用指引;同时秉持审慎原则,对于应由法律或者行政法规作出规定的,本解释未予涉及或者使用"违反法律、行政法规规定"等表述,为下一步法律、行政法规的施行预留接口。

四是强化权益保护,注重价值平衡。针对当前人脸识别技术滥用现状,本解释将人脸信息等人格权益的保护作为重点,通过明确侵权行为样态、责任承担、举证责任、财产损失范围界定等规则,多角度遏制侵害自然人人格权益的行为。同时,本解释也十分注重价值平衡。通过细化免责事由、引入动态系统论、明确不溯及既往等,妥善处理好个人利益和公共利益、惩戒侵权行为和促进数字经济发展之间的关系,促进个人信息合法合理使用和数字经济健康发展。

第一条　因信息处理者违反法律、行政法规的规定或者双方的约定使用人脸识别技术处理人脸信息、处理基于人脸识别技术生成的人脸信息所引起的民事案件，适用本规定。

人脸信息的处理包括人脸信息的收集、存储、使用、加工、传输、提供、公开等。

本规定所称人脸信息属于民法典第一千零三十四条规定的"生物识别信息"。

【条文主旨】

本条是关于本解释适用范围和相关概念的规定。

【条文理解】

人脸识别技术是现代网络信息科技尤其是人工智能与大数据技术发展的产物。人脸识别技术，是指通过对人脸信息的自动化处理，实现验证个人身份、辨识特定自然人或者预测分析个人特征等目的的一项生物识别技术。关于人脸识别技术在社会经济生活领域所带来的积极价值以及滥用人脸识别技术所带来的严重危害，本书前面已经论述，此处不再赘述。如何清晰地划定本解释的适用范围，实现对滥用人脸识别问题的精准规制，是本解释起草中所面临的重点难点问题，这也是本条所要解决的主要问题。

一、关于本条的起草过程

本条的起草难度非常大，经历了多次变化。本解释起草之初，我们对本解释的设计思路进行了反复研究。前期调研时注意到，由于人脸识别技术涉及领域广泛，滥用形式多样，引发的纠纷类型也较为复杂，因此，本解释的起草不能采用《最高人民法院关于审理利用信息网络侵害人身权益民事纠纷案件适用法律若干问题的规定》等司法解释的体例，单纯从侵权或者合同的角度起草整部司法解释，这就为一般性规定的起草增加了难度。最初，我们起草的条文为："自然人因信息处理者利用人脸识别等技术侵害其肖像权、名誉权、隐私权或者个人信息等人格权益，主张信息处理者承担侵权责任的，人民法院依法予以支持。"但是，该条无法涵盖当时条文稿中的业主多数决和格式条款。为了使本解释尽可能包容更多纠纷类型，起草小组暂时放弃了这种写法，而是将滥用人脸识别问题类型化、具体化，针对实践中存在的问题，梳理了15个条文。在南京召开第一次座谈会时，当时的征求意见稿第1条并不是一般性规定，而是关于侵权责任的具体规定。在南京召开的座谈会上有意见提出，建议还是增加一般性规定，明确适用范围，以统领整体司法解释。我们采纳了这个意见，为了实现适用范围的周延，经多次研究讨论，将本条修改为："信息处理者违反法律、行政法规规定或者双方约定使用人脸识别技术处理自然人的人脸信息，该自然人请求信息处理者承担民事责任的，适用本规定。"由于本条非常重要，最高人民法院审委会对本条进行了重点研究并提出意见。起草小组根据审委会意见，将之修改为："因信息处理者违反法律、行政法规的规定或者双方的约定使用人脸识别技术处理人脸信息、处理基于人脸识别技术生成的人脸信息所引起的民事案件，适用本规定。"经再次征求全国人大常委会法工委意见后最终确定下来。该款规定既实现了对司法解释名称中的"相关民事案件"的具体界定，又周延了人脸信息处理活动的各个环节，对于本解释并未明确但实践中存在的具体情形也同样适用,具有极强的针对性和包容性。

人脸信息是本解释的一个核心概念。起草初期,我们曾参照《信息安全技术 个人信息安全规范》(GB/T 35273—2020)的相关表述,使用了"面部识别特征信息"的概念。征求意见过程中,多数意见认为,关于"面部识别特征信息"具体内涵,法律、法规、规章以及国家标准均未作出明确界定,且面部识别特征信息是否能够包含"人脸原始图像",有待商榷,建议采用一个包容性更强的概念。经反复研究,结合个人信息保护立法精神和相关国家标准,参考欧盟《通用数据保护条例》(General Data Protection Regulation,以下简称GDPR)等域外规定,并征求网信部门、国家标准牵头人的意见,最终确定使用"人脸信息"这一概念。

全国人大常委会法工委、中央政法委、网信办、最高人民检察院、公安部、司法部等中央有关单位对本条均无不同意见。

二、关于本解释的适用范围

本条第1款明确了本司法解释的适用范围。正确理解该款需注意以下几点:

首先,该款明确界定"使用人脸识别技术处理个人信息相关民事案件"的外延,具体是指信息处理者违反法律、行政法规的规定或者双方的约定使用人脸识别技术处理人脸信息、处理基于人脸识别技术生成的人脸信息所引起的民事案件。之所以将"处理基于人脸识别技术生成的人脸信息"也纳入调整范围,主要因为人脸信息的处理包括人脸信息的收集、存储、使用、加工、传输、提供、公开等环节,处理环节较多、流程较长,实践中往往存在多个信息处理者,如将适用范围限定为"使用人脸识别技术处理人脸信息",无法涵盖有些信息处理者并未使用人脸识别技术而只是在后端处理基于人脸识别技术所生成的人脸信息的情形,不利于对人脸信息的全流程保护。

其次，本解释仅适用于民事案件，即平等民事主体之间因使用人脸识别技术处理人脸信息所引起的相关民事案件。对于国家机关、承担行政职能的法定机构因履行法定职责使用人脸识别技术所引起的行政案件，对于非平等民事主体之间使用人脸识别技术引发的纠纷，不属于本解释的调整范围。

最后，该款并未限定侵害权益类型和民事责任类型，因此本解释涉及的责任承担既包括侵权责任，也包括违约责任，受侵害的权益既包括个人信息权益，也包括肖像权、隐私权、名誉权等人格权以及财产权。

需要注意的是，本解释第15条还明确了自然人死亡后，信息处理者违反法律、行政法规的规定或者双方的约定处理人脸信息，死者的近亲属依据《民法典》第994条请求信息处理者承担民事责任的，也要适用本解释。

三、关于人脸信息的体系定位和具体内涵

人脸信息，是指使用人脸识别技术所采集的人脸原始图像以及通过算法生成的人脸数字特征信息。

（一）关于人脸信息的体系定位

首先，人脸信息属于个人信息。在《网络安全法》第76条基础上，《民法典》第1034条第2款进一步作出规定："个人信息是以电子或者其他方式记录的能够单独或者与其他信息结合识别特定自然人的各种信息，包括自然人的姓名、出生日期、身份证件号码、生物识别信息、住址、电话号码、电子邮箱、健康信息、行踪信息等。"从该条规定看，《民法典》对个人信息的定义采取的是"识别说"。具体而言，构成个人信息需要满足三个要件：一是识别要件。个人信息必须具有可识别性。所谓识别，就是通过该信息可以直接或者间接地将某一个自然人辨识出来。识别包括直接识别和间接识别，所谓直接识别，是指不需要借助其他信息，单纯通过该信息就可以直接确认自然

人的身份，如身份证件号码、基因信息等；所谓间接识别，是指仅通过该信息无法确定某自然人的身份，但是与其他信息相结合可以确定该自然人的身份。凡是可以直接或者间接识别特定自然人的都属于个人信息。二是形式要件。个人信息必须有一定载体，即以电子、磁气或者其他方式记录下来信息。如果没有载体，则不属于个人信息。三是主体要件。个人信息的主体并非所有民事主体，而只能是自然人。结合《民法典》对个人信息的定义，人脸信息不仅完全满足个人信息要件，而且还是识别性最强、具有唯一性和不可更改性的个人信息。需要注意的是，《个人信息保护法》对个人信息的定义与《民法典》不同。《个人信息保护法》第 4 条第 1 款规定："个人信息是以电子或者其他方式记录的与已识别或者可识别的自然人有关的各种信息，不包括匿名化处理后的信息。"从该条规定看，《个人信息保护法》采取的不是"识别说"而是"关联说"。"关联说"主要吸收借鉴了欧盟 GDPR 的标准，更强调个人信息的相对性。从逻辑层面看，"关联说"一定程度上扩大了个人信息的外延。但是，无论是根据《民法典》还是《个人信息保护法》的定义，人脸信息均属于个人信息范畴。

其次，人脸信息属于生物识别信息。人脸识别技术是生物识别技术的一种。生物识别技术主要是指通过人类生物特征进行身份识别的技术。这里所称的生物特征，通常具有唯一性、可识别性、不可更改性。而承载生物特征的信息就是《民法典》第 1034 条所列举的"生物识别信息"。2020 年国家标准《信息安全技术 个人信息安全规范》（GB/T 35273—2020）对个人生物识别信息进行了列举，主要包括个人基因、指纹、声纹、掌纹、耳廓、虹膜、面部识别特征等信息。其中，"面部识别特征"即是我们这里所称的"人脸信息"。因此，本条第 3 款从《民法典》的框架下对人脸信息进行界定，即："本规定所称人脸信息属于民法典第一千零三十四条规定的'生物识别信息'。"

最后，人脸信息属于敏感个人信息。《民法典》只是将个人信息划分为私密信息与非私密信息，而《个人信息保护法》进一步将个信息划分为一般个人信息与敏感个人信息，并规定了不同的处理规则。根据《个人信息保护法》第28条的规定，敏感个人信息是一旦泄露或者非法使用，容易导致自然人的人格尊严受到侵害或者人身、财产安全受到危害的个人信息，包括生物识别、宗教信仰、特定身份、医疗健康、金融账户、行踪轨迹等信息，以及不满14周岁未成年人的个人信息。该条明确将《民法典》第1034条中的"生物识别信息"纳入"敏感个人信息"的范畴。

（二）关于人脸信息的具体内涵

人脸信息的具体界定，对于处理活动和适用规则意义重大。具体而言，人脸信息包括两部分内容：

一是人脸原始图像。人脸原始图像，包括人脸原始图片（照片）和影像（视频）。由于本解释只适用于涉人脸识别相关场景，因此，只有使用人脸识别技术或者专门为实现人脸识别目的而采集的人脸原始图像才属于本解释所称"人脸信息"。对于常见的普通监控摄像头所采集的人脸图像，不属于本解释所称的人脸信息，其引起的纠纷案件亦不属于本解释调整范畴。当然，这并不绝对。如果技术上可能，信息处理者使用人脸识别技术对普通监控摄像头所采集、保存的人脸图像进行再处理，通过算法对其中特定自然人进行识别，其所处理的人脸图像将纳入人脸信息的范畴，需要遵守本解释。

二是人脸数字特征信息。人脸数字特征信息，是信息处理者使用人脸识别技术从人脸原始图像中所抽取、用于进行人脸比对的人脸特征模板等信息。经人脸识别技术处理后的人脸数字特征信息，均属于本解释所称的"人脸信息"。

综上所述，从种属上看，人脸信息属于敏感个人信息中的生物识别信息；从外延上看，不仅包括人脸识别技术通过算法生成的人脸特征数据，还包括人脸识别技术所采集的原始人脸图像。据此，对人脸信息的处理不仅应当符合《民法典》关于个人信息处理规则的一般规定，还应当符合《个人信息保护法》的相关规定，特别是关于敏感个人信息的专门规定。比如，对于人脸信息，只有在具有特定的目的和充分的必要性，并采取严格保护措施的情形下，信息处理者方可处理。处理人脸信息应当取得个人的单独同意；法律、行政法规规定处理人脸信息应当取得书面同意的，从其规定。信息处理者处理敏感个人信息的，除履行一般个人信息处理规则所规定的告知事项外，还应当向个人告知处理人脸信息的必要性以及对个人权益的影响等。

四、关于人脸信息的处理

（一）关于信息处理者

"信息处理者"是《民法典》所确定的概念。《个人信息保护法》在立法过程中，曾引入欧盟 GDPR 中"信息控制者"的概念，但是仅昙花一现，后来被"个人信息处理者"所替代。从解释论的角度看，我国《个人信息保护法》将"信息控制论"融入"信息处理论"之中，个人信息处理包括了收集、存储、使用、加工、传输、提供、公开等一系列活动，其中涵盖了包括有决定能力的控制者的一系列行为，故未区分"信息处理者"和"信息控制者"。与《民法典》和《个人信息保护法》相比，本解释中的信息处理者范围相对较窄，这主要是由本解释的适用范围决定的。首先，本解释中的信息处理者仅指使用人脸识别技术处理人脸信息的信息处理者以及处理基于人脸识别技术生成的人脸信息的信息处理者。而法律层面所规定的个人信息处理者是处理个人信息的所有主体，包括对一般个人信息和敏感个人信息的处理。其次，本解释中的信息处理者主要是网络服务提供者和线下经营主体，比如通过线上 App 采集人脸信息并进行后期处理的平台、实体门店使用人脸识别技术处理人脸信息等；法律层面的个人信息处理者不仅包括网络服务提供者、线下经营主体，还包括国家机关、承担行政职能的法定机构。对于信息处理者的外延，审判实践中应予以注意。

（二）关于人脸信息的处理

个人信息处理，最早源于 1995 年《欧盟个人数据保护指令》，该指令第 2 条第 2 款对个人信息处理进行了非常详细的界定："个人数据处理，是指不管是否以自动方式对个人数据进行的任何操作，如收集、录制、组织、存储、改变或修改、检索、查阅、使用、通过传送使数据公开、传播或者使数据可被他人获取、排列或组合、冻结、删除或销毁。"2018 年欧盟 GDPR 除对个别表述调整外，总体上延续了这一规定。《欧盟个人数据保护指令》关于个人信息处理的概念影响了很多国家，日本、菲律宾、南非、韩国等均接受了这一概念。我国《民法典》也吸收借鉴了这一概念，第 1035 条第 2 款规定："个人信息的处理包括个人信息的收集、存储、使用、加工、传输、提供、公开等。"根据《民法典》的上述规定，本条第 2 款明确：人脸信息的处理包括人脸信息的收集、存储、使用、加工、传输、提供、公开等。需要注意的是，《个人信息保护法》颁布后，增加了"删除"这一处理活动。尽管本条第 2 款没有明确"删除"，实际上已经包含在"等"之中。

1. 收集

收集是指信息处理者获取或取得自然人人脸信息的行为。结合《信息安全技术 个人信息安全规范》（GB/T 35273—2020）对收集的界定，我们认为，对人脸信息的收集，包括自然人主动提供（如用于识别验证的照片）、经自然人同意后的自动采集，以及通过搜集公开的人脸图像等间接获取的人脸信息等行为。如果信息处理者从第三方收集并未公开的人脸图像的，不论是否用于人脸识别，根据《个人信息保护法》第 23 条的规定，均应当由提供方向自然人告知接收方的名称或者姓名、联系方式、处理目的、处理方式和个人信息的种类，并取得自然人的单独同意。如果接收方变更原先的处理目的、处理方式的，要将人脸图像用于人脸识别的，则应当再次告知并取得个人的单独同意。由于收集是处理人脸信息的初始环节，信息处理者应当在此环节就要履行告知义务并征得自然人对后续处理活动的同意。比如，对于带有人脸识别功能的线上 App 在采集人脸信息的初始阶段，就要通过隐私政策或者用户协议，以单独勾选或者单独弹窗的形式明确告知相关处理规则并取得用户的同意。

2. 存储

信息处理者对收集的人脸信息需要进行存储，才能便于后续的加工、使用等其他处理活动。实践中，个人信息的收集者一般也是存储者，不过有的信息处理者也会委托专门的数据存储者进行存储，比如，我国的贵州省，存在大量以数据处理和存储服务为主营业务的数据服务公司，专门提供数据存储服务。一般而言，由于人脸信息的电子化特征，其主要以电子方式存储在计算机或者云服务器中。由于人脸信息的高度敏感性，一般只存储人脸数字特征信息，除法律、行政法规另有规定外，原则上不应当存储人脸原始图像。《信息安全技术 个人信息安全规范》（GB/T 35273—2020）建议采取的措施包括：（1）仅存储个人生物识别信息的摘要信息；（2）在采集终端中直接使用个人生物识别信息实现身份识别、认证等功能；（3）在使用面部识别特征、指纹、掌纹、虹膜等实现识别身份、认证等功能后删除可提取个人生物识别信息的原始图像。

3. 使用

使用是一个广义概念。比如，2019 年公安部网络安全保卫局、北京网络行业协会、公安部第三研究所发布的《互联网个人信息安全保护指南》将个人信息的使用界定为："通过自动或非自动方式对个人信息进行操作，例如记录、组织、排列、存储、改编或变更、检索、咨询、披露、传播或以其他方式提供、调整或组合、限制、删除等。"这一概念几乎等同于"处理"，只是没有"收集"这个环节。但是，《民法典》《个人信息保护法》将之与"收集、存储、加工、传输、提供、公开"等并列，系对"使用"采狭义概念，仅指对个人信息进行分析和利用。本规定中的"使用"亦是狭义概念，是指对人脸信息的分析和利用。比如，通过人脸识别进行线上支付、刷脸入园等。

4. 加工

加工是指信息处理者对所收集、存储的人脸信息进行筛选、分类、排序、加密、标注、去标识化、匿名化等活动。伴随着科技不断发展，信息处理者对人脸信息的加工能力也日益增强，加工能力一定程度上反映了信息处理者的竞争力。

5. 传输

人脸信息的传输，主要是指信息处理者传送所收集的个人信息的行为。既可能是在处理者内部的各部门或者不同存储器之间进行传输，也可能是因为委托他人处理人脸信息而进行传输。《个人信息保护法》第21条规定："个人信息处理者委托处理个人信息的，应当与受托人约定委托处理的目的、期限、处理方式、个人信息的种类、保护措施以及双方的权利和义务等，并对受托人的个人信息处理活动进行监督。受托人应当按照约定处理个人信息，不得超出约定的处理目的、处理方式等处理个人信息；委托合同不生效、无效、被撤销或者终止的，受托人应当将个人信息返还个人信息处理者或者予以删除，不得保留。未经个人信息处理者同意，受托人不得转委托他人处理个人信息。"

6. 提供

提供不同于传输。提供，是指信息处理者将人脸信息提供给他人。向他人提供人脸信息，应当受到严格限制，不仅应当符合《个人信息保护法》第23条的规定，还必须符合关于敏感个人信息的规定以及其他法律、行政法规的相关规定。

7. 公开

公开，是指将人脸信息公之于众，从而使社会公众或者不特定的人可以获取该信息。由于公开是一种对信息主体的人格权益影响很大的信息处理活动，《个人信息保护法》对其进行了严格限制。该法第

25条规定："个人信息处理者不得公开其处理的个人信息，取得个人单独同意的除外。"根据该法第55条规定，处理敏感个人信息或者公开个人信息的，均需要事前进行个人信息保护影响评估。对一般个人信息的公开尚且如此要求，对于人脸信息的公开更应受到严格限制。

【审判实践中应注意的问题】

一、将人脸图像纳入人脸信息是否会造成肖像权与个人信息保护适用上的冲突

本解释征求意见过程中，有意见提出，将"人脸原始图像"纳入"人脸信息"值得斟酌。主要理由是，使用人脸识别技术必然要涉及对"人脸图像"的处理。而"人脸信息"的核心属性在于"信息"，在性质上应当属于《民法典》人格权编第六章"个人信息保护"的项下概念。而"人脸图像"一般属于《民法典》人格权编第四章"肖像权"调整范畴。如果"人脸信息"中包括"人脸图像"，恐会引起法律适用上的困难。我们认为，将"人脸图像"包含在"人脸信息"中是妥当的。首先，根据《民法典》第1034条规定，个人信息是以电子或者其他方式记录的能够单独或者与其他信息结合识别特定自然人的各种信息，而人脸图像、视频能够与其他信息结合识别特定自然人，符合个人信息的定义，属于个人信息范畴。司法实践中也有大量此类案例，比如，北京互联网法院审理的"校园网照片被爬案"等。其次，个人信息与肖像权在保护人格权益方面并非排斥关系，而是交叉关系。肖像或者承载肖像的人脸图像，从个人信息角度，属于生物识别信息的一种；而从权利的角度，属于肖像权这一标表型人格权的保护范畴。对原始人脸图像的侵害，既可能是因违反个人信息处理规则而侵害个人信息权益，也可能是因对肖像的不当使用而侵害自然人的肖像权，二者系从不同维度对人脸图像进行保护，可根据所侵害的

权益,分别适用《民法典》人格权编的相关规定,不存在法律适用困难。最后,信息处理者使用人脸识别技术采集数字特征信息时,必然涉及对人脸图像的采集、加工,将"人脸图像"纳入"人脸信息"范畴,要求信息处理者在使用人脸识别技术时对于"人脸图像"的采集也需要履行"告知—同意"义务,有利于加强对信息主体自主决定权的保护。从我国"人脸识别第一案"来看,原告郭某主张删除的不仅包括数字特征信息,还包括已采集的用于人脸识别的照片。[①]

二、对自然人自行公开的人脸图像是否可以进行人脸识别

根据《民法典》第 1036 条第 2 项的规定,合理处理该自然人自行公开的或者其他已经合法公开的信息,行为人不承担民事责任,但是该自然人明确拒绝或者处理该信息侵害其重大利益的除外。那么,对于自然人在互联网上自行发布的人脸图像,信息处理者能够进行人脸识别吗?我们认为,《民法典》规定的免责事由有明确的条件限制:一是"合理"处理;二是自然人没有明确拒绝或者处理不侵害其重大利益。自然人在互联网上发布照片或者视频,尽管没有明确表示拒绝人脸识别,但是信息处理者使用人脸识别技术对其照片进行识别,已经超出了"合理"的范畴,对自然人的人格利益有重大影响,甚至可能侵害其隐私权、名誉权或者财产权等。因此,擅自对自然人自行公开的人脸图像进行人脸识别,不属于《民法典》第 1036 条第 2 项所规定的免责情形。从人脸识别相关诉讼看,较为典型的是 Facebook

---

[①] 中国"人脸识别第一案":2019 年 4 月,郭某支付 1360 元购买了杭州野生动物世界双人年卡,当时确定了指纹识别的入园方式。郭某给园方留存了电话号码等信息,并录入指纹。之后,园方单方面要求改成人脸识别入园。2019 年 10 月,郭某以园方违约且存在欺诈行为为由向法院提起诉讼。2020 年 11 月,浙江省杭州市富阳区人民法院一审判决野生动物世界赔偿郭某合同利益损失及交通费共计 1038 元,野生动物世界删除郭某办理指纹年卡时提交的包括照片在内的面部特征信息。2021 年 4 月,杭州市中级人民法院作出二审判决,在一审判决基础上,增加判令野生动物世界有限公司删除郭某办理指纹年卡时提交的指纹识别信息。

案。2015年，社交网络巨头Facebook因使用人脸识别技术扫描伊利诺伊州市民上传的照片而被提起集体诉讼，美国巡回法院认为"未经同意使用面部识别技术开发面部模板侵犯了个人的私人事务和具体利益"。2021年2月27日，联邦法官批准了和解协议，Facebook将向这些用户支付6.5亿美元（约42亿人民币），扣除9750万美元的律师费和接近91.5万美元的诉讼开销，三名原告代表每人将获得5000美元，其他人每人至少将获得345美元赔偿。除了交罚款、关闭人脸识别功能，和解协议还要求Facebook删除现有的人脸模板。

值得一提的是，本解释起草过程中，我们对相关国家关于个人信息诉讼程序的规定进行了研究。其中，《日本个人信息保护法》规定了一种个人信息保护的诉前请求制度，该法第34条规定，本人试图根据本法第28条第1款，第29条第1款，第30条第1款、第3款的规定提起相关诉讼的，应当事先向被告人提出请求，并在该请求到达之日起两个星期后，才能提起诉讼。但是，如果被告人拒绝本人请求的，则不受两星期期间的限制。诉前请求制度是日本个人信息保护诉讼的特别制度，该制度为诉前化解矛盾纠纷提供了时间上的保障，在个人信息处理者收到有关请求两周内，有充足的时间去找到解决问题的方案，从而减少当事人的诉累，节约诉讼成本，化解矛盾纠纷。同时，也有利于个人信息处理者尽快采取措施防止产生更大损失，避免进入诉讼程序后难以对危害进行及时的补救。该制度同时说明了如个人信息处理者拒绝请求，本人可径行起诉，提高了诉讼效率，保证了本人的诉权，避免个人信息处理者利用此期间拖延时间从而规避法律责任。因此，我们也曾探索设置一些衔接程序或者释明机制，尽可能让权利人通过最快捷的途径及时维护自身合法权益。但基于一些考量，最终删去了相关条款。

【相关法条】

  1.《中华人民共和国民法典》（2020年5月28日）第一千零三十四条、第一千零三十五条、第一千零三十六条

  2.《中华人民共和国个人信息保护法》（2021年8月20日）第二十一条、第二十三条、第二十五条、第二十八条、第五十五条

  3.《中华人民共和国网络安全法》（2016年11月7日）第七十六条

  4.《信息安全技术 个人信息安全规范》（GB/T 35273—2020）

第二条 信息处理者处理人脸信息有下列情形之一的，人民法院应当认定属于侵害自然人人格权益的行为：

（一）在宾馆、商场、银行、车站、机场、体育场馆、娱乐场所等经营场所、公共场所违反法律、行政法规的规定使用人脸识别技术进行人脸验证、辨识或者分析；

（二）未公开处理人脸信息的规则或者未明示处理的目的、方式、范围；

（三）基于个人同意处理人脸信息的，未征得自然人或者其监护人的单独同意，或者未按照法律、行政法规的规定征得自然人或者其监护人的书面同意；

（四）违反信息处理者明示或者双方约定的处理人脸信息的目的、方式、范围等；

（五）未采取应有的技术措施或者其他必要措施确保其收集、存储的人脸信息安全，致使人脸信息泄露、篡改、丢失；

（六）违反法律、行政法规的规定或者双方的约定，向他人提供人脸信息；

（七）违背公序良俗处理人脸信息；

（八）违反合法、正当、必要原则处理人脸信息的其他情形。

【条文主旨】

本条是关于处理人脸信息侵害自然人人格权益具体样态的规定。

【条文理解】

本解释第1条对本解释的适用范围、核心概念的种属予以明确，为规则适用和侵权行为认定奠定了坚实基础，统领整个司法解释。本解释第2条至第9条主要从人格权和侵权责任角度作出规定，明确滥用人脸识别技术处理人脸信息行为的性质和责任。其中，本条是该部分的核心条款，主要针对2021年"3·15晚会"所曝光的线下门店在经营场所滥用人脸识别技术进行人脸辨识、人脸分析等行为，以及社会反映强烈的几类典型行为，逐一进行列举，明确将之界定为侵害自然人人格权益的行为。

本条是本解释起草之初就有的条款。2021年3月底的南京召开的座谈会议稿和4月初的北京召开的座谈会议稿主要从侵权责任的角度切入："信息处理者使用人脸识别技术处理自然人面部特征信息（人脸信息）存在下列情形之一，相关民事主体请求信息处理者承担侵权责任的，人民法院依法予以支持。"后来考虑到《个人信息保护法》可能会对过错要件作进一步规定，故起草小组将视角从侵权责任调整为侵权行为，同时对具体内容作了适应性修改，并使用了"人格权益"的概念。人格权益包括人格权利与人格利益，考虑到对于人脸信息的侵害，首先是对个人信息权益的侵害，但通常还可能伴随对自然人隐私权、名誉权等具体人格权的侵害，故本条遵循《民法典》第990条的规定，使用了"人格权"和"人格利益"的上位概念"人格权益"。

一、关于在经营场所、公共场所进行人脸识别的问题

2021年的"3·15晚会"曝光了人脸识别滥采滥用问题，有些知名门店在经营场所、公共场所使用"远距离、无感式"人脸识别技术未经同意擅自采集消费者人脸信息，分析消费者的性别、年龄、心情等，进而采取不同营销策略，引发社会公众普遍质疑。经营场所特别

是公共场所是人们从事日常生产生活所不可缺少的场域，在这些场所违法使用人脸识别技术处理人脸信息可能会侵害自然人隐私权，破坏社会选择，甚至会产生种族歧视，侵害人格尊严和人格自由。

（一）域外对公共场所使用人脸识别技术的态度

世界上很多国家都对在公共场所实施人脸识别持否定态度。2019年5月，美国的旧金山市通过一项立法，禁止该市所有单位使用人脸识别技术，包括警察局等政府部门。此后不久，美国马萨诸塞州的萨默维尔市的议会也投票禁止当地警方和市政部门使用面部识别软件。① 美国加州的奥克兰以及华盛顿也对"远距离、无感式"人脸信息采集和使用持否定态度。欧盟2021年4月所公布的《欧盟人工智能条例草案》将公共场所的远程生物识别（RBI）系统列为人工智能的高风险应用类型，原则上限定为查找失踪儿童、预防犯罪或恐怖袭击、侦查犯罪等用途。② 英国对人脸识别也持消极态度，典型案例为R（Edward Bridges）v. South Wales Police案。2017年5月至2019年4月间，南威尔士警方对自动化人脸识别技术（automated facial recognition technology）的应用在部分公共场合进行了试验。2019年5月，南威尔士公民Edward Bridges在人权组织Liberty的支持下，以午餐时间被人脸识别摄像头拍摄侵犯其权利为由提起诉讼。2019年9月，高等法院（High Court）作出裁决；虽然认可人脸识别技术对其个人隐私权（《欧洲人权公约》第8条）构成了"干预（interference）"，但认为警方将该技术用于公共安全符合法律框架规定，构成符合比例的干预（proportionate interference）。2020年8月，上诉法院（Court of Appeal）作出判决，认定警方使用人脸识别技术的法律框架是不充分的（insufficient），因为其并未明确警方可以将哪些人纳入人脸

---

① 程啸：《个人信息保护法理解与适用》，中国法制出版社2021年版，第243页。

② 石佳友：《人脸信息司法保护的里程碑——评〈最高人民法院关于审理使用人脸识别技术处理个人信息相关民事案件适用法律若干问题的规定〉》，载微信公众号"人民法院报"，2021年7月28日。

识别的观察名单（watchlists），也未明确人脸识别技术可以在哪里使用。因此，上诉法院认为警方违反了《数据保护条例》（data protection law）以及"平等法案"（equality legislation）的相关规定。另据法国CNIL《关于人脸识别报告》显示，2018年6月20日颁布的《法国数据保护法》进行了修订，与欧洲文本保持一致，也就是说，在未经同意情况下，无论是公、私运营者，都必须获得法律授权才能实施生物特征识别数据的处理。其中，人脸识别的某些用途在社会中是被明确禁止的，比如以控制校园进出为目的而实施针对儿童的人脸识别是被明确禁止的——考虑到必须给予儿童的特殊保护，在隐私和个人自由方面可通过同样有效但侵入性较小的手段来实现确保并促进校园进出的目的。

（二）我国法律对公共场所安装人脸识别设备的具体规定

对于在公共场所滥用人脸识别技术的问题，党中央和立法机关高度重视。针对此问题，《个人信息保护法》第26条规定："在公共场所安装图像采集、个人身份识别设备，应当为维护公共安全所必需，遵守国家有关规定，并设置显著的提示标识。所收集的个人图像、身份识别信息只能用于维护公共安全的目的，不得用于其他目的；取得个人单独同意的除外。"同时，《个人信息保护法》在审议过程中，专门针对滥用人脸识别问题予以回应，该法第62条规定，针对小型个人信息处理者、处理敏感个人信息以及人脸识别、人工智能等新技术、新应用，国家网信部门统筹协调有关部门依据本法制定专门的个人信息保护规则、标准。由此可见，我国立法层面正在有序推进对人脸识别的规范，切实保护人民群众的合法权益。从《个人信息保护法》第26条的规定看，在公共场所安装人脸识别设备必须符合如下条件：

一是为维护公共安全所必需。由于人脸信息属于敏感个人信息，根据《个人信息保护法》第28条的规定，敏感个人信息是一旦泄露或者非法使用，容易导致自然人的人格尊严受到侵害或者人身、财产安全受到危害的个人信息，包括生物识别、宗教信仰、特定身份、医疗健康、金融账户、行踪轨迹等信息，以及不满14周岁未成年人的个人信息。只有在具有特定的目的和充分的必要性，并采取严格保护措施的情形下，个人信息处理者方可处理敏感个人信息。因此，原则上，公共场所是不得安装人脸识别设备的。只有为维护公共安全，才具有处理敏感个人信息的特定目的，安装使用才有合法性、正当性基础。

二是遵守国家有关规定。除为维护公共安全要件外，在公共场所安装使用人脸识别设备，还必须遵守法律、行政法规、地方性法规、部门规章以及地方政府规章等有关规定。当前，国家网信部门正在抓紧制定涉人脸识别技术应用管理的相关条例，进一步细化明确有关要求。

三是设置显著的提示标识。为了维护公共安全，依据国家有关规定，可以在公共场所安装使用人脸识别技术处理人脸信息，无须征得个人同意。但为了充分保障信息主体的知情权，必须设置显著的提示标识予以告知。

四是收集的人脸信息一般只能用于特定目的。所收集的人脸信息一般只能用于维护公共安全目的，不得用于其他目的。不过《个人信息保护法》对此有"但书"规定，即：取得个人单独同意的，可以将所收集的人脸信息用于其他目的。

（三）人脸识别技术的三种基础功能

人脸识别技术的常见功能有三种：人脸验证、人脸辨识和人脸分析。其中，人脸验证是将采集的人脸识别数据与存储的特定自然人的人脸识别数据进行比对（1∶1比对），以确认特定自然人是否为其所声明的身份。以人脸验证为目的而使用人脸识别技术的，主要集中于安检、金融支付等重要领域，要求相对较高，管理较为规范。应用场景包括机场、火车站的人证比对，网络支付环境中的人脸验证等。人脸辨识是将采集的人脸识别数据与已存储的指定范围内的人脸识别数据进行比对（1∶N比对），以识别特定自然人。以人脸辨识为目的的人脸识别，应用场景较为广泛，技术层面也相对容易实现，如公园入园、居民小区门禁、商场通过"无感"式人脸识别辨识特定客户或者中介等，实践中容易因未征得个人同意而触碰法律红线。人脸分析是指通过分析人脸图像，预测评估个人年龄、健康、天赋、情绪、工作或者学习专注度等个人特征的活动。人脸分析可能会引发个人歧视，侵害人格尊严。部分国家对人脸分析持完全否定态度。对于人脸识别的上述三种基础性功能或者目的，《人脸识别数据安全要求（征求意见稿）》以及国家网信部门的相关规章征求意见稿中也有涉及。

通过上述分析可以看到，《个人信息保护法》第26条中所称的"个人身份识别设备"主要是指远距离、无感式的身份识别设备。对于在经营场所、公共场所区域内所安装使用的近距离人脸支付、刷脸入园等设备的使用，可以通过"告知同意"实现。如果将此类情形一律纳入第26条调整范围，可能有违《个人信息保护法》立法精神，也会影响我国数字经济发展。

（四）对本条第1项的理解

对于在经营场所、公共场所滥用"远距离、无感式"人脸识别技术等问题，《民法典》没有针对此类情形的具体明确规定，而当时的《个人信息保护法》尚在审议中，无法形成有效规制。针对在经营场所、公共场所滥用人脸识别技术的严峻态势，本条第1项专门明确："在宾馆、商场、银行、车站、机场、体育场馆、娱乐场所等经营场所、公共场所违反法律、行政法规的规定使用人脸识别技术进行人脸验证、辨识或者分析"属于侵害自然人人格权益的行为。正确理解该规定，需注意以下几点：

第一，本项采取的是场景式列举，主要针对群众反映强烈的线下门店在经营场所采取"远距离、无感式"人脸识别技术进行人脸辨识、人脸分析等问题进行专门规定，与本条其他项所列情形有所不同。其他项所列情形均是信息处理者违反个人信息处理原则和规则的情形，比如违反公开透明原则、告知同意规则、安全保护义务、非法向他人提供人脸信息等。

第二，在经营场所、公共场所处理人脸信息必须遵守现行法律、行政法规对个人信息处理的规定。《民法典》第1035条、第1036条规定了个人信息的处理规则和免责事由，本项是对上述规则和事由的细化。从告知同意层面看，除法律、行政法规另有规定外，在经营场所、公共场所使用人脸识别技术处理人脸信息，无论是人脸验证、人脸辨识还是人脸分析，均应征得自然人或者其监护人的单独同意。故线下门店等在经营场所未经自然人单独同意擅自使用"远距离、无感式"人脸识别技术处理人脸信息的行为，属于侵害自然人人格权益的行为。

第三，要注意本项与本解释第5条第2项的衔接。根据《民法典》第1036条的规定，为维护公共利益或者该自然人合法权益，合理实施的其他行为，信息处理者不承担民事责任。本解释第5条对《民法典》上述规定中的"公共利益"予以细化，明确"为维护公共安全，依据国家有关规定在公共场所使用人脸识别技术的"，不承担民事责任。此外，本解释第5条第2项的规定也与《个人信息保护法》第26条的立法精神相一致。

起草过程中，多数意见认为，在个人不知情的情况下，应当禁止商业机构对人脸信息进行"无感式"识别和分析。在条文表述上，全国人大常委会法工委建议将原来的"违反国家有关规定"修改为"违反法律、行政法规规定"，主要理由为：《民法典》第1035条第1款第1项规定，处理个人信息应当征得自然人或者其监护人同意，但是法律、行政法规另有规定的除外。本条文中将侵害人格权益的行为限定为"违反国家有关规定"使用人脸识别技术，而《民法典》将可以不经权利人同意处理个人信息的行为限定为"法律、行政法规另有规定的除外"，二者不完全一致，故建议修改。我们充分采纳全国人大常委会法工委意见，对条文予以修改。有关部门建议将"房地产销售中心"予以列明。主要理由为：据相关报道，房产销售中心私自安装人脸识别系统、私自采集人脸数据的问题较为突出，有必要予以列明。我们经研究认为，"房地产销售中心"并非法律术语，完全列举未免过于宽泛，而且本项关于场所的列明与《民法典》第1198条的规定保持一致，此处的"等经营场所、公共场所"中可以包含房地产销售中心。因此，不再予以列明。

二、关于违反公开透明原则的行为

公开透明原则，是指信息处理者在处理个人信息时应当公开处理信息的规则，并明示处理信息的目的、方式和范围，确保信息主体享有知情权。公开透明原则极为重要，是确保信息主体知情权和决定权的前提和关键。如果个人信息处理者不以公开、透明的方式处理个人信息，而是采取隐秘的、暗箱操作的方式，那么该处理行为就侵害了自然人对其个人信息享有的知情权和决定权，损害了个人信息权益，是非法的处理行为。①

关于公开透明原则，《民法典》第1035条第1款第2项和第3项予以规定：处理个人信息的，应当"公开处理信息的规则""明示处理信息的目的、方式和范围"。《个人信息保护法》第7条进一步明确该原则："处理个人信息应当遵循公开、透明原则，公开个人信息处理规则，明示处理的目的、方式和范围。"同时，将该原则融入信息处理者的具体义务之中。比如，《个人信息保护法》第17条规定："个人信息处理者在处理个人信息前，应当以显著方式、清晰易懂的语言真实、准确、完整地向个人告知下列事项：（一）个人信息处理者的名称或者姓名和联系方式；（二）个人信息的处理目的、处理方式，处理的个人信息种类、保存期限；（三）个人行使本法规定权利的方式和程序；（四）法律、行政法规规定应当告知的其他事项。前

---

① 程啸：《个人信息保护法理解与适用》，中国法制出版社2021年版，第94页。

款规定事项发生变更的，应当将变更部分告知个人。个人信息处理者通过制定个人信息处理规则的方式告知第一款规定事项的，处理规则应当公开，并且便于查阅和保存。"由于可见，公开透明原则是个人信息处理中一项非常重要的原则，信息处理者不得违反。

本解释在起草过程中，对个人信息处理的重要原则和具体规则进行了系统梳理，以《民法典》第1035条第1条第2项和第3项的规定为制定依据，将违反公开透明原则处理人脸信息的行为明确为侵害自然人人格权益的行为，作为本条第2项的内容。

三、关于违反告知同意规则的行为

本条第3项规定，基于个人同意处理人脸信息的，未征得自然人或者其监护人的单独同意，或者未按照法律、行政法规的规定征得自然人或者其监护人的书面同意的，应当认定属于侵害自然人人格权益的行为。准确理解本项规定，需要全面把握如下内容：

（一）告知同意规则

告知同意规则，也称"知情同意规则"，是指任何组织或个人在处理个人信息时都应当对信息主体即其个人信息被处理的自然人进行告知，并在取得同意后方可从事相应的个人信息处理活动，否则处理行为即属违法，除非法律另有规定。[①] 个人的同意是信息利用的基本依据，若个人属于无民事行为能力或限制行为能力人，在得到其监护人同意的情况下也可以处理权利人的个人信息。告知同意规则包含了告知规则与同意规则，二者紧密联系，不可分割，没有告知，自然人无法就其个人信息被处理作出同意与否的表示；即便告知了，但没有充分、清晰的告知，自然人作出的同意也并非真实有效的同意。反之，虽然充分、清晰的告知，却未取得自然人的同意，对个人信息的

---

① 王利明、程啸、朱虎：《中华人民共和国民法典人格权编释义》，中国法制出版社2020年版，第419页。

处理也是非法的，侵害了个人信息权益。告知同意规则意味着：第一，个人信息处理者对其处理行为合法与否具有更明确的预期。第二，对于个人信息保护执法机构来说，告知同意规则为查处违法的个人信息处理行为提供了明确的标准。第三，在个人信息权益民事纠纷案件的裁判中，告知同意规则是法院认定处理者应否承担侵权责任的重要标准。

原则上，任何人都不得侵害他人的民事权益，但民事主体可以对自己的权益进行合法的处分，既包括自行处分，也包括在不违反法律强制性规定和公序良俗原则的前提下同意他人对自己民事权益的处分。告知同意规则则充分体现了尊重和保护民事权益的精神和意思自治原则。告知同意植根于信息保护的两大理论基础：一是欧盟个人信息保护体制中的个人信息自决权理论；二是美国法上的信息隐私权理论，个人信息自决权理论的基本内涵是指个人对其自身信息的控制权，定性为人格权的一种。从信息隐私来看，美国 1977 年"惠伦案"确立了信息隐私权，隐私权被认为是个人对其个人信息披露的控制权。① 无论是个人信息控制权还是信息隐私权，均强调信息主体对信息的控制力，而告知同意被认为是个人信息控制力的核心。②

（二）告知同意规则的例外情形

《民法典》第 1036 条规定了告知同意的三种例外情形，即"在该自然人或者其监护人同意的范围内合理实施的行为；合理处理该自然人自行公开的或者其他已经合法公开的信息，但是该自然人明确拒绝或者处理该信息侵害其重大利益的除外；为维护公共利益或者该自然人合法权益，合理实施的其他行为"。本解释第 5 条在《民法典》第 1036 条基础上，对处理人脸信息不需要经自然人同意的情形予以

---

① 张新宝：《个人信息收集：告知同意原则适用的限制》，载《比较法研究》2019 年第 6 期。

② 参见韩旭至：《个人信息保护中告知同意的困境与出路——兼论〈个人信息保护法（草案）〉相关条款》，载《经贸法律评论》2021 年第 1 期。

细化规定，明确了 5 种例外情形，具体内容详见本书第 5 条的释义。《个人信息保护法》第 13 条参考欧盟 GDPR 相关规定，进一步规定了 6 种个人信息处理的合法性事由，大幅拓展了《民法典》第 1036 条所规定情形。具体而言，符合下列情形之一的，信息处理者处理个人信息不需要征得个人同意："（二）为订立、履行个人作为一方当事人的合同所必需，或者按照依法制定的劳动规章制度和依法签订的集体合同实施人力资源管理所必需；（三）为履行法定职责或者法定义务所必需；（四）为应对突发公共卫生事件，或者紧急情况下为保护自然人的生命健康和财产安全所必需；（五）为公共利益实施新闻报道、舆论监督等行为，在合理的范围内处理个人信息；（六）依照本法规定在合理的范围内处理个人自行公开或者其他已经合法公开的个人信息；（七）法律、行政法规规定的其他情形。"

法律之所以规定告知同意的例外情形，主要是基于社会对个人信息的自由流动具有正当需求，若赋予信息主体绝对完整的权利，可能阻碍个人信息的自由流动。个体利益和其他利益发生冲突时，需要对个体自由加以适当的干预和限制，以求公共利益与个体利益的平衡。基于此，本条第 3 项将适用前提限定为"基于个人同意处理人脸信息的"，只有在此种情形下，违法告知同意规则方才构成侵害人格权益的行为。

（三）关于单独同意规则

实践中，人脸识别应用存在各种不规范做法，使得个人同意往往流于形式。人脸信息属于高度敏感的个人信息，也是生物识别信息中社交属性最强、最易采集的个人信息，一旦泄露将对个人的人身和财产安全造成极大危害，甚至还可能威胁公共安全。因此，在人脸信息的告知同意规则上，有必要设定较高标准，以确保个人在充分知情的前提下，合理考虑对自己权益的后果而作出同意，让个人更加充分地参与到人脸信息处理的决策之中。本条第 3 项在《民法典》第 1035 条的基础上，充分吸收个人信息保护立法重要成果，进一步将"同意"细化为"单独同意",即信息处理者在征得个人同意时,必须就人脸信息处理活动单独取得该自然人或者其监护人的同意,不能通过一揽子告知同意等方式征得同意,否则处理人脸信息的行为属于侵害人格权益的行为。

需要说明的是,伴随着人脸识别应用场景越来越广泛,未成年人的人脸信息被采集的场景也越来越多,既有线上的,也有线下的。比如,商场、小区、学校等场所安装的人脸识别系统,手机上带有人脸识别功能的 App 软件,互联网上需要进行人脸验证的平台等。由于未成年人身心发育尚未成熟,社会阅历有限,个人信息保护意识相对淡薄,加之对新生事物较为好奇,其人脸信息被采集的概率相对较大。据共青团中央 2021 年 7 月发布的《2020 年全国未成年人互联网使用情况研究报告》显示,2020 年我国未成年网民规模达到 1.83 亿,个人信息未经允许在网上被公开的比例为 4.9%。在这些个人信息中,人脸信息具有唯一性和不可更改性,我们可以换手机、可以换密码、可以换住址,但是我们没法"换脸"。未成年人的人脸信息一旦泄露,侵权影响甚至可能伴随其一生,特别是技术歧视或算法偏见所导致的不公平待遇,会直接影响未成年人的人格发展。我国《未成年人保护法》《网络安全法》等法律对未成年人的网络保护作出了专门规定:如信息处理者处理不满 14 周岁未成年人个人信息的,应当征得未成年人的父母或者其他监护人同意;未成年人、父母或者其他监护人要求信息处理者更正、删除未成年人个人信息的,信息处理者应当及时采取措施予以更正、删除;等等。从比较法的角度看,欧盟 GDPR、《美国儿童网上隐私保护法》等对未成年人个人信息保护也作出了特别规定。本解释坚持最有利于未成年人原则,在本项中明确,信息处理者处理未成年人人脸信息的,必须征得其监护人的单独同意。关于具体年龄,可依据《未成年人保护法》《网络安全法》以及《个人信息保护法》进行认定。

单独同意规则对于人脸信息的保护具有重大意义。首先,"单独同意"能够破除"一揽子授权""捆绑授权"的情况，因为人脸信息处理的同意应当与其他的个人信息处理行为区分开，并分别征得个人的同意，个人因而获得了单独对人脸信息处理作出同意与否决定的权利，能够遏制 App、专用设备等将人脸识别与其他个人信息授权或其他事项授权进行捆绑，由用户统一同意的情况。其次，"单独同意"能够破除"强迫收集"的情形，在个人获得单独对人脸信息处理与否作出决定的机会时，当人脸信息不属于提供产品或者服务所必需时，个人完全可以拒绝，且拒绝操作并不影响产品或服务使用。对于信息处理者虽然单独告知，但却采取其他技术手段强迫或者变相强迫收集人脸信息的，也属于违反自愿原则的情形，结合本解释第 4 条的规定，应为无效同意。在这种情况下，信息处理者继续处理人脸信息的，个人可依法追究信息处理者的侵权责任。[①]

（四）关于书面同意

书面同意，是指信息处理者处理个人信息必须取得个人以书面形式作出的同意。根据《民法典》第 469 条的规定，书面形式是合同书、信件、电报、电传、传真等可以有形地表现所载内容的形式。以电子数据交换、电子邮件等方式能够有形地表现所载内容，并可以随时调取查用的数据电文，视为书面形式。书面同意提高了对信息处理者处理个人信息的要求，也增加了信息处理者对形式要件的举证义务。对于法律、行政法规规定对个人信息的处理需要取得个人书面同意，而信息处理者无法举证取得书面同意，即使能够证明取得了同意，也是无效的同意。

《民法典》在人格权编并未对个人信息处理是否需要取得书面同意作出规定，本条在充分吸收个人信息保护法立法精神的基础上，对此予以明确。如果法律、行政法规对同意作出更高的条件设定，要求

---

① 洪延青：《保护人脸信息 规范行业健康发展的有效司法路径》，载微信公众号"人民法院报"，2021 年 7 月 28 日。

必须征得自然人或者其监护人书面同意，而信息处理者未征得书面同意的，也构成侵害自然人人格权益的行为。

四、关于违反明示或约定的处理规则的行为

信息处理者在征得个人同意后，其处理个人信息就具有了合法性基础。但是，这并不意味着，信息处理者可以对个人信息进行任意处理。个人信息的处理活动必须严格按照所明示的处理规则以及约定的处理目的、方式、范围等进行，否则将使告知同意规则毫无意义。对于人脸信息的处理更应如此。故本条第4项明确对此予以强调，违反信息处理者明示或者双方约定的处理人脸信息的目的、方式、范围等而处理人脸信息的，属于侵害自然人人格权益的行为。

如果信息处理者在处理人脸信息过程中，确需变更处理的目的、方式和范围等事项的，应当如何处理呢？《个人信息保护法》第14条第2款规定："个人信息的处理目的、处理方式和处理的个人信息种类发生变更的，应当重新取得个人同意。"同时结合《个人信息保护法》对敏感个人信息的规定，如果信息处理者确需变更处理的目的、方式和范围等事项，必须重新取得自然人或者监护人的单独同意。

五、关于违反信息安全保障义务的行为

个人信息安全，是个人信息保护所面临的一个重点问题。个人信息安全事件主要包括个人信息的泄露、篡改、丢失，其中以个人信息泄露的形势最为严峻。无论在国内还是国外，个人信息泄露事件经常发生，比如，2014年的"2000万条酒店入住信息数据泄露事件"，以及2021年5月发生的"5.33亿脸书用户个人隐私信息被公开事件"等。有些事件造成了严重后果，比如，2016年山东省发生的"徐某玉因信息泄露而被骗学费引发疾病发作死亡案"以及北京市发生的"清华大学教师因个人信息泄露被电信诈骗1700多万元案"，引发了社会普遍关注，直接推动了我国《民法总则》第111条关于个人信息

保护规定的出台。①

关于信息安全保障义务，《民法典》第 1038 条规定："信息处理者不得泄露或者篡改其收集、存储的个人信息；未经自然人同意，不得向他人非法提供其个人信息，但是经过加工无法识别特定个人且不能复原的除外。信息处理者应当采取技术措施和其他必要措施，确保其收集、存储的个人信息安全，防止信息泄露、篡改、丢失；发生或者可能发生个人信息泄露、篡改、丢失的，应当及时采取补救措施，按照规定告知自然人并向有关主管部门报告。"《个人信息保护法》第 51 条、第 57 条进一步对信息处理者的信息安全保障义务以及通知义务进行了细化规定。

伴随着人脸识别技术的迅猛发展，其已经深入到社会经济生活各个方面，加上人脸信息的唯一性和不可更改性，一旦遭到泄露、篡改、丢失，对自然人的影响是难以估量的，可能会严重损害自然人的尊严、隐私、平等、财产等权利，而这种损害甚至可能会伴随其一生。鉴于此，本条第 5 项明确将"未采取应有的技术措施或者其他必要措施确保其收集、存储的人脸信息安全，致使人脸信息泄露、篡改、丢失"的情形列为侵害自然人人格权益的行为。对于信息处理者未依法履行相关义务的，还应承担侵权责任。

六、关于擅自向他人提供人脸信息的行为

当前，买卖人脸信息等个人信息已形成黑产。甚至有的卖家在社交平台和网站公开售卖人脸识别视频和相关教程、买卖人脸信息等。身份证件正反面照片、手持身份证件照片和人脸点头、摇头视频，一套 100 元，"都是真人录制的视频，验证大部分 App 都没有问题"。近年来，因人脸信息等身份信息泄露导致"被贷款""被诈骗"和名誉

---

① 参见杨立新：《个人信息：法益抑或民事权利——对〈民法总则〉第 111 条规定的"个人信息"之解读》，载《法学论坛》2018 年第 1 期。

权被侵权等问题屡屡发生。针对这一现象，《刑法》第253条之一规定，违反国家有关规定，向他人出售或者提供公民个人信息，情节严重的，构成侵犯公民个人信息罪。本条第6项专门对此类行为予以规制，旨在与刑法、刑事司法解释等共同构建全面保护。需要注意的是，本项中的"提供"，不仅包括无偿提供，也包括有偿提供，即"买卖"。

七、关于违背公序良俗的行为

"一键换脸，让明星做你想看的事""大叔秒变萝莉御姐网红音"，当前，AI换脸、变声应用层出不穷。随着技术发展，人脸生成技术、人脸识别技术的应用越来越广泛，人脸信息被"移花接木"制作不雅视频恶意毁损他人名誉的事件频发，违背公序良俗，对他人人格权益造成严重侵害。结合人脸生成技术所带来的系列问题，本条对不得违背公序良俗处理人脸信息予以专门规制，明确将之认定为侵权行为。

除上述情形外，使用人脸识别技术侵害人格权益的行为还有很多，为了确保周延，本条第8项设置了兜底条款，即"违反合法、正当、必要原则处理人脸信息的其他情形"，与《民法典》第1035条的规定精神保持一致，也为《个人信息保护法》的相关规定预留了空间，保证了逻辑的周延性。

值得一提的是，起草过程中，考虑到本条所列情形，有的可能同时被纳入刑事法律调整范围，因此本条曾将"前款情形构成犯罪的，依法追究刑事责任"作为第2款予以规定，旨在通过与《刑法》的衔接，强化对滥用人脸识别技术行为的规范。征求意见过程中，有意见认为，本解释是民事司法解释，尽量不要涉及刑事犯罪的相关表述，对于属于犯罪的，直接适用其他法律、司法解释的规定予以处罚即可。我们采纳了这一建议，删去了这一内容。

【审判实践中应注意的问题】

一、实践中如何认定单独同意

单独同意的本质要求是信息处理者将针对人脸信息处理活动作出的同意与其他信息的处理活动作出的同意加以区分，专门就人脸信息处理活动单独取得该自然人或者其监护人的同意，而不能通过一揽子告知同意等方式征得同意。实践中，许多线上平台将包括人脸信息在内的各类信息处理活动混合在一起，甚至夹杂着诸多推介自身服务的内容，形成冗长的隐私政策或者服务条款，使用户基本上没有耐心看完这些内容，造成告知同意流于形式。而本解释在吸收《个人信息保护法》立法精神的基础上，首次以正式法律性质文件推出"单独同意"，主要就是要及时遏制这种现象。本解释施行后，如果信息处理者再以前述形式取得同意处理人脸信息，即属无效同意。

准确理解本解释中的单独同意，需要把握以下几点：一是关于人脸信息处理的环节。人脸信息的处理包括人脸信息的收集、存储、使用、加工、传输、提供、公开等。单独同意重在确保个人在充分知情的情况下对人脸信息的处理单独作出真实、明确的同意，并非要求信息处理者对处理链条的每个环节都要逐项单独征得个人同意。实践中，对于人脸信息的收集、存储、使用、加工、传输等环节很可能瞬间发生，很难将各个环节明确分割开。即使能够分割开，对每个环节的处理都要求单独征得个人同意，不仅会大幅增加企业成本、制约处理的效率，也会极大影响用户体验。因此，只要在人脸信息收集阶段完成相关告知并征得同意即可。二是线上应用设计是否符合单独同意。隐私政策或者用户协议是线上应用征得个人同意的主要方式，实现单独同意的模式设计不尽相同。经与洪延青教授等专家学者进行反复研究，我们认为，司法实践中可以下列模式为参考：具有人脸识别功能的应用程序，应用商可在用户首次开启人脸识别功能时，通过弹窗、跳转专门页面等形式同步告知该功能的信息处理规则（以满足"充分知情"的要求）。该规则应仅包含对人脸识别功能及其信息处理规则的描述而不包括对其他不相关事项的描述（以满足"单独"的要求）。用户通过点击"同意"或"已知悉，并继续使用"等主动性动作清楚地表达自己的意愿（以满足"明确"的要求）。如果人脸信息并不属于该应用的必要个人信息，用户在阅读信息处理规则后，既可以选择开启该功能，也可以选择不开启该功能。如果选择不开启该功能，用户仍然可以通过其他替代性方式继续使用应用程序的其他功能（以满足"自愿"的要求）。上述模式只是线上平台实现单独同意的方式之一，人民法院应当结合具体情形进行认定。三是关于单独同意和书面同意。单独同意并非必须采用书面形式，可以是书面的，也可以是口头的，只要在实践认定中，信息处理者有相关证据证明实现了单独同意即可。

根据2021年3月12日，国家互联网信息办公室秘书局、工业和信息化部办公厅、公安部办公厅、国家市场监督管理总局办公厅联合发布《常见类型移动互联网应用程序必要个人信息范围规定》，人脸信息并非常见应用程序的必要个人信息。因此，人脸识别行业在设计相关应用时，应该充分尊重用户意愿，除为履行法律、行政法规规定的义务外，均应提供方便可行的替代性方式，不得将人脸识别作为唯一验证方式。

二、处理人脸信息不需要单独同意的情形

本解释第5条对处理人脸信息不需要单独同意的情形予以明确规定，此处不再详述。《个人信息保护法》第13条新增了一些情形，为准确理解和适用本条第3项规定"基于个人同意处理人脸信息"的边界，下面主要对其中可能会涉及人脸识别的两种新增情形予以简述。

（一）缔约或履约之必需或制定劳动规章制度或签订集体合同实施人力资源管理所必需

《个人信息保护法》第 13 条第 1 款第 2 项关于"订立或者履行个人作为一方当事人的合同所必需"的规定借鉴自欧盟 GDPR。这一规定的理由在于：如果对于合同一方当事人信息的处理，对于该合同的另一方当事人履行该合同是必要的，那么后者对该信息的处理就是有法律依据的，因为信息控制者作为合同当事人，根据一般法律原则负有履行其合同的法定义务，因此为履行合同义务而处理信息的合法性也可以理解为"法定义务"甚至"控制者的合法利益"的特殊情况。处理者必须处理该个人信息才能与之缔结合同或履行合同，这种例外情形仅适用于处理者与个人作为平等的民事主体之间订立或履行合同的场所。对于哪些个人信息的处理属于为订立或履行合同所必需，一方面，应当符合比例原则；另一方面，要从处理者与信息主体等双方当事人的角度来考虑合同的目的，即对于实现合同目的而言，信息的处理是否必不可少。

《个人信息保护法》在二审稿的基础上，新增了"按照依法制定的劳动规章制度和依法签订的集体合同实施人力资源管理所必需"的情形，为用人单位处理员工个人信息提供了相应的法律依据。这里需要注意的是，用人单位不能随意以"人力资源管理所必需"而对其处理个人信息的行为主张免责，必须是"按照制定的劳动规章制度和依法签订的集体合同"实施的人力资源管理所必需，防止企业任意扩大处理范围。

（二）为履行法定职责或者法定义务所必需

所谓的法定职责包括法定职权和法定责任，是指立法机关、行政机关以及司法机关等公权力机关依据法律法规的规定而享有的职权以及必须履行的义务。为确保公权力机关能够履行法定职责，为履行法定职责所必需处理个人信息的，不需要取得个人同意。例如，依据《道路交通安全法》第 19 条的规定，驾驶机动车，应当依法取得机动车驾驶证。申请机动车驾驶证，应当符合国务院公安部门规定的驾驶许可条件；经考试合格后，由公安机关交通管理部门发给相应类别的机动车驾驶证。故此，自然人在向公安机关交通管理部门申请机动车驾驶证时，必须提供相应的个人信息，公安机关交通管理部门可以无需取得个人的同意。再如，我国《刑事诉讼法》第132条第1款规定："为了确定被害人、犯罪嫌疑人的某些特征、伤害情况或者生理状态，可以对人身进行检查，可以提取指纹信息，采集血液、尿液等生物样本。"显然，这种情形下，公安机关或检察机关为侦查犯罪而强制收集个人生物识别信息等，就属于履行法定职责，无需取得个人同意。

所谓法定义务，是指信息处理者依据法律法规的规定而负有的义务。法定义务不同于法定职责，后者仅指公权力机关即国家机关以及法律法规授权的具有管理公共事务职能的组织，前者则限于普通的民事主体即自然人、法人和非法人组织。我国法律中规定了很多的法定义务，例如，我国《社会保险法》《劳动合同法》《劳动法》《工伤保险条例》等法律法规要求，职工应当参加工伤保险，由用人单位缴纳工伤保险费，职工不缴纳工伤保险费。故此，用人单位在为职工投保工伤保险时，就必须收集职工的相关个人信息，否则就无法履行该义务。

对于《个人信息保护法》第13条第1款第6项所规定的"依照本法规定在合理的范围内处理个人自行公开或者其他已经合法公开的个人信息"，我们认为，自然人在互联网上自行公开发布的图像，尽管没有明确表示拒绝人脸识别，但是信息处理者使用人脸识别技术对其照片进行识别，已经超出了"合理"的范畴，对自然人的人格利益有重大影响，甚至可能侵害其隐私权、名誉权或者财产权等。因此，擅自对自然人自行公开的人脸图像进行人脸识别，不属于《个人信息保护法》第13条第1款第6项所规定的情形。

【相关条文】

1.《中华人民共和国民法典》（2020年5月28日）第九百九十条、第一千零三十五条、第一千零三十六条、第一千零三十八条

2.《中华人民共和国个人信息保护法》（2021年8月20日）第七条、第十三条、第十四条、第十七条、第二十六条、第二十八条

> 第三条 人民法院认定信息处理者承担侵害自然人人格权益的民事责任，应当适用民法典第九百九十八条的规定，并结合案件具体情况综合考量受害人是否为未成年人、告知同意情况以及信息处理的必要程度等因素。

【条文主旨】

本条是关于认定使用人脸识别技术侵害人格权益承担民事责任时的考量因素的规定。

【条文理解】

保护人格权益是尊重和保护人格尊严的要求。《民法典》对侵害不同类型的人格权益的行为区分了不同的民事责任认定方式。生命权、健康权、身体权等以生命、健康利益为客体的物质性人格权是所有民事权利享有的基础和前提，是人格权乃至所有民事权利中居于最重要位阶的权利，对于侵害物质性人格权的情形，法律往往对损害赔偿作出具体规定，如《民法典》第1179条的规定，造成死亡的应当赔偿丧葬费与死亡赔偿金。对于侵害物质性人格权的情形，直接适用法定的损害赔偿，一般不再考虑行为人和受害人的职业、影响范围、过错程度等因素。但是，对于侵害除生命权、健康权、身体权等物质性人格权之外的精神性人格权益的情形，在判断侵权是否成立、是否提供必要救济、提供何种救济等问题时，《民法典》第998条采用动态系统论的方式进行判定。这主要是考虑到精神性人格权益在行使过程中往往会与其他利益发生冲突，如新闻报道自由与包括人脸信息在内的个人信息保护之间的冲突，在这些场景中，如果对个人信息等人格权益的保护过于绝对和宽泛，则难免会妨碍其他合法权利的正常行使，因此对个人信息权益的保护和救济必须在个案中对诸多因素进行综合权衡和考量。"动态系统论通过规定法律规范中的不同因素和各因素的强度差异，突破了构成要件系统'全有全无'的不足，成为法律发展的新趋势。"[①] 动态系统论的引入，有利于协调人格利益与其他价值的冲突，强化人格权的保护。

为妥善平衡人脸信息保护和其他权利之间的关系，本解释也引入动态系统论，在《民法典》第998条的基础上，对侵害人脸信息责任认定的考量因素予以进一步细化，结合当前人脸识别技术滥用的主要情形和社会关注焦点，增加了结合案件具体情况综合考量受害人是否为未成年人、告知同意情况、信息处理行为的必要程度等因素。

关于适用《民法典》第998条的规定。《民法典》将动态系统论的思想运用到侵害物质性人格权以外的人格权的民事责任中，原因之一在于精神性人格权存在差异且处在不断变动和发展的过程中，侵害精神性人格权的侵权形态多样化，法律无法对精神性人格权的全部内涵进行预判，也难以对侵害精神性人格权的行为归纳出统一适用的构成要件。随着科学技术的发展和社会的变迁，人格权益的内涵也随着新的发展不断丰富和完善，侵害人格权益的侵权行为也不断以新的形式涌现，利用人脸识别技术侵害人脸信息就是比较典型的依托科技发展而出现的新型的侵害人格权益的行为。在出现此类侵害案件时，需要权衡科技发展与人格权益保护两种不同的利益，作出判断，因此有必要引入动态系统论，使案件审理者能在具体个案中综合考量各种可能存在的因素对是否侵权、如何承担侵权责任进行判定，既保护自然

[①] 王利明：《民法典人格权编中动态系统论的采纳与运用》，载《法学家》2020年第4期。

人的人脸信息，也防止对数字产业的发展和数字科技进步造成阻碍。

关于受害人是否为未成年人。未成年人认知能力、辨别能力和自我保护能力相对薄弱，在违法违规收集使用个人信息问题层出不穷的形势下，应当对未成年人个人信息给予更加严格的保护，以切实维护未成年人利益。从比较法的角度看，多数国家对未成年人个人信息保护作出了特别规定，例如，欧盟 GDPR 第 8 条规定，对不满 16 周岁儿童提供信息社会服务时，只有获得对儿童具有父母监护责任的主体同意或授权，该处理才是合法的。控制者应当采取合理的努力，结合技术可行性，确保对儿童具有父母监护责任的主体已经授权或同意。再如，《美国儿童在线隐私保护法》（Children's Online Privacy Protection Act），该法案要求网络从业者要确实告知（actual notice）其网站的隐私权政策，并且在收集 13 岁以下儿童个人信息前，必须直接通知儿童的父母且征得家长的可识别的同意。在人脸信息保护方面，法国对特定场景下采集儿童人脸信息持完全的否定态度，如以控制校园进出为目的而实施针对儿童的人脸识别是被明确禁止的。我国立法坚持对未成年人个人信息进行特殊保护，2020 年修订的《未成年人保护法》对于未成年人个人信息给予了特殊保护，该法规定了保护未成年人应当坚持最有利于未成年人的原则，处理涉及未成年人事项，应当给予未成年人特殊、优先保护，尊重未成年人人格尊严，保护未成年人隐私权和个人信息，同时规定信息处理者通过网络处理未成年人个人信息的，应当遵循合法、正当和必要的原则；处理不满 14 周岁未成年人个人信息的，应当征得未成年人的父母或者其他监护人同意，但法律、行政法规另有规定的除外；未成年人、父母或者其他监护人要求信息处理者更正、删除未成年人个人信息的，信息处理者应当及时采取措施予以更正、删除，但法律、行政法规另有规定的除外。《个人信息保护法》将不满 14 周岁未成年人的个人信息界定为敏感个人信息，同时规定个人信息处理者处理不满 14 周岁未成年人个人信息的，应当取得未成年人的父母或者其他监护人的同意。个人信息处理者处理不满 14 周岁未成年人个人信息的，应当制定专门的个人信息处理规则。为贯彻落实法律关于未成年人个人信息保护的精神，从司法审判层面加强对未成年人人脸信息的保护，本解释将受害人年龄作为确定侵权责任的重要考量因素，旨在通过加大对未成年人个人信息的司法保护力度，弘扬尊老爱幼的社会主义核心价值观。

关于告知同意情况。告知同意是指在收集用户个人信息之前应当向用户告知其对个人信息的收集、处理和利用，并应征得用户明确同意。对个人信息的收集和利用，必须经过本人充分知情前提下的同意，此即个人信息保护下的知情同意原则。个人信息保护是信息社会的重要问题，对个人信息保护而言，知情同意原则往往被认为具有"帝王条款"的地位。《民法典》第 1035 条规定了个人信息处理的基本原则："处理个人信息的，应当遵循合法、正当、必要原则，不得过度处理，并符合下列条件：（一）征得该自然人或者其监护人同意，但是法律、行政法规另有规定的除外；（二）公开处理信息的规则；（三）明示处理信息的目的、方式和范围；（四）不违反法律、行政法规的规定和双方的约定。"其中，"公开处理信息的规则"以及"明示处理信息的目的、方式和范围"这两项要求信息处理者就信息处理规则、目的、方式和范围等事项向个人信息主体进行告知，"征得该自然人或者其监护人同意，但是法律、行政法规另有规定的除外"要求信息处理者处理个人信息之前应当取得个人信息主体的同意。《个人信息保护法》明确了以"告知—同意"为核心的个人信息处理规则，要求个人信息处理者在处理个人信息前，应当以显著方式、清晰易懂的语言真实、准确、完整地向个人告知下列事项：（1）个人信息处理者的名称或者姓名和联系方式；（2）个人信息的处理目的、处理方式，处理的个人信息种类、保存期限；（3）个人行使《个人信息保护法》规定权利的方式和程序；（4）法律、行政法规规定应当告知的其他事项。这些事项发生变更的，应当将变更部分告知个人。处理个人信息应在事先充分告知的前提下取得个人同意或者符合法定条件。基于个人同意处理个人信息的，该同意应当由个人在充分知情的前提下自愿、明确作出。法律、行政法规规定处理个人信息应当取得个人单独同意或者书面同意的，从其规定。个人信息的处理目的、处理方式和处理的个人信息种类发生变更的，应当重新取得个人同意。告知同意规则只是解决个人信息处理行为合法与否的问题，而非意味着发生侵害个人信息权益的违法行为时，信息处理者可以据此免于承担责任，更不能以告知同意规则的履行来排除信息主体享有的权利。[①]需要注意的是，本条中的"告知同意情况"与"告知同意规则"的侧重点不同。本条中的"告知同意情况"并非指"信息处理者处理人脸信息是否履行了告知义务并经信息主体同意"，而是"信息处理者在处理人脸信息时告知同意的具体情况"。之所以将"告知同意情况"作为动态考量因素，主要基于统筹人脸信息保护和数字经济发展的考量。实践中，有的信息处理者完全没有违背告知同意规则，而有的信息处理者虽然尽到了告知义务也征得信息主体同意但告知不够清晰易懂，针对上述告知同意的不同程度或者情况，在责任认定上也应予以充分考量，确保司法裁判在科学技术创新发展和个人信息保护之间寻求一个合理的"平衡点"。

信息处理的必要程度。根据《民法典》第1035条规定，处理个人信息的，应当遵循合法、正当、必要原则，不得过度处理。"合法、正当、必要"，是个人信息保护的三个原则。一般而言，"合法"和"正当"两个原则相对容易判断，最难判断的是"必要"原则。所谓"必要"，是指在从事某一特定活动时可以处理，也可以不处理个人信息时，要尽量不处理；在必须处理个人信息并征得权利人许可时，要尽量少地进行处理，只处理满足个人信息主体授权同意的目的所需的最少个人信息类型和数量。这应是必要原则在个人信息处理方面的体

[①] 程啸：《论我国个人信息保护法中的个人信息处理规则》，载《清华法学》2021年第3期。

现。必要原则也被称为最小化原则或最少够用原则。① 在本解释起草过程中，有意见指出应当明确"必要"的认定标准，但由于当前司法实践缺乏样本，明确认定标准的时机尚不成熟，宜将"必要程度"作为一个考量因素交由审判人员在个案中进行裁量。另外，信息处理的必要程度，亦可与认定信息处理者的过错程度相结合。如果信息处理者采集人脸信息完全无必要，比如，使用网页搜索软件，却要求采集人脸信息等，可以认定信息处理者的过错程度较大。2021年3月，国家网信办等部门发布《常见类型移动互联网应用程序必要个人信息范围规定》（国信办秘字〔2021〕14号），对常见类型移动互联网应用程序（App）的必要个人信息范围进行界定，在审判实践中可以作为考量有关经营者处理人脸信息是否符合必要原则的重要参考。

【审判实践中应注意的问题】

关于"告知同意"。实践中往往存在着经营者利用优势地位滥用"告知同意"规则侵害用户知情同意权的情形，常见情况如App运营商在用户使用协议中采用"要么同意处理要么不得使用"的"霸王条款"强迫用户选择"同意"授权App运营商处理人脸信息，或者经营者将处理人脸信息的有关事项"混入"用户使用协议中未以显著方式告知用户，使用户在未注意到处理人脸信息的情况下选择"同意"。在这些情形下，表面来看，经营者在处理人脸信息前确实取得了用户的"同意"，遵循了告知同意规则，但用户"同意"的意思表示是在"不得已"或"不知情"的情况下作出的，并非真实有效的同意。在具体案件中判断经营者是否取得用户同意，应当根据案件实际情况考察经营者是否按照《民法典》第1035条以及《个人信息保护法》第

---

① 最高人民法院民法典贯彻实施工作领导小组主编：《中华人民共和国民法典人格权编理解与适用》，人民法院出版社2020年版，第375页。

17 条的规定履行告知义务以及用户是否在自由、自愿状态下以明确方式作出同意的意思表示。

关于《民法典》第 998 条规定的考量因素。《民法典》第 998 条明确列举了六项考量因素，包括行为人和受害人的职业、影响范围、过错程度，以及行为的目的、方式、后果等。这些因素在审理使用人脸识别技术处理个人信息相关民事案件时也应当作为考量因素进行综合衡量。一是行为人和受害人的职业。对于行为人来说，认定其应当承担的侵害人格权的民事责任，重点在于确定侵害行为的影响范围。不同的侵害后果意味着侵权的严重程度不同，因而也意味着应承担的侵权责任的大小存在差异。对于受害人来说，认定利用人脸识别技术侵害人格权益的民事责任时应考虑受害者是否为公众人物。公众人物包括公职人员、明星、科学家、知名学者等因特殊才能、成就、经历或其他特殊原因在社会上具有一定知名度的人。[①] 一方面，公众人物往往接受新闻报道或者受到舆论监督，在新闻报道或舆论监督过程中，可能会对公众人物的人脸信息进行使用，只要该使用是合理、合法、必要的，一般不认定为侵权；另一方面，公众人物具有较高的社会关注度，其一言一行具有较大的社会影响力，甚至能起到一定的示范、引导作用，由于公众人物的人脸信息较容易被他人收集，如果信息处理者对使用人脸识别技术收集到的公众人物的人脸信息进行丑化、伪造等处理，如实践中已出现通过 AI 换脸、深度伪造等技术对人脸信息进行侵害的情形，不仅对受害人的人格尊严造成严重侵害，而且对公序良俗、公共利益构成较大挑战，在这样的情况下，法官在判定侵权责任成立及责任承担方式时应当结合受害人职业以及对侵权行为所造成的社会影响进行重点考虑。二是影响范围。人脸识别技术通常采用对人脸信息进行自动化处理的方式，且与互联网应用紧密联

---

① 最高人民法院民法典贯彻实施工作领导小组主编：《中华人民共和国民法典人格权编理解与适用》，人民法院出版社 2020 年版，第 102 页。

系,利用人脸识别技术侵害他人人脸信息造成的影响范围比一般侵权行为的影响范围更大,因此在具体案件中判定影响范围时应当根据传播范围、受众数量、影响力大小等来区分认定,进而确定不同的责任承担方式。三是过错程度。主要是指在判断侵权责任是否成立时,应当对行为人主观过错,包括故意、重大过失、一般过失、轻微过失等进行考量。需要指出的是,人脸识别技术具有较强的技术性和专业性,实践中,使用人脸识别技术处理人脸信息的有关证据一般均由信息处理者掌握。如果由被侵害人去证明信息处理者处理人脸信息时存在过错,难度非常大,在本解释起草过程中,有意见提出应当明确规定过错推定原则及举证责任倒置规则,将过错要件的举证责任倒置给信息处理者,但考虑到由于归责原则和举证责任倒置具有法定性,不宜由司法解释进行规定。本解释依据现有举证责任的法律适用规则,在用足现有规定特别是《民法典》第1035条、第1036条等规定的基础上,充分考虑双方当事人的经济实力不对等、信息不对称等因素,在第6条第2款、第3款规定举证责任时,对信息处理者课以较重的举证责任。四是行为目的。行为人的目的通常也与行为人的主观过错紧密相关。例如,需要考虑行为人利用他人的人格权是为了保护正当的舆论监督、新闻报道等公共利益的目的,还是为了个人的娱乐、消遣,抑或是为了行使监督权进行正当检举控告,还是为了泄私愤、图报复。五是行为方式。行为方式往往与影响范围、损害后果大小相关,如将采集到的人脸信息进行存储,比将人脸信息进行传输、对外公开等处理方式的影响范围更小,造成损害后果也更小。六是行为后果。行为的后果也是认定侵害人格权益民事责任的重要考量因素,利用人脸识别技术侵害人脸信息可能造成财产损失,可能导致受害人的名誉受损、社会评价降低,可能造成受害人隐私泄露、无法挽回,可能造成严重精神损害,可能仅造成有限范围内的影响,也可能造成更大范围的影响等,都是确定侵害人格权民事责任需要考虑的因素。

另外需要注意的是,动态系统论的考量不仅适用于确认行为人是否需要承担责任，对于特定责任形式的采取，也同样需要结合受害人的职业、影响范围、过错程度，以及行为的目的、方式、后果等多种因素进行综合考量。

【相关法条】

1.《中华人民共和国民法典》（2020年5月28日）第九百九十八条、第一千零三十五条

2.《中华人民共和国个人信息保护法》（2021年8月20日）第十三条、第十四条、第十七条

3.《最高人民法院关于确定民事侵权精神损害赔偿责任若干问题的解释》（2020年12月29日修正）第五条

> 第四条 有下列情形之一，信息处理者以已征得自然人或者其监护人同意为由抗辩的，人民法院不予支持：
> （一）信息处理者要求自然人同意处理其人脸信息才提供产品或者服务的，但是处理人脸信息属于提供产品或者服务所必需的除外；
> （二）信息处理者以与其他授权捆绑等方式要求自然人同意处理其人脸信息的；
> （三）强迫或者变相强迫自然人同意处理其人脸信息的其他情形。

【条文主旨】

本条是关于强迫同意无效规则的规定。

【条文理解】

告知同意规则是个人信息处理中的核心规则，信息处理者是否基于告知条款获取自然人的有效同意，是处理个人信息纠纷案件常见的争议焦点。在调研中发现，部分 App 往往使用人脸识别技术将非必要的人脸信息作为提供产品或服务的前提条件，不同意就无法继续安装或使用该应用程序；还有的信息处理者以与其他授权捆绑等方式，强迫或者变相强迫自然人同意处理其人脸信息。上述行为严重侵害了自然人合法权益，成为当前公众感受最深、反映强烈，也是维权较难的问题。《民法典》等法律确立了个人信息的"告知—同意规则"，《个人信息保护法》将个人信息细分为一般个人信息和敏感个人信息，并确立了敏感个人信息的"单独同意规则"。同时，《个人信息保护法》第14条规定，基于个人同意处理个人信息的，该同意应当由个人在充分知情的前提下自愿、明确作出。关于非自愿的强迫同意或者瑕疵同意的效力问题，法律并未作出明确规定。为强化人脸信息保护，本条充分吸收了《个人信息保护法》（当时尚未颁布）第14条的立法精神，借鉴欧盟GDPR的做法，确立了人脸信息"强迫同意无效规则"，对人脸信息有效同意采取从严认定的思路，对常见的违背自然人意愿强迫同意的情形进行列举，并对其效力予以否定性评价，以充分保障自然人的信息自决权。

一、关于本条的起草过程

本条在起草之初是从格式条款无效的角度进行规定的。在调研过程中，很多意见提出，信息处理者以自然人不同意处理其人脸信息或者撤回其对人脸信息处理的同意为由，拒绝提供产品或者服务的情形，一般发生在线上，且多数通过"不点击同意，则无法进行下一步操作"的形式，强迫自然人同意后方可使用相关产品或者服务。特别是在App场景，信息处理者多以与其他授权捆绑等方式，强迫或者变相强迫自然人同意处理其人脸信息，这种强迫或者变相强迫主要通过模式设计来实现。而从格式条款内容上看，强迫同意的模式设计一般不会出现在格式条款的内容中，故难以依据《民法典》第497条对其予以否定性评价。据此，我们拟了两种方案征求全国人大常委会法工委意见。第一种方案是"格式条款方案"，将本条规定的两种情形与本解释第11条所规定的情形均从格式条款的角度去规定，即："信息处理者采用格式条款与自然人订立合同，当事人依据民法典第四百九十七条请求确认如下格式条款无效的，人民法院应予支持：（一）人脸信息属于提供该产品或者服务的非必要个人信息，信息处理者以自然人不同意处理其人脸信息或者撤回其对人脸信息处理的同意为由，拒绝提供产品或者服务的;(二)信息处理者以概括授权、默认授权、与其他授权捆绑等方式,强迫或者变相强迫自然人同意处理其人脸信息的;(三)要求自然人授予信息处理者无期限限制、不可撤销、可任意转授权等权利的;(四)信息处理者排除对方主要权利或者不合理地免除或减轻自身责任、加重对方责任、限制对方主要权利的其他条款。"第二种方案是将格式条款方案进行拆分,将本条所规定的情形从告知同意的角度进行规范,将第 11 条所规定的情形留在格式条款的规定中。全国人大常委会法工委同意第二种方案。故本条从"强迫同意系无效同意"的角度对这一问题作了规定。

二、同意的法律性质

告知同意规则是个人信息处理活动中的"黄金规则"。告知同意规则要求信息处理者原则上必须取得信息主体的同意后,才能对该自然人的个人信息进行相应的处理活动。关于同意的概念,不同国家和地区的规定不尽相同。例如,欧盟 GDPR 第 4 条第 11 款将"数据主体的同意(consent of the data subject)"界定为:"数据主体依其个人意愿而自由、明确、知情且清晰地通过陈述或积极行为就与其相关的个人数据的处理作出的同意。"[①]2018 年《巴西通用数据保护法》第 5 条第 12 款规定:同意,是指"数据主体同意为特定目的处理其个人数据自由、知情和明确的声明"。我国台湾地区"个人资料保护法"第 7 条第 1~2 款规定:"第十五条第二款及第十九条第一项第五款所称同意,指当事人经搜集者告知本法所定应告知事项后,所为允许之意思表示。第十六条第七款、第二十条第一项第六款所称同意,指当事人经搜集者明确告知特定目的外之其他利用目的、范围及同意与否

---

① 该定义与 1995 年 10 月 24 日欧洲议会《关于涉及个人数据处理的个人保护以及此类数据自由流动的第 95/46/EC 号指令》(DPD)中的定义是一致的,指令第 2 条 h 将数据主体的同意界定为"数据主体自由作出的特定与知情的指示,表示其同意对于与其相关的数据进行处理"。

对其权益之影响后,单独所为之意思表示。"

关于同意的法律性质,学界认识不一,主要存在如下三种观点:

一是意思表示说。该学说认为,同意本身是自然人作出的意思表示,《民法典》总则编关于意思表示的规定完全可以适用于自然人就个人信息处理所作出的同意。故此,自然人在因欺诈、胁迫或重大误解而作出的意思表示,是可以撤销的意思表示。[①]

二是违法阻却事由说。该学说认为,个人信息处理中信息主体的同意属于免责事由或违法阻却事由,而非意思表示。处理者对自然人的个人信息进行收集、存储、使用、加工、传输、提供、公开等处理行为,客观上就构成对自然人的个人信息权益的侵入或干扰,违反了法秩序,具有(暂时认定的)非法性。要排除这种非法性的,就必须具备法律上的正当性。在个人信息保护法上,此种正当性要么来自个人的同意,要么来自法律、行政法规的规定即法定的许可,二者构成了全部个人信息处理的法律基础。作为个人信息权益的所有者的个人,可以对自己权益进行合法的处分,其可以自行处分,也可以同意他人对自己的民事权益的处分。因此,在得到民事权益所有者的同意后,被同意者实施的客观上侵害他人民事权益的行为,对于同意者而言,不构成侵害。同时,法律、行政法规也可以基于促进个人信息的合理利用、维护公共利益、国家利益等理由而特别规定,某些情形下不需要取得个人的同意就可以处理其个人信息。[②]

三是双重属性说。该学说认为,同意具有双重属性,一方面它是侵权法上阻却违法的事由,另一方面它又是法律行为。[③] 之所以有双重属性,是因为在合同领域与在侵权领域中,同意有不同的含义。在

[①] 王利明、程啸:《中国民法典释评·人格权编》,中国人民大学出版社2020年版,第457页;陈甦、谢鸿飞主编:《民法典评注·人格权编》,中国法制出版社2020年版,第379页。

[②] 程啸:《个人信息保护法理解与适用》,中国法制出版社2021年版,第147页。

[③] 刘召成:《人格商业化利用权的教义学构造》,载《清华法学》2014年第3期。

侵权领域中,"同意"作为侵权法上的免责事由可归入"受害人同意"的范畴,在构成要件上包括必须有明确具体的内容、受害人须具有同意能力、同意必须真实自愿、加害人必须尽到充分的告知说明义务;在合同领域中,同意可能成为相关合同给付内容的一部分,因此当事人须具备相应的行为能力。① 持双重属性说的学者,主要是从个人信息既存在消极防御的问题,也存在积极利用的问题角度出发来认识同意的性质,即从消极防御的角度说,同意就是违法阻却事由,而从积极利用的层面看,同意就是个人在授权他人商业利用个人信息。②

关于同意的法律性质,上述学说均有一定道理。那么,我国《个人信息保护法》对同意的性质是如何界定的呢?《个人信息保护法》第14条第1款规定:"基于个人同意处理个人信息的,该同意应当由个人在充分知情的前提下自愿、明确作出。"从上述规定看,立法并未明确"同意"的性质。但是,《个人信息保护法(草案)》第14条第1款第1句曾规定:"处理个人信息的同意,应当由个人在充分知情的前提下,自愿、明确作出意思表示。"可见,立法机关曾将个人的同意界定为意思表示。但是,《个人信息保护法(草案二次审议稿)》删除了"意思表示"一词,将该句改为"处理个人信息的同意,应当由个人在充分知情的前提下自愿、明确作出"。从上述起草过程看,立法机关基于一定考量,回避了对"同意"性质的界定。

我们倾向认为,个人信息处理活动的"同意",不完全等同于传统民法中的意思表示,二者既有区别也有联系。首先,纵观各国和地区的规定,个人信息领域的"同意"有着其特殊的适用规则,比如通行的"撤回同意"规则,不同于意思表示的"撤回"和"撤销",不能用传统的民法理论进行严格意义上的逻辑推演。其次,我国《民法

---

① 陆青:《个人信息保护中"同意"规则的规范构造》,载《武汉大学学报(哲学社会科学版)》2019年第5期。

② 程啸:《个人信息保护法理解与适用》,中国法制出版社2021年版,第147页。

典》第993条规定:"民事主体可以将自己的姓名、名称、肖像等许可他人使用,但是依照法律规定或者根据其性质不得许可的除外。"尽管此处并未规定个人信息的许可使用,但从体系解释上看,第993条属于人格权编的一般规定,对于个人信息也可适用。许可使用又是典型的意思表示行为。因此,对《个人信息保护法》中的"同意"的解读既不能脱离意思表示,又不能完全适用意思表示的相关规则,比如,胁迫、欺诈的可撤销。而违法阻却事由说,则从侵权的角度对个人信息中的"同意"进行相对周延的解读。

三、强迫或者变相强迫同意的法律后果

讨论强迫同意或者变相强迫同意的法律后果,必须明确同意的要件。关于同意的要件,不同国家和地区的规定不尽相同。比如,欧盟GDPR第4条第11款规定了有效同意必须具备四个要件:(1)自由作出的(freely given);(2)具体的(specific);(3)被告知的(informed);(4)明确的(unambiguous)。这一标准被认为提高了有效同意的门槛,欧盟的数据保护机构也倾向于严格地解释这四项标准。以违反"自由"(freely-given)要件为例,欧盟将此类同意认定为无效同意。欧盟数据保护委员会(EDPB)举了一个例子:一个网站的首页什么都不显示,只显示cookies信息。除非点击"我同意",不然用户看不到网站信息。这种情况用户即便是点击了"我同意",也不是freely given,因为用户没有真正的选择,除了同意外,看不到网站内容,这是不合规的。《巴西通用数据保护法》第8条规定:本法第7条第I项所规定的同意,应当以书面方式或者其他能够证明数据主体表现意愿的方式提供。(1)如果同意是以书面形式提供的,它应区分于其他合同条款,并单独、重点显示。(2)控制者有责任证明已依照本法取得同意。(3)如果同意有瑕疵,禁止处理个人数据。(4)同意应为了特定目的而作出。为处理个人数据获取的一般授权应为无效。(5)只要不做出根据本法第18条第VI项规定的删除请求,

同意可以通过便捷和免费的流程，随时被数据主体明确表示撤回，这是对基于先前同意而作处理的矫正。（6）如果本法第9条第Ⅰ、Ⅱ、Ⅲ或者Ⅴ项所涉及的信息发生变更，数据控制者应当通知数据主体，尤其应告知其所变更的内容。在这种情况下，数据主体的同意是必须的，如果数据主体不同意该变更，其可以撤回同意。可见，巴西也非常重视同意是否有瑕疵，如果有瑕疵，则为无效同意，禁止处理个人数据。我国《个人信息保护法》第14条在借鉴相关国外立法的基础上，将同意的要件规定为："（1）充分知情；（2）自愿；（3）明确。"而强迫同意或者变相强迫同意，违背了"自愿"要件，应当认定为无效同意。鉴于此，本条明确了"强迫同意无效规则"。

四、违反自愿同意的具体情形

同意是否基于自然人的自愿、是否存在强迫同意的情形，是判断同意有效性的重要因素之一。为细化判断标准，本条结合《个人信息保护法（草案）》《网络交易监督管理办法》等规定，列举了两项较为常见的强迫或者变相强迫同意情形，并规定了兜底条款。

（一）不同意就不提供服务

在日常生活中，特别是在应用程序中，部分网络服务商家不管所提供的产品或服务与要求提供的个人信息是否有直接关联、是否必要，往往把收集个人信息作为提供产品或服务的前提条件，不同意就无法继续安装或使用该应用程序，存在过度收集个人信息的情形。对此，有意见认为，这属于交易条件的自由选择，并不属于强迫，因为网络用户如果不同意，可以"用脚投票"，不选择使用该产品或者服务，而部分网络服务提供商提供低廉的服务正是出于能获取个人信息报偿作为对价和前提的。但是，这种观点忽略了信息网络时代对人们生活方式的改变和对信息自决权的异化。信息网络科技的高速发展使社会的生产和生活被高度数字化、信息化，面对各种类型的信息处理者，个人实际上很难有能力拒绝或者阻止个人信息被收集。即便拒绝收集，这可能意味着要牺牲生活便利甚至被排除在现代社会生活之外，不但无法享受科技发展所带来的社会普遍性红利，反而成为社会生活中的"少数派"。面对这种选择，其实个人信息处理中的告知同意规则实际上已经被架空，个人实质上已丧失了信息自决权或者同意的自由。关于自由作出同意，欧盟数据保护委员会（EDPB）指出，数据控制者经常会争辩，尽管自己的服务需要获取个人数据用于额外的用途，市面上还存在其他数据控制者提供的与自己同样的服务，也就是说，如果数据主体不想提供个人数据给自己，完全可以寻求其他数据控制者的同等服务，因此，数据主体愿意提供个人数据给自己是一种自由选择。但是欧盟不这么看，欧盟认为，这种自由选择依赖于其他市场主体如何做，以及数据主体是否认为两种服务是真正相同的。这还意味着数据控制者要实时监控市场，确保市场上存在同样的服务。因此，欧盟不认为数据控制者基于市场上还存在其他选择而获得的同意是合规的。也就是说，虽从理论上讲，用户可采取"用脚投票"的方式自由选择其交易对象，以此抵制其不愿意的授权同意行为。但很难保证市场上存在丰富的、可供选择的同质服务主体，在缺乏充分市场选择的情况下，实质上会导致数据主体为使用某项产品或者服务而不自由或者不自愿作出同意。

为确保个人信息处理中告知同意规则能够真正得到遵守和落实，就必须防止出现各种以个人权益造成不利影响甚至"损害"为要挟，从而强迫或者变相强迫取得个人同意的行为。因此，在充分吸收个人信息保护法立法成果、借鉴国外相关经验的基础上，本条第1项明确将"信息处理者要求自然人同意处理其人脸信息才提供产品或者服务的"情形列为强迫同意的情形。信息处理者通过此种方式所收集的信息，自然人有权提起诉讼，信息处理者以已征得自然人或者其监护人同意为由抗辩的，人民法院对信息处理者的抗辩不予支持。《个人信息保护法》第16条也对此予以规定："个人信息处理者不得以个人不同意处理其个人信息或者撤回同意为由，拒绝提供产品或者服务。"

需要注意的是，本条第1项还规定了例外情形：处理人脸信息属于提供产品或者服务所必需的情形。也就是说，如果处理人脸信息属于提供产品或者服务所必需，则信息处理者要求自然人同意处理其人脸信息才提供产品或者服务，不属于强迫同意的范畴。所谓"处理人脸信息属于提供产品或者服务所必需"，主要是指对于产品或者服务的提供而言，如果不处理该人脸信息就无法实现。如果处理人脸信息是出于其他的目的，如为了进一步完善产品的性能或者提升服务的品质，则不属于为了提供产品或者服务所必需。除此之外，如果法律、行政法规以及规章明确规定需要对人脸信息进行处理才能提供相关产品或者服务的，也属于"必需"的范畴。

（二）与其他授权捆绑

实践中，"捆绑授权"的方式在App应用程序中非常普遍。具体到人脸信息，存在的捆绑授权主要有两类：一种是将产品或者服务基本功能和附加功能所需要的个人信息予以捆绑，通过"一揽子告知同意"等形式，要求自然人同意处理其人脸信息的，否则任何一项业务功能都无法使用。另一种是将产品或者服务的附加功能所需要的个人信息予以捆绑，要求自然人一并同意处理包括其人脸信息在内的个人信息，否则附加功能无法实现。其中，第1种情形可能与本条第1项的情形存在一定交叉。根据本解释第2条第3项规定，对于人脸信息的处理必须经自然人单独同意，以充分保障自然人对敏感个人信息的信息自决权。因此，无论上述何种模式设计，都包含了强制索取人脸信息的因素，导致自然人无法单独对人脸信息作出自愿同意，或者被迫同意处理其本不愿提供且非必要的人脸信息。

针对捆绑授权乱象，2021年5月1日施行的《网络交易监督管理办法》第13条专门规定："网络交易经营者不得采用一次概括授权、默认授权、与其他授权捆绑、停止安装使用等方式，强迫或者变相强迫消费者同意收集、使用与经营活动无直接关系的信息。"《信息安全技术 个人信息安全规范》（GB/T 35273—2020）第5.3条也规定："当产品或服务提供多项需收集个人信息的业务功能时，个人信息控制者不应违背个人信息主体的自主意愿，强迫个人信息主体接受产品或服务所提供的业务功能及相应的个人信息收集请求。对个人信息控制者的要求包括：a）不应通过捆绑产品或服务各项业务功能的方式，要求个人信息主体一次性接受并授权同意其未申请或使用的业务功能收集个人信息的请求 ......f）不得仅以改善服务质量、提升使用体验、研发新产品、增强安全性等为由，强制要求个人信息主体同意收集个人信息。"

为强化人脸信息保护，防止信息处理者对人脸信息的不当采集，本解释参照上述相关规定，在本条第 2 项中明确：信息处理者以与其他授权捆绑等方式要求自然人同意处理其人脸信息的，信息处理者据此认为其已征得相应同意的，人民法院不予支持。根据本项的规定，无论人脸信息是否属于提供产品或者服务所必需，均不能采取与其他授权捆绑等方式取得同意。

现实中，可能还存在其他形式的强迫同意或者变相强迫同意情形，为了实现逻辑周延，本条在第 3 款设置兜底条款规定："强迫或者变相强迫自然人同意处理其人脸信息的其他情形。"

【审判实践中应注意的问题】

依照本条进行诉讼维权的用户面对应用软件通过不同意就不提供服务、捆绑授权等方式强制获取个人信息的情形如何寻求救济？从实践角度看，用户可能在注册应用软件过程中，发现违法收集条款，为防止自身人脸信息被不当收集而直接进行维权；也有可能因某种原因急于使用软件，在作出同意授权人脸信息后进行维权。无论是上述哪种情况，只要有证据显示应用软件存在强迫同意条款，即可认定该行为违反个人信息保护的相关规定。

在第一种情形下，对于在注册过程中发现不当收集条款，未实际上传人脸信息的情形，是否构成对其人脸信息的侵权，用户是否基于此种情形获得诉权存在一定争议。第一种意见认为，此种情况下，用户并未实际上传人脸信息，难以判断用户是否为适格当事人和具备诉的利益，获得诉权恐引发滥诉。第二种意见认为，此种情况用户的个人信息虽尚未被实际侵害，但存在即将被侵害的现实风险，或者可能使用户陷入不能自主选择交易的两难境地，为强化人脸信息保护，鼓励公民通过维权促使网络服务商提高合规水平，应赋予此类用户诉权。我们倾向于第二种意见，赋予此类用户诉权，通过停止侵权等请求权的行使，要求软件服务商更改为合理条款。但是，对此类用户是否存在损害赔偿依据需慎重考虑。

在第二种情形下，用户基于应用软件违法收集其人脸信息的，除可依据本条司法解释请求提供其他合理验证方式外，还可依据本司法解释其他相关规定，依法要求停止处理并删除其人脸信息。

此外，应当注意本条和本解释第 11 条之间递进的适用关系：当存在本条的情形，直接适用本条认定同意无效，无须适用第 11 条；只有不存在本条的情形，才考虑是否适用第 11 条认定格式条款无效。

【相关法条】

1.《中华人民共和国民法典》（2020 年 5 月 28 日）第九百九十三条

2.《中华人民共和国个人信息保护法》（2021 年 8 月 20 日）第十四条、第十六条

3.《网络交易监督管理办法》（2021 年 3 月 15 日）第十三条

4.《信息安全技术 个人信息安全规范》（GB/T 35273—2020）第 5.3 条

> 第五条 有下列情形之一，信息处理者主张其不承担民事责任的，人民法院依法予以支持：
> （一）为应对突发公共卫生事件，或者紧急情况下为保护自然人的生命健康和财产安全所必需而处理人脸信息的；
> （二）为维护公共安全，依据国家有关规定在公共场所使用人脸识别技术的；
> （三）为公共利益实施新闻报道、舆论监督等行为在合理的范围内处理人脸信息的；
> （四）在自然人或者其监护人同意的范围内合理处理人脸信息的；
> （五）符合法律、行政法规规定的其他情形。

【条文主旨】

本条是关于处理人脸信息免责事由的规定。

【条文理解】

一、免责事由概述

免责事由作为阻却侵权责任构成或者承担的事由，是侵权责任体系中的重要内容，通常是指被告针对原告的诉讼请求而提出的，证明原告的诉讼请求不成立或不完全成立的事实。在以往的侵权责任法理论中，免责事由通常被认为是针对承担侵权责任的请求而提出来的，又被称为免责或减轻责任的事由。① 一般而言，免责事由有效成立必须具备两个条件：其一，对抗性要素。必须是对抗侵权责任构成的具体要件，阻断整个侵权责任构成，使原告诉请的侵权责任不能成立。抗辩事由虽然是对抗对方当事人的侵权诉讼请求，但它具体对抗的是侵权责任构成，破坏对方当事人请求权的成立，导致对方的侵权诉讼请求在法律上不成立。这就是侵权责任免责事由对抗性的要求。侵权责任纠纷的被告提出的主张如果不具有对抗性，而仅仅能证明自己具有可以谅解，但不足以对抗对方当事人请求的情况，不能成为抗辩事由。② 这里的抗辩事由就是指免责事由，当然，从诉讼程序的角度出发，目前学界多认为，抗辩事由的范围要广于免责事由。其二，客观性要素。免责事由必须是客观存在的、已经发生的事实，而不能是主观臆断的情况或者尚未发生的事实。

《民法典》关于免责事由的规定主要体现在总则编第八章关于民事责任的规定以及侵权责任编第一章以及有关具体侵权行为类型的规定，如关于高度危险责任具体侵权行为类型的规定中。概言之，免责事由主要包括正当防卫、紧急避险、紧急救助、受害人同意、自助行为、受害人过错、第三人过错、不可抗力等。从类型上看，免责事由可以分为一般免责事由和特殊免责事由。一般免责事由，是指损害确系被告的行为所致，但其行为是正当的、合法的。这种事由与阻却违法行为相同，如正当防卫、紧急避险、自助行为等。特别免责事由，是指损害并不是由于被告的行为造成的，而是由一个外在于其行为的原因独立造成的，如不可抗力、受害人过错和第三人过错等。这两种免责事由的主要区别在于，基于一般免责事由而致人损害，被告已经实施某种行为，但其行为是正当的、合法的，排除了行为人行为的违法性，因而表明行为人是没有过错的。据此，行为人应予免责。在特

---

① 参见王利明、杨立新：《侵权行为法》，法律出版社1997年版，第76页。
② 参见佟柔主编：《中国民法》，法律出版社1995年版，第571页。

别免责事由存在的情况下，被告根本没有实施某种致人损害的行为，或者外来原因作用于行为人，使行为人不可避免地造成了损害，由此行为人不应当承担侵权责任。

关于免责事由的具体适用，要遵循一般法与特别法的适用规则，即《民法典》及其他法律关于特定事项所规定的免责事由优先适用，《民法典》关于免责事由的一般规定补充适用。但这里的补充适用，必须建立在前面的特别规定并没有排除该一般免责事由的规定的前提下。通常而言，一般免责事由对于适用过错责任原则的侵权行为类型，以及法律、行政法规没有排除适用的其他侵权行为类型都可以适用。具体而言，要注意以下几点：首先，如果相应特殊侵权行为类型对于有关免责事由没有规定的，应当适用"一般规定"中的免责事由，但如果特殊侵权行为类型中实际上已经规定了相应的免责事由，当然就要直接适用该规定的免责事由来确定免责与否的问题，通常理解这时候就已经排除了"一般规定"中有关免责事由的规定。除非通过法理解释后认为"一般规定"中有些特定免责事由仍然适用才更加公平合理，这时才可以例外地适用该免责事由。其次，对于某类特殊侵权行为的免责事由的认识也要遵循体系解释的思路，有可能某一条文或者作为该类型侵权行为一般条款的规定并没有相关免责事由的规定，但在该章具体条文中有免责事由的规定，对此就要作整体理解。比如，《民法典》侵权责任编第八章关于高度危险责任的规定中，其开篇的第 1236 条仅规定："从事高度危险作业造成他人损害的，应当承担侵权责任。"该条对于有关免责事由并没有规定，但第八章后续有关具体侵权行为类型的规定中都有相应的免责事由的规定，应该遵循该规定确定免责事由。至于这些具体规定无法涵盖的高度危险行为的情形，即只能适用高度危险责任一般条款规定的情形，是否一概可以适用"一般规定"中的免责事由，也不可一概而论，也有必要遵循体系解释或者类推适用的方法来进行法律解释或者漏洞补充来确定有关免责事由的适用。再次，有些情形下，法律对于免责事由仅从某个角度作了规定，仅从文义上得不出排除一般免责事由适用的意思，这时就要进行必要的衡平考量，对于其他免责事由能否适用可以从能否阻却该具体侵权行为的责任构成的角度结合案件处理结果的公正性和妥当性进行分析。这一点对于侵害个人信息权益案件乃至侵害人脸信息的情形具有积极的方法论作用。最后，这里的一般免责事由应当包括侵权责任编"一般规定"中的免责事由，也包括总则编民事责任一章中的免责事由，如不可抗力、正当防卫、紧急避险、紧急救助等。

二、《民法典》关于侵害个人信息免责事由的规定

从逻辑结构体系及明晰法律适用的必要性上讲，欲了解侵害人脸信息的免责事由法律规则，有必要对其上位范畴的侵害个人信息的免责事由进行了解。关于侵害个人信息的免责事由问题，以往法律，如《侵权责任法》《网络安全法》等均没有专门规定。在司法解释层面，《最高人民法院关于审理利用信息网络侵害人身权益民事纠纷案件适用法律若干问题的规定》（法释〔2014〕11号）回应实践需要，对于侵害个人信息的免责事由作了系统规定，为《民法典》对这一问题作出规定提供了有益经验。该司法解释第12条[①]规定："网络用户或者网络服务提供者利用网络公开自然人基因信息、病历资料、健康检查资料、犯罪记录、家庭住址、私人活动等个人隐私和其他个人信息，造成他人损害，被侵权人请求其承担侵权责任的，人民法院应予支持。但下列情形除外：（一）经自然人书面同意且在约定范围内公开；（二）为促进社会公共利益且在必要范围内；（三）学校、科研机构等基于公共利益为学术研究或者统计的目的，经自然人书面同意，且公开的方式不足以识别特定自然人；（四）自然人自行在网络上公开的

[①] 在2020年最高人民法院进行司法解释全面清理后，《最高人民法院关于审理利用信息网络侵害人身权益民事纠纷案件适用法律若干问题的规定》（2020年12月29日修正）已将该条规定删除，主要理由在于这一规定主要内容已被《民法典》第1036条规定吸收。

信息或者其他已合法公开的个人信息；（五）以合法渠道获取的个人信息；（六）法律或者行政法规另有规定。网络用户或者网络服务提供者以违反社会公共利益、社会公德的方式公开前款第四项、第五项规定的个人信息，或者公开该信息侵害权利人值得保护的重大利益，权利人请求网络用户或者网络服务提供者承担侵权责任的，人民法院应予支持。国家机关行使职权公开个人信息的，不适用本条规定。"《民法典》第1036条充分参考和吸收了该司法解释的这一规定，明确了处理个人信息免责的情形，具体有三类：（1）在该自然人或者其监护人同意的范围内合理实施的行为；（2）合理处理该自然人自行公开的或者其他已经合法公开的信息，但是该自然人明确拒绝或者处理该信息侵害其重大利益的除外；（3）为维护公共利益或者该自然人合法权益，合理实施的其他行为。非法利用他人个人信息，影响个人对其个人信息进行控制的行为，只要不存在相关免责事由，都构成对他人个人信息权的侵害。根据《民法典》第1036条的规定，侵害个人信息权相关责任的免责事由主要有如下几种：

第一，权利人的同意。权利人的同意是信息利用的基本依据，若权利人属于无民事行为能力人或限制民事行为能力人，在得到其监护人同意的情况下也可以处理权利人的个人信息。若信息处理者能够证明在权利人授权同意的范围内使用个人信息，则不应当承担侵权责任。换言之，该信息处理者如果在同意范围之外处理该个人信息，在没有其他免责事由的情形下，同样要构成侵权行为。需要注意的是，未成年人信息通常属于敏感信息，一旦泄露、非法提供或滥用可能危害人身和财产安全，极易导致未成年人的个人名誉、身心健康受到损害或歧视性待遇，甚至影响终身。而根据《民法典》总则编中第26条第1款的规定，"父母对未成年人子女负有抚养、教育和保护的义务"，监护人负有保护未成年人信息的义务，在同意授权时需要谨慎考量，切实加强对未成年人权益的保护。

第二，合法公开的信息。已经合法公开的信息通常为权利人自行向社会公众公开，已经经过权利人对个人信息利益的权衡，或是由于涉及公共利益而为特定机构或组织公开。例如，通过合法的新闻报道、政府信息公开、刑事侦查、司法判决等渠道产生的个人信息。再如，依据网络报道、企事业单位依法公示等方式获得的个人信息，再次传播或公开原则上不能认为侵害个人权益。概言之，自然人自愿公开的个人信息，通常应视为权利人放弃了对该信息的保护，一般也无保护的必要。但若非个人自愿公开的信息，则就存在非法公开和合法公开的区别，依据《民法典》第1036条规定，只有在合法公开的情况下，才能成为免责事由。具体而言，该自然人明确拒绝他人处理自己已经公开的个人信息，这时应该尊重该自然人的意愿，信息处理者不得擅自处理，除非有合法的授权。此外，如果处理某一项或者数项个人信息会侵害该自然人的重大利益，这时也应排除此免责规定的适用，比如信息处理者利用他人公开的电话号码，频频发送垃圾短信，就会严重扰乱自然人的私生活安定。

第三，为了维护公共利益或者该自然人的合法权益。许多国家或者地区一般都规定，基于公共利益，可以对权利的行使进行限制，自然人对个人信息享有的权益也不例外。[①] 例如，欧盟GDPR明确规定，为了国家安全、公共健康等公共利益，可以合理处理信息主体的个人信息。此处的公共利益主要包括国家公权力机关为了制定国家经济、社会政策的需要而处理有关公民的个人信息，或是为了国家安全、公共安全、公共卫生等处理相关个人信息，以及与刑事侦查、起诉、审判和判决执行等相关事务而需要取得的个人信息。为了该自然人的合法权益在未经授权情况下处理个人信息，则通常是基于维护个人信息主体或其他个人的生命、财产等合法权益，此合法权益原则上应以重大为要，且个人信息主体由于疾病或其他原因无法作出同意表示或者

[①] 黄薇主编：《中华人民共和国民法典人格权编释义》，法律出版社2020年版，第204页。

授权的情形。①当然，无论是为了维护公共利益还是维护该自然人的合法权益，信息处理都必须在必要的范围内处理个人信息。至于是否必要，要根据案件具体情况，按照日常生活经验法则予以判断。

三、本条规定的主要考虑

本条规定是在《民法典》第1036条基础上，吸收《个人信息保护法（草案二次审议稿）》第13条②和第27条③的相关规定，将《民法典》第1036条的"维护公共利益或者该自然人合法权益"细化为本条规定的上述三种情形。同时，将《民法典》第1036条第1项进行细化作为本条第4项。最后，以法律、行政法规的其他规定作为兜底。具体情形如下：

（一）为应对突发公共卫生事件，或者紧急情况下为保护自然人的生命健康和财产安全所必需而处理人脸信息的

这一情形来自《个人信息保护法（草案二次审议稿）》第13条第1款第4项规定，《个人信息保护法》对此未作改动。究其实质，与《民法典》第1036条第3项规定精神一致，属于该项内容的细化情形。依照《突发公共卫生事件应急条例》第2条的规定，突发公共卫

---

① 最高人民法院民法典贯彻实施工作领导小组主编：《中华人民共和国民法典人格权编理解与适用》，人民法院出版社2020年版，第387~388页。

② 《个人信息保护法（草案二次审议稿）》第13条规定："符合下列情形之一的，个人信息处理者方可处理个人信息：（一）取得个人的同意；（二）为订立或者履行个人作为一方当事人的合同所必需；（三）为履行法定职责或者法定义务所必需；（四）为应对突发公共卫生事件，或者紧急情况下为保护自然人的生命健康和财产安全所必需；（五）依照本法规定在合理的范围内处理已公开的个人信息；（六）为公共利益实施新闻报道、舆论监督等行为，在合理的范围内处理个人信息；（七）法律、行政法规规定的其他情形。依照本法其他有关规定，处理个人信息应当取得个人同意，但有前款第二项至第七项规定情形的，不需取得个人同意。"

③ 《个人信息保护法（草案二次审议稿）》第27条规定："在公共场所安装图像采集、个人身份识别设备，应当为维护公共安全所必需，遵守国家有关规定，并设置显著的提示标识。所收集的个人图像、个人身份特征信息只能用于维护公共安全的目的，不得公开或者向他人提供，取得个人单独同意的除外。"

生事件，是指突然发生，造成或者可能造成社会公众健康严重损害的重大传染病疫情、群体性不明原因疾病、重大食物和职业中毒以及其他严重影响公众健康的事件。比如，2020年以来基于对新冠肺炎疫情采取防控措施的需要，在必需范围内采取的处理自然人人脸信息的行为，就属于本项规定的典型情形。同《个人信息保护法》一样，本解释之所以明确列举应对突发公共卫生事件这一情形，就是紧密结合当前疫情防控工作大局作的明确规定。至于在紧急情况下为保护自然人的生命健康和财产安全所必需而处理人脸信息的情形，在实践中有必要作如下考虑：其一，有必要对照"应对突发公共卫生事件"的情形，将符合这一规定情形的其他突发事件纳入。对此，依据《突发事件应对法》第3条的规定，突发事件，是指突然发生，造成或者可能造成严重社会危害，需要采取应急处置措施予以应对的自然灾害、事故灾难、公共卫生事件和社会安全事件。其二，这一规定情形具有一定的包容性，对于在紧急情况下为保护自然人的生命健康和财产安全所必需而处理人脸信息的其他情形，比如紧急情况下为了保护患者生命健康，医疗机构实施的处理包括患者人脸信息在内的有关敏感个人信息等情形。

（二）为维护公共安全，依据国家有关规定在公共场所使用人脸识别技术的

这一情形来自《个人信息保护法（草案二次审议稿）》第27条的规定，这一规定内容最终体现在《个人信息保护法》第26条当中。本条规定中采用了"国家有关规定"的表述，相较第3条规定的"法律、行政法规"而言，位阶要低一些，其目的在于，更好地发挥人脸识别技术在维护公共安全方面的作用，不必强调必须符合法律、行政法规的规定才具有合法正当性基础。在本解释起草调研过程中，有单位提出，建议在本条第2项等制度上与当时正在制定的《个人信息保护法》加强衔接，同时进一步明确"使用人脸识别技术"与"处理人脸信息"的关系。该项规定与公安机关的工作联系紧密。我们经研究

后认为,《个人信息保护法(草案二次审议稿)》第 27 条虽然规定了"设置显著的提示标识",但在《个人信息保护法》正式出台前,由司法解释先行明确似有不妥。因为现在公共场所采用人脸识别非常多,多是为维护公共安全需要而安装的,如果以司法解释的形式明确必须设置显著标识方可免责,一方面可能会与维护公共安全的需求、目的不符,另一方面也与当前公安机关为了维护公共安全或者其授权安装人脸识别设备等的现状不符,甚至会引发大量诉讼。稳妥起见,本条规定最终删除了"并设置显著的提示标识"的表述。就本司法解释的起草本意而言,本条规定存在有意"留白"的考虑,保持与后面出台的《个人信息保护法》内容一致。对"设置显著的提示标识"未作规定,并非就是对这一情形的否定,对于公共场所安装图像采集、人脸识别设备等是否设置显著的提示标识,适用《个人信息保护法》的规定。但对于法律明确规定之前的情形,则有必要采用法不溯及既往的基本原则,不能对行人课以其行为时预见不到的责任,在《个人信息保护法》施行后,信息处理者则有必要根据该法的规定,对有关行为予以调整。

(三)为公共利益实施新闻报道、舆论监督等行为在合理的范围内处理人脸信息的

这一情形来自《个人信息保护法(草案二次审议稿)》第 13 条第 1 款第 6 项规定,《个人信息保护法》对此未作改动,也与《民法典》有关人格权益合理使用的规定精神一致。《民法典》第 999 条规定:"为公共利益实施新闻报道、舆论监督等行为的,可以合理使用民事主体的姓名、名称、肖像、个人信息等;使用不合理侵害民事主体人格权的,应当依法承担民事责任。"本项规定的适用,一方面强调的是要为公共利益,包括国家利益和不特定多数人的利益,实施的新闻报道、舆论监督等行为;另一方面则要求在合理的范围内处理人脸信息,在不合理范围内处理人脸信息的,构成侵权行为,要依法承担相应的侵权责任。

（四）在自然人或者其监护人同意的范围内合理处理人脸信息的

这一情形直接来自《民法典》第 1036 条第 1 项的规定，与《个人信息保护法》第 13 条第 1 项、第 14 条等规定精神具有一致性。涉及人脸信息的处理，因其敏感性及对自然人的重要影响，告知同意规则更要发挥基础性作用。一方面，告知同意规则是信息处理者处理人脸信息的合法性基础；另一方面，对于已经自然人或者其监护人同意的情形，信息处理者在相应同意的范围内合理实施处理个人信息的行为就具备了免责抗辩的条件，这也符合当事人的处分原则。本项内容的具体适用与《民法典》第 1036 条第 1 项规定具有一致性。

（五）符合法律、行政法规规定的其他情形

这一规定具有兜底性、开放性，在起草目的上更是考虑为与后面出台的《个人信息保护法》相关规定有机衔接预留空间，保持本解释规定的适应性和生命力。

另外，也有意见提出，《民法典》第 1036 条规定了行为人处理个人信息不承担民事责任的三种情形，建议本条根据《民法典》第 1036 条规定再作进一步细化。经研究，本条的免责事由主要依据《民法典》第 1036 条第 1 项和第 3 项的规定进行细化，之所以没有涉及第 1036 条第 2 项"合理处理该自然人自行公开的或者其他已经合法公开的信息，但是该自然人明确拒绝或者处理该信息侵害其重大利益的除外"，主要考虑是：人脸信息属于敏感个人信息，即使自然人自行公开人脸图像，亦不能当然认为任何人均可使用人脸识别技术对其进行处理。即使在实践中遇到此种情况确需免责，也可直接适用《民法典》的规定。因此，本条并未对免责事由进行完全列举。

【审判实践中应注意的问题】

一、关于与《民法典》相关规定的衔接适用问题

在法典化时代，体系化思维在法律适用中具有十分重要的作用。《民法典》施行后，有关体系化思维的方法主要体现了要妥善处理好《民法典》各分编与总则编之间具体规定与一般规定的关系、侵权责任编与人格权编的衔接适用关系、其他专门民事法律与《民法典》这一基本民事法律之间的关系。其中既要根据《民法典》第 11 条规定，明确特别法规定优先适用的规则，也要明确一般法补充适用的重要意义。补充适用绝不是备而不用，而是意味着一旦在符合适用一般法的情形下，就必须适用一般法的规定，否则就构成适用法律错误；还意味着一般法与特别法在法律适用上的无缝对接，涉及某一具体案件、具体情形时通常需要综合运用特别法规则和一般法规则，从而真正发挥法律规范的功能作用，实现体系化综合运用法律规则的目的。

就侵害人脸信息的免责事由问题，运用体系化思维的方法明确有关法律适用规则，必不可少的就是要注意与《民法典》相关规定的衔接适用。

其一，要注意本条规定与《民法典》第 1036 条的衔接适用。对此，既要遵照两者规定的基本文义，又要结合本解释的起草目的。比如，上述本条规定实际上是将《民法典》第 1036 条第 2 项关于"合理处理该自然人自行公开的或者其他已经合法公开的信息"的规定，在人脸信息保护问题上，认为涉及此类人脸信息处理的，属于该项但书中"处理该信息侵害其重大利益"的情形，而不能予以免责。应该说，《民法典》第 1036 条规定比本条规定在外延上要广，这集中体现在其第 3 项规定的"为维护公共利益或者该自然人合法权益"上，而本条第 1 项至第 3 项从应对突发公共卫生事件或者紧急情况下为保护自然人的生命健康和财产安全所必需，为维护公共安全，依据国家有

关规定在公共场所使用人脸识别技术以及为公共利益实施新闻报道、舆论监督等行为,对《民法典》的这一规定予以细化,但在涵盖类型上仍然较《民法典》的规定要窄。换言之,相较本条第1项至第3项规定,《民法典》第1036条第3项规定具有兜底适用的效力,对于本条未涉及的但符合维护公共利益需要的其他情形,则要结合人脸信息作为敏感信息予以强保护的价值导向予以适用。尤为重要的是,该项规定中还有维护自然人本人合法权益而合理实施的处理个人信息的行为,在本解释中并未涉及,而这一规定对于许多领域中保护自然人本人权益特别是未成年人合法权益乃至健康成长具有重要意义,在处理人脸信息领域中,涉及相关情形的,当然要适用该项规定。

其二,要注意与《民法典》侵权责任编乃至总则编有关免责事由衔接适用的识别问题。我们认为,个人信息保护领域有其自身特殊性,《民法典》有关免责事由的一般规定对于侵害个人信息行为未必完全适用,通常情形下往往不能适用,如紧急避险的情形,在处理个人信息的各主要环节,往往难以出现紧急避险免责的场景。但对此也要考虑经济社会生活的发展性和丰富性,《民法典》的逻辑体系对于个人信息保护在免责事由的适用方面,也有必要保持一定的前瞻性和开放性,不宜绝对化。也就是说,不宜理解为本条规定和《民法典》第1036条从文义上讲就是排除了《民法典》一般免责事由的适用,而是要考虑有关免责事由的类型、性质决定其能否适用于具体的侵害个人信息乃至人脸信息的案件场景。

二、与《个人信息保护法》相关规定的配套适用问题

概言之,《个人信息保护法》并未对免责事由作出明确规定,而是在其第13条从处理个人信息行为合法性基础方面作出了规定,这样的表述方式在行为导向方面更具有积极意义,与明确法律责任而在责任承担方面规定免责事由可以称得上是"一个硬币的两个面"。因此,无论从上述体系化思维的角度,还是二者之间的密切联系出发,

本条规定的适用都要与《个人信息保护法》第 13 条的规定无缝对接。依据该条第 1 款的规定，符合下列情形之一的，个人信息处理者方可处理个人信息：（1）取得个人的同意；（2）为订立、履行个人作为一方当事人的合同所必需，或者按照依法制定的劳动规章制度和依法签订的集体合同实施人力资源管理所必需；（3）为履行法定职责或者法定义务所必需；（4）为应对突发公共卫生事件，或者紧急情况下为保护自然人的生命健康和财产安全所必需；（5）为公共利益实施新闻报道、舆论监督等行为，在合理的范围内处理个人信息；（6）依照本法规定在合理的范围内处理个人自行公开或者其他已经合法公开的个人信息；（7）法律、行政法规规定的其他情形。与本条规定的 5 项内容相比，《个人信息保护法》第 13 条第 1 款明确增加了上述的（2）、（3）两种情形，至于（1）的情形，可以通过法律解释方法得出相应结论。就具体适用而言，一方面，上述《个人信息保护法》的新增情形，无论是基于从法律位阶还是出台在后的考虑，只要其内容与作为敏感个人信息的人脸信息保护的要求不相冲突，即在体系解释上，此并未被《个人信息保护法》关于敏感个人信息的规定在适用上所排除，就应当对于人脸信息问题予以适用。另一方面，本条的第 2 项规定，即"为维护公共安全，依据国家有关规定在公共场所使用人脸识别技术的"，虽然没有被上述 7 项内容涵盖，但可以通过解释上述第（2）种情形，特别是与《个人信息保护法》第 27 条规定相对应。因此，本项规定与《个人信息保护法》并不冲突，可以继续适用。

至于《个人信息保护法》第 13 条第 2 款所规定的"依照本法其他有关规定，处理个人信息应当取得个人同意，但是有前款第二项至第七项规定情形的，不需取得个人同意"，与本条第 4 项规定的"在自然人或者其监护人同意的范围内合理处理人脸信息的"也不冲突。前者虽然细化了情形，但如上所述，这一规定立足点在于行为导向，具有一定的事先性，在客观必要性上，有必要将同意这一作为合法处理个人信息的基本要求排除在有关为了公共利益或者履行法定职责等处理个人信息的特定情形之外。但从免责事由的视角，则自然人本人同意或者其监护人同意就可以成为与为了公共利益而处理个人信息并行不悖的条件，也就是说，只要符合有关法律以及本解释有关被处理人脸信息的自然人或者其监护人同意的相应条件，就可以构成免责事由，而且这一规定与《民法典》第 1036 条第 1 项规定也是一致的，实践中要做好它们之间的衔接适用。

【相关条文】

1.《中华人民共和国民法典》（2020 年 5 月 28 日）第一百八十条至第一百八十四条、第九百九十九条、第一千零三十六条

2.《中华人民共和国个人信息保护法》（2021 年 8 月 20 日）第十三条、第二十六条

> **第六条** 当事人请求信息处理者承担民事责任的,人民法院应当依据民事诉讼法第六十四条及《最高人民法院关于适用〈中华人民共和国民事诉讼法〉的解释》第九十条、第九十一条,《最高人民法院关于民事诉讼证据的若干规定》的相关规定确定双方当事人的举证责任。
>
> 信息处理者主张其行为符合民法典第一千零三十五条第一款规定情形的,应当就此所依据的事实承担举证责任。
>
> 信息处理者主张其不承担民事责任的,应当就其行为符合本规定第五条规定的情形承担举证责任。

【条文主旨】

本条是关于审理侵害人脸信息纠纷案件举证责任的规定。

【条文理解】

一、举证责任法律适用概述

证据制度是现代民事诉讼制度的基石,举证责任是证据制度的脊梁。人民法院的民事裁判应当以证据支持的事实为根据,依据实体法律规范确定民事责任的承担。《民事诉讼法》第64条第1款规定:"当事人对自己提出的主张,有责任提供证据。"当事人对有利于自己的主张,都应当提出证据,加以证明。当事人对自己提出的诉讼请求所依据的事实或者反驳对方诉讼请求所依据的事实有责任提供证据加以证明。没有证据或者证据不足以证明当事人的事实主张的，由负有举证责任的当事人承担不利后果。①《最高人民法院关于适用〈中华人民共和国民事诉讼法〉的解释》（2020年修正）（以下简称《民事诉讼法司法解释》）对举证责任问题作出了规定。其第90条第1款规定："当事人对自己提出的诉讼请求所依据的事实或者反驳对方诉讼请求所依据的事实，应当提供证据加以证明，但法律另有规定的除外。"第2款规定："在作出判决前，当事人未能提供证据或者证据不足以证明其事实主张的，由负有举证证明责任的当事人承担不利的后果。"

在审判实践中，当事人的诉讼请求多数情况下表现为一定的实体权利主张，要求对该诉讼请求所依据的事实负责举证，也就是要求对产生该权利的要件事实负证明责任；而反驳诉讼请求往往表现为主张对方的实体权利因妨碍因素而未发生，或主张对方的权利已经消灭，因而要求对反驳诉讼请求所依据的事实负责举证，也就是要求对妨碍权利和消灭权利的要件事实负证明责任。②证据对事实的证明存在三种情况：一是证明事实为真实；二是证明事实为虚假；三是事实真伪不明。前两种情况，不论事实被证明为真或者为假，人民法院均可以依据实体法规范作出裁判。③但是在审判实践中，会出现待证案件事实既不能证明其真，也不能证明其假的情况，即真伪不明的状态，这时本着"法官不能拒绝裁判"的一般要求，法院需要采用一定的规则予以处理。有鉴于此，理论上通常认为，举证责任具有双重含义，即行为意义的举证责任和结果意义的举证责任。行为意义的举证责任也称为主观上的举证责任，是指当事人在具体的民事诉讼中，为避免败诉的风险而向法院提出证据证明其主张的一种行为责任。结果意义的举证责任又称客观上的证明责任，是指待证事实的存在与否不

---

① 王胜明主编：《中华人民共和国民事诉讼法释义》，法律出版社2012年版，第149页。
② 江伟主编：《民事诉讼法》（第三版），中国人民大学出版社2007年版，第246页。
③ 宋春雨：《〈最高人民法院关于民事诉讼证据的若干规定〉的理解与适用》，载《法律适用》2002年第2期。

能确定、真伪不明时，由哪一方当事人对不利后果进行负担的责任和风险。依据《民事诉讼法司法解释》第90条第2款的规定，这时人民法院只能根据举证责任的规则进行裁判，由承担举证责任的当事人承担相应的不利后果。《民事诉讼法司法解释》对举证责任分配的一般规则的规定，是建立在法律要件分类说的基础上的，民事案件的举证责任的分配，原则上应当以当事人主张的权利构成要件为标准，将权利构成要件事实的举证责任分配给权利主张方，对于妨碍权利成立或者消灭权利要件事实的举证责任分配给对方当事人。无论是物权纠纷、合同纠纷还是侵权纠纷案件，在举证责任分配上，除非法律另有规定，都应当遵循举证责任分配的一般规则。具体而言，首先应当确定案件中当事人主张的法律关系之要件事实，按照《民事诉讼法司法解释》第91条规定区分权利成立要件和权利消灭或者妨碍要件，在当事人之间进行分配。确定系争法律关系的要件事实，应当依据民事实体法关于民事法律关系构成的要件予以判断。

在侵权责任案件中，就是要确定特定侵权责任的具体构成要件和抗辩事由。按照侵权责任法的理论和实践，侵权责任适用不同的归责原则，责任构成要件也不同。在过错侵权责任情形，责任构成要件有四个：一是侵权人实施了侵权行为；二是侵权人实施侵权行为有过错；三是受害人受有损害；四是侵权行为与损害之间有因果关系。这四个方面的构成要件事实均须原告方承担举证证明责任。在过错推定侵权责任下，责任构成要件与过错侵权责任相同，但侵权行为人无过错是责任抗辩事由，如其不能证明自己没有过错，则直接认定过错存在，责任可以成立。在此应当注意的是，过错推定责任仅是对过错的推定，并未包括对因果关系的推定，也就是说，有关因果关系的举证责任实际上并未转移，基于此类案件原被告双方举证能力的差异，基于分担风险和维护公平正义促进经济社会发展进步的考虑，在因果关系认定上采用事实自证法则或者举证责任缓和的规则，适当降低对因果关系认定的标准。

在以往的审判实践中,《最高人民法院关于审理医疗损害责任纠纷案件适用法律若干问题的解释》(2020年修正)第4条以构建和维护和谐医患关系为出发点,在大量实证调研和借鉴域外经验做法的基础上,为避免因举证责任分配不当而导致双方实体权利义务显著失衡而激化医患矛盾的问题,充分考虑患者存在医学专业性不足等客观障碍,对患者进行了适当的举证责任缓和,适当减轻了其举证责任负担,同时适当增加了医疗机构的举证责任要求。该条规定:"患者依据民法典第一千二百一十八条规定主张医疗机构承担赔偿责任的,应当提交到该医疗机构就诊、受到损害的证据。患者无法提交医疗机构或者其医务人员有过错、诊疗行为与损害之间具有因果关系的证据,依法提出医疗损害鉴定申请的,人民法院应予准许。医疗机构主张不承担责任的,应当就民法典第一千二百二十四条第一款规定情形等抗辩事由承担举证证明责任。"这一规定在实践中取得了良好的效果,对于推动双方积极举证,有效查明案件事实,妥善解决纠纷具有积极作用,也为原被告双方专业信息不对称、经济实力不对等导致对案件事实的举证能力有明显差异的纠纷案件类型的举证责任分配提供了有益借鉴。其实,在其他纠纷类型中,也存在科以原被告双方一定的举证责任,适当减轻原告方举证责任的做法。

二、本条规定的主要考虑

实践中,个人信息侵权案件普遍存在举证难的问题。以侵权责任构成中的因果关系为例,在侵害个人信息的案件中,往往存在着难以证明因果关系的问题。例如,在"庞某某与北京某某信息技术有限公司等隐私权纠纷案"和"孙某某诉上海联通侵犯隐私权纠纷案"[①]中,受害人往往难以证明网络平台真的泄露了个人信息,以及受害人遭受

---

① 参见北京市第一中级人民法院(2017)京01民终509号民事判决书;上海市浦东新区人民法院(2009)浦民一(民)初字第9737号民事判决书。

的损害与网络平台之间存在因果关系。有学者也指出，个人信息侵权案件中的因果关系存在两方面的难题：一是在责任成立的因果关系层面，在有多个信息控制者时，受害人往往难以证明谁是真正的加害行为人。如在数据收集、处理、转移及使用等多个环节中，参与的信息控制者太多，每个环节都可能发生数据不当泄露，从而导致受害者难以确定侵权行为人的范围，无法准确获知谁是侵权行为人。二是在责任范围的因果关系层面，由于信息控制者可能存在的泄露行为并不是直接侵权行为，而是为下游他人的侵权创造了条件：所涉及的个人信息的传播过程中可能介入第三人的行为，该信息也有可能通过该信息控制者之外的其他途径获得，他们不是掌握这些信息的唯一介体。此外，也无法排除可能遭到不可预料的黑客攻击或信息主体自身所为的可能。① 因此，即使证明了信息控制者的平台系统存在漏洞，或信息控制者实施了与信息主体的个人信息有关的一定行为（如经信息主体同意进行了信息披露），也无法确切证明其泄露行为正是损害结果发生的原因。② 因为侵害权益客体的同质性，上述问题在侵害人脸信息的纠纷案件中也会同样存在。有关侵害人脸信息纠纷案件中的举证责任分配有必要纳入侵害个人信息纠纷案件的大范畴中通盘考虑。

有关侵害人脸信息纠纷的举证责任分配问题应当遵循《民事诉讼法》及相关司法解释的一般性规定。但由于人脸识别技术具有较强的技术性和专业性，实践中，使用人脸识别技术处理人脸信息的有关证据一般均由信息处理者掌握。如果由被侵害人去证明信息处理者处理人脸信息时存在过错，难度非常大。鉴于此，《个人信息保护法》采取了过错推定原则，将过错要件的举证责任倒置给信息处理者。之前的《个人信息保护法（草案二次审议稿）》也是采取了过错推定责任

---

① 参见刘海安：《个人信息泄露因果关系的证明责任——评庞某某与东航、趣拿公司人格权纠纷案》，载《交大法学》2019年第1期。

② 参见叶名怡：《个人信息的侵权法保护》，载《法学研究》2018年第4期。

原则。由于归责原则和举证责任倒置具有法定性，在《个人信息保护法》出台前，信息处理者使用人脸识别技术侵害自然人人格权益的案件，能否直接适用过错推定责任原则实行举证责任倒置值得研究。我们认为，依据现有举证责任的法律适用规则，在用足现有规定特别是《民法典》第1035条、第1036条等规定的基础上，充分考虑双方当事人的经济实力不对等、信息不对称等因素，在举证责任分配上科以信息处理者较重的举证责任，这样也能做到与当时的《个人信息保护法（草案二次审议稿）》规定精神保持一致，也为此后与《个人信息保护法》的有机衔接预留空间。比较法上，欧盟GDPR也对信息处理者课以较重的举证责任，其第82条第3款规定：控制者或处理者如果证明自己对引起损失的事件没有任何责任，那么其第2段所规定的责任可以免除。在综合各方面意见的基础上，本条第2款规定了"信息处理者主张其行为符合民法典第一千零三十五条第一款规定情形的，应当就此所依据的事实承担举证责任"；第3款规定了信息处理者对有关免责事由或者抗辩事由承担举证责任。在征求意见过程中，有单位提出，建议明确规定举证责任倒置的规则，我们经研究后认为，由于举证责任分配的法定性，司法解释直接规定举证责任倒置有些不妥，故对此未予采纳。

三、关于本条规定的具体适用

关于本条规定的具体适用，应当从以下三个方面把握：

（一）一般规则

依据本条第1款的规定，当事人请求信息处理者承担民事责任的，人民法院应当依据《民事诉讼法》第64条，《民事诉讼法司法解释》第90条、第91条及《最高人民法院关于民事诉讼证据的若干规定》的相关规定确定双方当事人的举证责任。换言之，对于侵害人脸信息的纠纷案件，有关举证责任的确定应当遵循民事诉讼举证责任分配的一般规则，对此，我们在本条解读的第一部分已作详细阐述，在此不再赘述。

（二）信息处理者对其行为合法的举证责任

这一情形涉及专业能力及举证能力不对等的问题，从控制掌握证据的有利地位、便于查明案件事实以实质性解决纠纷和维护公平正义的角度考虑，赋予被告方即信息处理者更重的举证责任。而且这些情形通常发生在合同或者授权领域，属于积极事实或者信息处理者履行其义务的范畴，且以积极事实为常态，由其承担举证责任，也符合合同纠纷或者积极事实举证的一般法理。依据本条第2款的规定，信息处理者主张其行为符合《民法典》第1035条第1款规定情形的，应当就此所依据的事实承担举证责任。《民法典》第1035条第1款是关于个人信息处理的原则和条件的规定，依据这一规定，处理个人信息的，应当遵循合法、正当、必要原则，不得过度处理，并符合下列条件：（1）征得该自然人或者其监护人同意，但是法律、行政法规另有规定的除外；（2）公开处理信息的规则；（3）明示处理信息的目的、方式和范围；（4）不违反法律、行政法规的规定和双方的约定。在此需要注意的是，上述四项关于个人信息处理规则的具体要求与个人信息处理合法、正当、必要三原则之间是并用关系，即个人信息处理必须同时符合这两方面的要求，个人信息处理者行为才具有合法性基础。因此，从本条规定的举证责任分配规则上讲，信息处理者要证明其行为符合合法、正当、必要三原则的要求，也要证明其行为符合上面这四项要求。至于是否符合合法、正当、必要三原则的要求，以及公开处理信息的规则和明示处理信息的目的、方式和范围的要求，一方面，要以有关法律、行政法规的规定为依据，在缺乏法律、行政法规规定的情况下，有关部门规章等也具有参照适用的效力。另一方面，由于这些情形涉及专业判断问题，有关部委出台的规范性文件及有关国家标准或者行业标准等，也都可以作为案件裁判说理的理由，但同样不得作为裁判依据。信息处理者如果不能证明其行为符合上述要求，则要承担相应的举证不能的法律后果。

（三）关于免责事由的举证责任

将免责事由的举证责任交由被告方承担，同样是基于举证责任缓和的要求，对被告方科以较重的举证责任。本来免责事由作为抗辩事由，对于被告方而言，仅是承担反证的举证责任，其证明标准相对较低，明确将免责事由的举证责任交由被告方承担，意味着被告方要对免责事由承担本证的举证责任。依据本条第3款的规定，"信息处理者主张其不承担民事责任的，应当就其行为符合本规定第五条规定的情形承担举证责任"。这一规定，究其实质而言，已与过错推定责任的举证责任分配无异，体现了司法解释在价值考量上与后来的《个人信息保护法》的一致性，也很好地为本解释与《个人信息保护法》的无缝对接预留了接口。依据本项规定以及本解释第5条的规定，信息处理者要对其处理人脸信息的行为符合"为应对突发公共卫生事件，或者紧急情况下为保护自然人的生命健康和财产安全所必需而处理人脸信息""为维护公共安全，依据国家有关规定在公共场所使用人脸识别技术""为公共利益实施新闻报道、舆论监督等行为在合理的范围内处理人脸信息""在自然人或者其监护人同意的范围内合理处理人脸信息"或者"符合法律、行政法规规定的其他情形"这五种情形之一承担举证责任，否则就要承担相应的举证不能的法律后果。

【审判实践中应注意的问题】

一、对于《个人信息保护法》中有关规定情形的举证责任

本条规定情形与本解释的前面几条规定，尤其是第5条规定密切相关。在法律适用的逻辑脉络上具有一致性，也要考虑前后适用的体系性。其中比较重要的就是《个人信息保护法》中有关处理个人信息合法性要求的内容及有关免责事由的规定。信息处理者要对其处理个人信息的行为合法性基础以及免责事由承担举证责任，这就意味着信

息处理者不仅要对本解释规定的相关内容承担举证责任，还要对属于上述内容的《民法典》中的规定，如《民法典》第 1036 条第 3 项中的"为维护公共利益或者该自然人合法权益，合理实施的其他行为"承担举证责任。在《个人信息保护法》出台后，做好本解释与该法的衔接，其中一个非常重要的方面就是举证责任问题。《个人信息保护法》对于个人信息处理的要求更加全面、精细、体系化。比如，就处理个人信息的基本要求而言，《个人信息保护法》第 5 条规定："处理个人信息应当遵循合法、正当、必要和诚信原则，不得通过误导、欺诈、胁迫等方式处理个人信息。"相较《民法典》第 1035 条的规定，明确增加了诚信原则及不得通过误导、欺诈、胁迫等方式处理个人信息；在合法性基础方面，《个人信息保护法》第 13 条新增细化规定了"为订立、履行个人作为一方当事人的合同所必需，或者按照依法制定的劳动规章制度和依法签订的集体合同实施人力资源管理所必需"以及"为履行法定职责或者法定义务所必需"两种情形。特别是专门规定了敏感个人信息的处理规则，如《个人信息保护法》第 28 条第 2 款规定："只有在具有特定的目的和充分的必要性，并采取严格保护措施的情形下，个人信息处理者方可处理敏感个人信息。"第 29 条规定："处理敏感个人信息应当取得个人的单独同意；法律、行政法规规定处理敏感个人信息应当取得书面同意的，从其规定。"这些规则对于处理人脸信息具有普遍适用的效力，信息处理者要同对本解释第 5 条前 4 项情形承担举证责任一样，要对其处理人脸信息的行为符合《个人信息保护法》中有关处理个人信息的规则承担举证责任。从依据上讲，本解释第 5 条第 5 项规定的"符合法律、行政法规规定的其他情形"提供了很好的连接点。

二、侵害人脸信息案件中的证明标准问题

有意见认为，应当在个人信息侵权案件中，降低证明标准，以便对受害人提供充分的救济，缓和证明标准，由"高度可能性"降低

为"较大可能性",即证明被告泄露信息的较大可能性即可。① 这一观点较有道理,值得参考。在个人信息保护案件中,缓和"相当性"的证明负担,意味着从宽理解"若有该行为,通常是否会产生该损害",只要原告证明侵权行为与侵害结果存在引起和被引起的条件关系,即应认定存在因果关系。② 上述观点对于个人信息中要进行强保护的敏感信息,尤其是人脸信息的保护更具有积极意义。是故,我们倾向于认为,就侵害人脸信息纠纷案件的证明标准问题,在当前法律司法解释规定框架下,有必要用足、用好《民事诉讼法司法解释》关于民事诉讼证明标准的规定。其第108条确立了盖然性证明标准,即"确信待证事实的存在具有高度可能性"。在现代发达信息技术的背景下,侵害个人信息的主体,如泄露主体、侵权行为样态、因果关系等都存在难以认定的问题,这时更有必要强调适用有关民事诉讼证据认定标准的基本规则,即高度盖然性规则,同时也有必要强调日常生活经验法则的运用。其实,在上述庞某某与北京某某信息技术有限公司等隐私权纠纷案中,庞某某被泄露的信息包括姓名、尾号为××49的手机号、行程安排等,其行程安排无疑属于私人活动信息。从收集证据的资金、技术等成本上看,作为普通人的庞某某根本不具备对抗某航空公司和该信息技术公司内部数据信息管理是否存在漏洞等情况进行举证证明的能力。因此,客观上法律不能也不应要求庞某某证明必定是此两公司泄露了其私密信息。两公司均未证明涉案信息泄漏归因于他人或黑客攻击,抑或是庞某某本人。法院在排除其他泄露隐私信息可能性的前提下,结合本案证据认定上述两公司存在过错。③ 此裁判规则也体现了民事诉讼证明标准并结合日常经验法则的运用。

---

① 参见杨立新:《侵害公民个人电子信息的侵权行为及其责任》,载《法律科学(西北政法大学学报)》2013年第3期。

② 丁宇翔:《个人信息民事司法保护的若干难点及破解路径》,载《中国审判》2019年第19期。

③ 参见北京市第一中级人民法院(2017)京01民终509号民事判决书。

三、侵害人脸信息纠纷案件中原告方的举证责任

上述内容更多地分析了被告方，即信息处理者的举证责任，本解释也明确了课以信息处理者较重举证责任的规则。但是，这绝不意味着对原告方举证责任的免除，或者说原告方不必承担对任何案件事实的举证责任。依据本条第1款的规定，结合侵害人脸信息纠纷案件的具体场景，原告方应当对其受到的损害，明确的被告、被告的信息处理行为与其受到的损害存在因果关系承担举证责任。但是，考虑到侵害人脸信息纠纷案件的特殊性，尤其是发生在网络空间、涉及多个信息处理者的情形，明确的被告以及因果关系问题的举证都有一定难度，正因如此，《最高人民法院关于审理利用信息网络侵害人身权益民事纠纷案件适用法律若干问题的规定》（2020年修正）第3条第1款、第2款规定："原告起诉网络服务提供者，网络服务提供者以涉嫌侵权的信息系网络用户发布为由抗辩的，人民法院可以根据原告的请求及案件的具体情况，责令网络服务提供者向人民法院提供能够确定涉嫌侵权的网络用户的姓名（名称）、联系方式、网络地址等信息。网络服务提供者无正当理由拒不提供的，人民法院可以依据民事诉讼法第一百一十四条的规定对网络服务提供者采取处罚等措施。"对于网络空间中涉及个人信息侵权乃至人脸信息侵权的案件中，可以直接适用上述规则。同时，对于损害大小与信息处理者因果关系要件，存在因果关系链条是否过长，如何切割更加合理的问题，这不仅是一个事实判断问题，更多是法律上价值判断问题。如上所述，人民法院需要结合日常生活经验法则予以认定，在举证责任方面也不宜对原告方要求过苛。在无法证明因信息处理者的行为造成自然人损害大小的情况下，要考虑被告方过错程度、对原告方造成危害后果的严重性等因素，酌定赔偿数额，必要时应当探索适用法定赔偿标准。

【相关条文】

1.《中华人民共和国民法典》（2020年5月28日）第一千零三十五条

2.《中华人民共和国民事诉讼法》（2017年6月27日修正）第六十四条

3.《中华人民共和国个人信息保护法》（2021年8月20日）第五条、第十三条、第二十八条、第二十九条

4.《最高人民法院关于适用〈中华人民共和国民事诉讼法〉的解释》（2020年12月29日修正）第九十条、第九十一条、第一百零八条

5.《最高人民法院关于民事诉讼证据的若干规定》（2019年12月25日修正）

> 第七条　多个信息处理者处理人脸信息侵害自然人人格权益，该自然人主张多个信息处理者按照过错程度和造成损害结果的大小承担侵权责任的，人民法院依法予以支持；符合民法典第一千一百六十八条、第一千一百六十九条第一款、第一千一百七十条、第一千一百七十一条等规定的相应情形，该自然人主张多个信息处理者承担连带责任的，人民法院依法予以支持。
>
> 信息处理者利用网络服务处理人脸信息侵害自然人人格权益的，适用民法典第一千一百九十五条、第一千一百九十六条、第一千一百九十七条等规定。

【条文主旨】

本条是关于多个侵权主体责任承担的规定。

【条文理解】

本条遵循将分散规定进行整合的思路，对多数人侵权和网络侵权的内容作了衔接引致性规定，旨在明确数个信息处理者实施处理人脸信息行为造成侵害人脸信息时的责任分配方式，并强调了网络服务平台在保护自然人人脸信息方面的责任。根据《民法典》第1035条第2款规定，信息处理者对人脸信息的处理包括采用人脸识别等技术对人脸信息进行收集、存储、使用、加工、传输、提供、公开等行为，而这些行为一般是由不同的信息处理者分别实施的，如安装人脸识别设备的行为人对人脸信息进行了采集，采集到的人脸信息上传到人脸识别设备供应商所控制的云端服务器进行存储，进而完成分析、比对等加工行为，存储人脸信息的行为人可能故意或过失将其所控制的人脸信息进行使用，或者向他人进行传输、提供或公开。在这一系列处理过程中，如果发生了对人脸信息的侵害行为，就需要厘清每个信息处理者各自的责任及相应之间是否具有连带责任。概言之，对于两个以上信息处理者没有共同故意或者共同过失，分别实施侵害人脸信息的行为造成同一损害的，应当根据《民法典》第1172条关于分别侵权行为按份承担责任的规定，按照行为人过失大小或者原因力比例确定各自承担相应的赔偿责任；通过比较过错和原因力难以确定责任大小的，平均承担责任。对于两个以上信息处理者共同实施侵害人脸信息行为造成损害的，应当按照《民法典》第1168条规定的共同侵权责任的规定由数个信息处理者承担连带责任。在比较法上，欧盟GDPR第82条第4款规定：当不止一个控制者或处理者，或控制者与处理者同时涉及同一处理，而且它们对第2段和第3段规定的处理所引起的所有损失承担责任，每个控制者或处理者都应当对损失负有连带责任，以便保证对数据主体的有效赔偿。对于部分信息处理者教唆、帮助其他信息处理者实施侵害人脸信息行为的，按照《民法典》第1169条第1款规定承担连带责任。对于数个信息处理者共同实施处理人脸信息的行为造成损害，但不能确定具体侵权人的，应当根据《民法典》第1170条规定的共同危险行为责任规则，由数个信息处理承担连带责任。现分别阐述如下：

一、数人实施侵害人脸信息行为承担按份责任的法律适用规则

依据本条第1款前段规定，多个信息处理者处理人脸信息侵害自然人人格权益，该自然人主张多个信息处理者按照过错程度和造成损害结果的大小承担侵权责任的，人民法院依法予以支持。因为处理人

脸信息的行为包括对人脸信息的收集、存储、使用、加工、传输、提供、公开等情况，不同环节会有不同的侵权人，同一环节也可能会涉及多个侵权人，这与侵权法上的多数人侵权的情形具有共通性，有必要适用多数人侵权的一般规则。依据《民法典》第178条的规定，连带责任必须由法律规定或者当事人约定才可适用，反言之，在没有当事人约定或者法律规定的情形下，多数人侵权应当承担按份责任。也就是说，按份责任应当是多数人侵权的一般责任形态。对此，《民法典》第1172条规定："二人以上分别实施侵权行为造成同一损害，能够确定责任大小的，各自承担相应的责任；难以确定责任大小的，平均承担责任。"确定按份责任的基本法律适用规则就是比较过错和比较原因力的规则，这对于多数人侵害个人信息乃至人脸信息的情形具有普遍适用的效力。现简要介绍如下：

损害赔偿债务份额的确定，有两个基本的考虑因素。首要的考虑因素是过错，因为过错乃是确定损害赔偿责任的法理依据，已如前述。对造成同一损害，应当斟酌数行为人的过错大小，按照比例过错原则确定各行为人的损害赔偿债务份额。然后需考虑的，还有原因力大小的问题。原因力，是指违法行为或其他因素对于损害结果发生或扩大所发挥的作用力。损害的发生，需加害行为对于被害的客体（人身、财产等）发生原因力，通过斟酌原因力的比例，并结合各侵权行为人的主观过错比例，确定各应承担的损害赔偿债务份额。

对于多数人侵权时责任的确定和分担，理论上存在以过错程度比较为主还是以法律原因力比较为主的分歧。一种观点认为，应当以法律原因力比较为主，以过错程度比较为辅。因为侵权责任法的主要功能在于填补损害，而非惩罚；原因力是客观的，而过错是主观心态，原因力理论更能客观地确定当事人的责任份额。[①] 另一种观点认为：

[①] 参见［美］H.L.A. 哈特、［美］托尼·奥诺尔：《法律中的因果关系》（第二版），张绍谦、孙战国译，中国政法大学出版社2005年版，第二版前言第29页。

应当以过错程度比较为主，法律原因力比较为辅。史尚宽先生认为："第一应比较双方过失之重轻（危险大者所要求之注意力亦大，故衡量过失之重轻，应置于其所需注意之程度），是以故意重于过失，重大过失重于轻过失。其过失相同者，除有发生所谓因果关系中断之情事外，比较其原因力之强弱以定之。"[1] 我们倾向于第二种观点，理由在于：第一，侵权责任法的目的和功能是多重的。侵权责任法既有填补受害人损害的功能，又具抑制侵权行为发生的作用。[2] 损害的预防胜于损害补偿，[3] 而侵权责任法的预防抑制功能又是主要借助过错责任原则实现的。作为决定责任的最终条件，过错在很大程度上决定了责任范围以及责任的分担。第二，过错的类型化和客观化使法官对过错的判断和比较更具可操作性。法律总是通过外在的行为来判断行为人的主观过错，并通过将过错划分为故意、重大过失、一般过失和轻微过失来明确行为人的责任范围。过错客观化的趋势，诸如合理人的标准、事实本身证明规则、违法视为过失等，使这种判断不再停留在纯粹主观的层面上，从而更便于操作。第三，在一些情况下，原因力的判断、比较极为模糊，过错程度比较明显，这时运用过错比较来确定责任范围非常必要。例如，在精神损害赔偿案件中，由于精神性人格权的损害事实无形性的特点，原因力的确认困难，这时应考虑过错程度来酌定行为人的责任范围。

目前实务中较为普遍采取的也是以过错程度比较为主，原因力比较为辅的方法。在数种原因造成损害结果的侵权行为中，确定各个主体的赔偿份额的主要因素，是过错程度的轻重；而原因力的大小尽管也影响各自的赔偿责任份额，但要受过错程度因素的约束和制约，原因力对于赔偿份额的确定具有相对性。[4] 以过错程度比较为主的做法，

---

[1] 史尚宽：《债法总论》，中国政法大学出版社 2000 年版，第 680 页。
[2] 于敏：《日本侵权行为法》，法律出版社 1998 年版，第 34 页。
[3] 王泽鉴：《侵权行为法》（第一册），中国政法大学出版社 2001 年版，第 10 页。
[4] 杨立新：《侵权损害赔偿》（第五版），法律出版社 2010 年版，第 107 页。

就是通过将过错划分为故意、重大过失、一般过失和轻微过失来明确行为人的责任范围。我们认为，以过错程度比较为主，原因力比较为辅对于解决适用过错责任原则的侵权行为类型具有合理性，但考虑到某些侵权行为类型的复杂性，特别是对于过错推定或者无过错责任原则适用的情形，原因力规则可能要发挥更大的作用。因为在此两种情形下，要么过错属于构成要件，要么对于没有过错的举证责任交由被告方承担，对于过错的大小在司法认定上会更加困难。正因如此，原因力规则，即比较数个信息处理者采取的处理人脸信息的行为所"造成损害结果的大小"在侵害人脸信息纠纷案件中的适用，在《个人信息保护法》第69条明确规定个人信息侵权行为适用过错推定责任的背景下，显得尤为重要。

二、数人实施侵害人脸信息行为承担连带责任的法律适用规则

数人实施侵害人脸信息行为在符合法律规定的适用连带责任情形的，应当承担连带责任。正因如此，依据本条后段的规定，多个信息处理者处理人脸信息侵害自然人人格权益，符合《民法典》第1168条、第1169条第1款、第1170条、第1171条等规定的相应情形，该自然人主张多个信息处理者承担连带责任的，人民法院依法予以支持。依据《民法典》第178条的规定，侵权法领域更加强调连带责任的法定性。从《民法典》侵权责任编体系内容上讲，本条第1款所列民法典侵权责任编关于连带责任的规定对于侵害人脸信息的纠纷案件具有普遍适用的效力。故有必要简要介绍一下上述民法典条文规定承担连带责任的相应规则。

（一）关于共同侵权行为的法律适用规则

共同侵权行为是多数人侵权行为，是多数人侵权行为中最为典型的类型，也是最为重要的类型。《民法典》第1168条沿袭《侵权责任法》第8条的规定，对于共同侵权行为明确规定："二人以上共同实

施侵权行为,造成他人损害的,应当承担连带责任。"

近年来,学界和实务界对于共同侵权行为的适用范围作了进一步的研究和检讨,其核心内容就是在突破主观共同故意或者共同意思联络这一问题上,由此而生的是对共同侵权行为的本质的反思。概言之,主要观点有:一是意思联络说,认为共同加害人之间必须有意思联络始能构成。[1] 二是共同过错说,认为共同侵权行为的本质特征在于数个行为人对损害结果具有共同过错,既包括共同故意,也包括共同过失。[2] 三是共同行为说,认为共同行为是共同加害人承担连带责任的基础,共同加害结果的发生,总是同共同加害行为紧密联系,不可分割。[3] 四是关联共同说,认为共同侵权行为以各个侵权行为所引起的结果,有客观的关联共同为已足,各行为人间不必有意思的联络。[4] 对于共同侵权行为规则的完善,审判实践中做了有益探索,《最高人民法院关于审理人身损害赔偿案件适用法律若干问题的解释》(法释〔2003〕20号)第3条[5] 第1款规定:"二人以上共同故意或者共同过失致人损害,或者虽无共同故意、共同过失,但其侵害行为直接结合发生同一损害后果的,构成共同侵权,应当依照民法通则第一百三十条规定承担连带责任。"该款规定在坚持共同侵权行为的共同过错的同时,还部分承认共同侵权行为的客观标准,认为数人虽无共同故意、共同过失,但其侵害行为直接结合发生同一损害后果的,构成共同侵权,应当依照《民法通则》(已失效)第130条规定承担连带责任。这一条规定在实务中一般认为采取坚持"时空统一性"作为

---

[1] 伍再阳:《意思联络是共同侵权行为人的必备要件》,载《法学季刊》1984年第2期。
[2] 王利明、杨立新等:《民法·侵权行为法》,中国人民大学出版社1993年版,第354页;杨立新:《侵权损害赔偿》,吉林人民出版社1990年版,第135~137页。
[3] 邓大榜:《共同侵权行为人的民事责任初探》,载《法学季刊》1982年第3期。
[4] 欧阳宇经:《民法债编通则实用》,我国台湾地区汉林出版社1978年版,第78页。
[5] 在2020年最高人民法院进行司法解释全面清理后,《最高人民法院关于审理人身损害赔偿案件适用法律若干问题的解释》(2020年12月29日修正)已将该条规定删除。

认定直接结合的依据。虽然"时空统一性"在实践中确实存在不好把握的问题，但不可否认的是，这一规则对于进一步完善共同侵权的法律适用规则体系作出了贡献，将客观关联性引入了共同侵权的制度体系中来。共同侵权行为的本质特征应当从主观标准向客观标准适当过渡，以更好地保护受害人。①我国台湾地区"民法典"第185条规定共同侵权行为的理由认为：查民律草案第950条理由谓数人共同为侵害行为，致加损害于他人时（即意思及结果均共同），各有赔偿其损害全部之责任。至造意人及帮助人，应视为共同侵权人，始足以保护被害人之利益。其因数人之侵权行为，生共同之损害时（即结果共同）亦然。其采纳的立场主要是意思联络说，但作为特殊情况，结果共同者也认为是共同侵权行为。其采取了两个标准，在实务上也是如此，前者为意思联络，后者为关联共同，各行为人的行为既无意思联络，又无关联共同者，非共同侵权行为。②上述观点对于完善我国侵权责任法律理论体系以及指导相应的审判实务具有积极的参考借鉴意义。

根据《民法典》第1168条的规定，结合上述分析，构成共同侵权行为需要满足以下几个要件：

一是侵权主体的复数性。共同侵权行为的主体必须是两个以上的主体。行为主体既可以是自然人，也可以是法人。这是共同侵权行为所应具备的基本特征。

二是共同实施侵权行为。这一要件中的"共同"主要包括三层含义：其一，共同故意实施的行为。基于共同故意侵害他人合法权益的，属于典型的共同侵权行为。其二，共同过失实施的行为。"共同过失"主要是数个行为人共同从事某种行为，基于共同的疏忽大意或

---

① 杨立新：《侵权法论》（第五版），人民法院出版社2013年版，第915页。
② 刘清景主编：《民法实务全览（上）》，我国台湾地区学知出版事业公司2000年版，第370页。

者过于自信的过失，而造成他人的损害。其三，数个侵权行为相结合而实施的行为造成他人的损害。换言之，在数个行为人之间尽管没有意思联络，但他们的行为结合在一起，造成了同一个损害结果，形成了客观的关联共同，也构成共同侵权行为。① 此为我们结合上述分析得到的见解，如何更好地与《民法典》第178条所规定的连带责任承担的法定性衔接，涉及对《民法典》第1168条关于"共同"的解释问题，这还需要审判实务中结合上述分析不断积累丰富实践经验，推动上升为指导性案例乃至司法解释的规定，以在维护公平正义、促进法律适用统一方面发挥更大的作用。

三是侵权行为与损害后果之间具有因果关系。在共同侵权行为中，有时各个侵权行为对造成损害后果的比例有所不同，但必须存在法律上的因果关系。②

四是受害人的损害需具有不可分割性。这是受害人请求共同侵权人承担连带责任的一个基本要件。无损害，则无救济；没有共同的损害结果，则没有共同侵权责任承担的基础。

（二）教唆、帮助侵权的情形

依据《民法典》第1169条第1款的规定，教唆、帮助他人实施侵权行为的，应当与行为人承担连带责任。教唆、帮助他人实施侵害个人信息乃至人脸信息的情形，在实践中也会存在，其法律适用规则与一般的教唆、帮助侵权行为并无不同，即存在教唆、帮助信息处理者实施侵害人脸信息行为的情形，应当适用《民法典》第1169条的规定。这也是在法典化背景下，适用法律从具体到一般来进行找法用法的必然要求。本条之所以没有列举《民法典》第1169条第2款的规定，并非排除这一规定的适用，主要是考虑侵害人脸信息的案件

---

① 杨立新：《侵权法论》（第五版），人民法院出版社2013年版，第908页。
② 王胜明主编：《〈中华人民共和国侵权责任法〉条文解释与立法背景》，人民法院出版社2010年版，第47页。

中，无民事行为能力人、限制民事行为能力人作为信息处理者的情形相对较少甚至比较罕见，不必再专门强调。

所谓教唆行为，是指利用言语对他人进行开导、说服或通过刺激、利诱、怂恿等行为，最终促使被教唆人接受教唆人的意图，进而实施某种加害行为。① 离开教唆人的唆使行为，被教唆人就不会产生实施侵权行为的意图，也不会有侵权行为的发生，所以，教唆行为与被教唆人的侵权行为之间具有法律意义上的因果联系。"教唆他人实施侵权行为"的成立要件包括：（1）教唆人实施了教唆行为，教唆行为只能以积极的作为方式构成，消极的不作为不能成立教唆行为。教唆可以通过书面、口头或其他形式进行，可以直接教唆，也可以通过别人间接教唆，可以一人教唆，也可以数人教唆。（2）被教唆人实施了侵权行为，且教唆行为与侵权行为之间具有因果关系。如果不具有因果关系，则教唆人教唆行为不符合相应的侵权责任构成，当然也就不承担侵权责任。（3）教唆人主观上具有教唆他人实施侵权行为的故意。这里的故意当然包括直接故意和间接故意，即教唆人明知自己的教唆行为会使被教唆人产生加害意图并实施加害行为而仍然进行教唆，且对加害行为的发生持积极推动或放任态度。在此应当注意的是，教唆人的故意是针对加害行为的发生，而不必针对损害结果，如甲引诱乙往窗外扔酒瓶，致从下面走过的丙被砸伤，甲虽不追求丙被砸伤的后果，但其对乙往外扔酒瓶的行为存在故意，所以成立"教唆他人实施侵权行为"。②

所谓帮助行为，是指通过提供工具、指示目标或以言语激励等方式从物质上或精神上帮助实施加害行为的人。③ 在帮助行为中，被帮助人本来已有加害他人的意图，帮助人的行为致使加害行为得以实现

---

① 张铁薇：《共同侵权制度研究》，法律出版社 2007 年版，第 193 页。
② 参见最高人民法院民法典贯彻实施工作领导小组主编：《中华人民共和国民法典侵权责任编理解与适用》，人民法院出版社 2020 年版，第 60 页。
③ 王利明：《民商法研究》，法律出版社 1999 年版，第 168 页。

并导致最终损害结果的出现。与教唆行为相比，帮助行为通常不会对加害行为起决定性作用，而主要是对加害行为起到推动或者促进作用。

帮助侵权行为的构成要件包括：(1)帮助人实施了帮助行为，帮助行为通常是积极的行为，如提供工具、放哨盯梢等。但有时不作为似也可以构成帮助侵权行为，但这时必须符合两个前提条件：一是不作为者具有相应的作为义务，其消极的不作为才有可能成为帮助行为。二是必须有帮助的故意，这里的故意可以不要求与行为人有意思联络，否则就直接构成《民法典》第1168条规定的共同侵权行为了。(2)被帮助人实施了相应的侵权行为，且帮助行为与侵权行为造成的损害后果之间具有因果关系，若无此因果关系或者损害后果，此帮助侵权行为不能成立。(3)须具有主观故意。这里的故意是要求帮助人明知自己的行为是在帮助侵权人实施侵权行为而积极推动或者放任的主观状态，即使加害人不知帮助人提供了帮助，并不妨碍帮助侵权行为的成立。[①]

(三) 共同危险行为

"共同危险行为"在理论上被称为"准共同侵权"，属于广义的共同侵权类型之一。学说上的共同危险行为，是指数人的危险行为对他人的合法权益造成了某种危险，但对于实际造成的损害又无法查明是危险行为中的何人所为，法律为保护被侵权人的利益，数个行为人视为侵权行为人。共同危险行为制度为世界大多数国家和地区的民法典所规定。我国《民法通则》（已失效）和《最高人民法院关于贯彻执行〈中华人民共和国民法通则〉若干问题的意见（试行）》（已失效）没有对共同危险行为制度作出明确规定。《最高人民法院关于审理人身损害赔偿案件适用法律若干问题的解释》（法释〔2003〕20

[①] 最高人民法院民法典贯彻实施工作领导小组主编：《中华人民共和国民法典侵权责任编理解与适用》，人民法院出版社2020年版，第61页。

号）则根据审判实践经验，对共同危险行为的构成要件和免责事由从实体上予以明确规定，其第 4 条①规定："二人以上共同实施危及他人人身安全的行为并造成损害后果，不能确定实际侵害行为人的，应当依照民法通则第一百三十条规定承担连带责任。共同危险行为人能够证明损害后果不是由其行为造成的，不承担赔偿责任。"《侵权责任法》在总结以往理论和实践经验的基础上，在第 10 条首次以立法形式专设条文对共同危险行为作出规定，《民法典》侵权责任编对此予以完全保留，其第 1170 条规定："二人以上实施危及他人人身、财产安全的行为，其中一人或者数人的行为造成他人损害，能够确定具体侵权人的，由侵权人承担责任；不能确定具体侵权人的，行为人承担连带责任。"根据该条规定，共同危险行为的构成要件如下：

一是二人以上实施危及他人人身、财产安全的行为。行为主体是复数，这是构成共同危险行为最基本的条件。一个人实施的行为即使造成他人损害，也只是单独侵权行为，不是共同危险行为。

二是行为主体之间没有意思联络。共同危险行为主体具有复数性，即二人以上，这与共同加害行为同一特征；但与共同加害行为的区别在于，各行为主体之间对加害行为没有共同的意思联络，也缺乏共同的认识。尽管就每一行为人个别而言，其主观上对实施加害行为各自存在故意或者过失，但相互之间并无共同的侵害计划，而是各自独立实施了危险行为，对于损害后果没有共同的认识和意愿。②立法机关在起草侵权责任法过程中认为，共同危险行为制度的初衷是防止因无法指认具体加害人而使受害人的请求权落空，重要的是每个行为人都实施了危及他人人身、财产安全的行为。而且，共同危险行为不仅在一般过错责任中适用，在过错推定责任、无过错责任中也有适用

---

① 在 2020 年最高人民法院进行司法解释全面清理后，《最高人民法院关于审理人身损害赔偿案件适用法律若干问题的解释》（2020 年 12 月 29 日修正）已将该条规定删除。

② 最高人民法院民法典贯彻实施工作领导小组主编：《中华人民共和国民法典侵权责任编理解与适用》，人民法院出版社 2020 年版，第 71 页。

余地。[1]

三是数人实施危险行为。依据《民法典》第1170条的规定，即是指实施了"危及他人人身、财产安全的行为"。这里的"危及"应当结合日常生活经验法则来认定，行为人的行为都应具有导致他人人身损害或者财产损害的高度可能性。这里的实施，通常被界定为"共同实施"。在共同危险行为制度中，"共同"的含义主要是要求数个行为人的行为必须是在同一时间、同一场所的行为，即"时空上的共同性"，如果各被告的行为在时间上、场所上发生了分离，就不属于共同危险行为。

四是其中一人或者部分人的行为造成他人损害。这里包含两个层次的要求，一方面要造成损害后果；另一方面，明确此损害后果系其中一人或数人的行为造成，即不能是全部人的行为造成的损害后果。

五是无法确定具体侵权行为人。即学理上讲的加害人不明，如果能够确定具体的加害人，当然不能适用本条规定的规则，而应适用相应的独立的侵权责任构成来确定其责任。这里强调的是无法确定造成损害后果的具体行为人到底是谁，也可以理解为是直接的因果关系难以认定。

在此需要注意的是，从目前侵害个人信息案件的审判实务看，涉及共同危险行为适用的情形相对较少，但考虑到经济社会生活的丰富性及发展性，结合《民法典》侵权责任编关于连带责任规定的体系性，在本条当中仍然将共同危险行为予以列举，在保持本司法解释规定前瞻性和开放性的同时，也助力个人信息侵权责任理论的完善。

(四) 特定分别侵权行为连带责任的承担

《民法典》第1171条规定："二人以上分别实施侵权行为造成同一损害，每个人的侵权行为都足以造成全部损害的，行为人承担连带

---

[1] 黄薇主编：《中华人民共和国民法典侵权责任编释义》，法律出版社2020年版，第24页。

责任。"该条规定的侵权行为类型在理论上又被称为叠加的共同侵权行为,属于无意思联络数人侵权的一种类型。在实务中,《民法典》第1171条规定的侵权行为的最大特点在于数个行为人并没有主观上的意思联络,也不存在共同过失,而是分别按照各自意思实施了侵权行为,但造成了同一个损害,且每一个行为人的行为都足以造成全部损害。

判断每个侵权行为是否足以造成全部损害是适用该条的关键。该条中的"足以"并不是指每个侵权行为都实际上造成了全部损害,而是指即便没有其他侵权行为的共同作用,独立的单个侵权行为也完全可以造成这一损害后果。这里的"足以"主要体现在因果关系的判断上,学者称之为叠加的因果关系。从实际情况观察,两个以上的侵权人分别实施侵权行为,已经确定其为各个独立的侵权行为,应当由侵权人各自承担侵权责任。但叠加的共同侵权行为中的每一个行为人对于损害的发生都具有全部的原因力,每个人都应当承担全部赔偿责任。① 之所以要作如此严格的限制,就是因为侵权人承担的是连带责任,为了防止滥科连带责任,必须从因果关系的角度加以限制。否则,在各个侵权人没有意思联络的情况下,仅仅是为了受害人的赔偿更有保障而使各侵权人承担连带责任,理由不充分。②

在此需要注意的是,本条对于《民法典》第1171条的列举与共同危险行为具有一定的相似性,目前在侵害个人信息纠纷案件的审判实务中,此类情形相对较少,本条也是从包容性和前瞻性的角度,在侵害人脸信息纠纷案件的法律适用规则中对这一规定的适用作一探索,为相关案件的审理提供明确法律依据。此外,考虑到侵害个人信息纠纷案件中损害后果确定的困难,在不符合共同侵权或者教唆、帮助侵权的情况下,构成叠加侵权行为的可能性更小,大多数情形可能

---

① 杨立新:《侵权法论》(第五版),人民法院出版社2013年版,第925页。
② 程啸:《侵权责任法》,法律出版社2019年版,第383页。

要回归到适用按份责任的规则。

三、利用网络服务侵害人脸信息时的责任承担规则

在大数据时代，侵害个人信息乃至人脸信息的情形较为普遍地存在于网络空间。《民法典》在《侵权责任法》第36条规定的基础上对于网络侵权作了更加细致的规定。侵害个人信息是利用网络服务侵害人格权益的典型类型，《民法典》关于网络侵权的规定对于侵害人脸信息纠纷案件具有普遍适用的效力。正因如此，本条第2款采取了引致性规定做法，明确了信息处理者利用网络服务处理人脸信息侵害自然人人格权益的，适用《民法典》第1195条、第1196条、第1197条等规定。对本款内容的适用，有必要了解《民法典》这三条规定的内容。

《民法典》第1195条为网络服务提供者确立了"通知—取下"规则，并规定了网络用户错误通知的侵权责任。权利人发现网络用户利用网络服务侵害其合法权益，有权向网络服务提供者发出通知，要求其采取必要措施。如果网络服务提供者及时采取了必要措施，则不承担侵权责任，这一规则被学界形象地称为"避风港规则"。如果网络服务提供者在收到被侵权人的通知之后未及时采取必要措施，或者采取的措施不合理，造成损害结果扩大的，网络服务提供者只对因此造成的损害的扩大部分与直接侵权的网络用户承担连带责任。[①]

关于"必要措施"的界定。依据《民法典》第1195条的规定，这主要包括足以防止侵权行为的继续和侵害后果的扩大并且不会给网络服务提供者造成不成比例的损害的措施，包括删除、屏蔽、断开链接、暂时中止对该网络用户提供服务等。此外，依据《最高人民法院关于审理利用信息网络侵害人身权益民事纠纷案件适用法律若干问

[①] 最高人民法院民法典贯彻实施工作领导小组主编：《中华人民共和国民法典侵权责任编理解与适用》，人民法院出版社2020年版，第267页。

题的规定》(2020年修正)第4条的规定，人民法院适用《民法典》第1195条第2款的规定，认定网络服务提供者采取的删除、屏蔽、断开链接等必要措施是否及时，应当根据网络服务的类型和性质、有效通知的形式和准确程度、网络信息侵害权益的类型和程度等因素综合判断。

《民法典》第1196条规定了与"通知—取下"程序相配套的"反通知—恢复"程序的规定。该条第1款规定的网络用户不存在侵权行为的声明，其目的是赋予网络用户以抗辩权，体现了平等保护的基本要求，权利人有权通过网络服务提供者发出网络用户侵权的通知，网络用户也应享有发出不构成侵权的声明的权利。该款进一步规定网络用户提交的不构成侵权的声明，应当包括不存在侵权行为的初步证据。该条第2款规定了网络服务提供者转送声明的义务和恢复义务。网络用户向网络服务提供者作出不构成侵权的声明后，网络服务提供者有义务将该声明转送发出通知的权利人。同时，网络服务提供者也有义务告知发出通知的权利人可以向有关部门投诉或者向人民法院提起诉讼。若发出通知的权利人在接到网络用户的声明后及时提起了诉讼或者向有关部门投诉，此时网络服务提供者无须恢复其基于侵权通知而采取的删除、断开链接等"取下"措施；但若发出通知的权利人接到网络用户不构成侵权的声明后，在合理期限内未向有关部门投诉或者向人民法院起诉，则为平等保护网络用户的合法权益，避免权利人滥用"通知—取下"规则给网络用户以不当损害，网络服务提供者应当及时终止所采取的措施，立即恢复被删除的网络信息，或者可以恢复被断开的链接。

《民法典》第1197条是关于网络侵权连带责任承担的规定。根据该条规定，提供技术服务的网络服务提供者承担的侵权责任是过错责任，其过错体现在网络服务提供者知道或者应当知道网络用户利用其网络服务侵害他人民事权益，未采取必要措施，条文内容在《侵权责任法》第36条第3款规定的基础上增加了"应当知道"的规定。关于网络服务提供者承担间接侵权责任的归责原则，在立法起草过程中曾存在两个方面的争议：一是过错责任和无过错责任的争议。有意见提出，此类网络服务提供者的地位有如出版者，应承担无过错责任，只要其网络服务中存在侵权信息，就应当承担侵权责任。立法机关经研究认为，在网络发展初期，有些国家的法院曾经以无过错责任判决此类网络服务提供者承担侵权责任，但随着对网络问题的研究越来越深入，研究者逐渐认识到，提供技术服务的网络服务提供者并不直接向公众提供信息，只是为网络用户发布或者检索信息提供平台，每天面对海量的信息，在技术上无法逐一审核，与传统著作权领域中出版者的地位不尽相同，令此类网络服务提供者承担无过错责任可能使其承担过重的义务，远超出其能够承受的范围，不仅危及网络行业的正常发展，最终将损害社会公共利益。据此，立法机关将网络服务提供者的间接侵权责任确定为过错责任。① 我们认为，对于网络侵权采取过错责任原则符合《民法典》侵权责任编归责原则的体系构架，也符合过错客观化的发展趋势。但是考虑到网络侵权领域也存在着明显的权利人与网络服务提供者甚至网络用户之间经济实力不对等、专业信息不对称的问题，对于利用网络服务侵害个人信息乃至人脸信息的纠纷案件，更有必要适用举证责任缓和的规则，本司法解释第 6 条的规定更具有适用的空间。

对于"知道或者应当知道"的理解，是《民法典》第 1197 条适用的关键所在，这一点对于利用网络服务侵害人脸信息的情形同样重要。对此，依据《最高人民法院关于审理利用信息网络侵害人身权益民事纠纷案件适用法律若干问题的规定》（2020 年修正）第 6 条的规定，人民法院依据《民法典》第 1197 条认定网络服务提供者是否"知道或者应当知道"，应当综合考虑下列因素：（1）网络服务提供者是否以人工或者自动方式对侵权网络信息以推荐、排名、选择、

---

① 最高人民法院民法典贯彻实施工作领导小组主编：《中华人民共和国民法典侵权责任编理解与适用》，人民法院出版社 2020 年版，第 277~278 页。

编辑、整理、修改等方式作出处理；（2）网络服务提供者应当具备的管理信息的能力，以及所提供服务的性质、方式及其引发侵权的可能性大小；（3）该网络信息侵害人身权益的类型及明显程度；（4）该网络信息的社会影响程度或者一定时间内的浏览量；（5）网络服务提供者采取预防侵权措施的技术可能性及其是否采取了相应的合理措施；（6）网络服务提供者是否针对同一网络用户的重复侵权行为或者同一侵权信息采取了相应的合理措施；（7）与本案相关的其他因素。这一动态系统论的规则做法可以直接适用于利用网络侵害人脸信息纠纷案件中确定网络服务提供者的责任。

【审判实践中应注意的问题】

一、本条规定作为引致性规定，相应法律适用规则要回归到《民法典》有关条款上来

一方面，这是《民法典》体系化规定的功能价值在个人信息保护层面的集中反映；另一方面，这一规定同本司法解释的其他多数条款规定如第5条、第6条等一样，对于个人信息保护尤其是敏感个人信息保护的法律适用规则具有"溢出"效应，即本条规定对于其他侵害个人信息尤其是敏感个人信息纠纷案件具有参照适用的效力。而参照适用本条规定，也就意味着在符合相应构成要件的情形下，本条规定所列的《民法典》相关规定对于这些纠纷案件具有直接适用的效力，这恰恰是引致性规定的功能价值。

二、就网络侵权有关法律适用规则与本条的衔接适用问题

对此应当注意两个方面：其一，本条规定的信息处理者属于《民法典》第1195条、第1196条、第1197条规定的网络用户的范畴。至于信息处理者本身就是网络服务提供者的情形，应当直接适用本司

法解释的相关规定，在《个人信息保护法》施行后，也要直接适用该法第 69 条关于过错推定责任等规定。其二，本条第 2 款规定虽然直接列举了《民法典》的 3 条规定，但仍属于不完全列举，如《个人信息保护法》《网络安全法》《信息网络传播权保护条例》中涉及网络侵权责任承担规则，属于本款规定的"等"的范畴，对于相关纠纷同样要根据案件具体情况予以适用。

【相关条文】

1.《中华人民共和国民法典》（2020 年 5 月 28 日）第一百七十八条、第一千一百六十八条至第一千一百七十一条、第一千一百九十五条至第一千一百九十七条

2.《中华人民共和国个人信息保护法》（2021 年 8 月 20 日）第六十九条

3.《最高人民法院关于审理利用信息网络侵害人身权益民事纠纷案件适用法律若干问题的解释》（2020 年 12 月 29 日修正）第四条、第六条

> 第八条　信息处理者处理人脸信息侵害自然人人格权益造成财产损失，该自然人依据民法典第一千一百八十二条主张财产损害赔偿的，人民法院依法予以支持。
>
> 自然人为制止侵权行为所支付的合理开支，可以认定为民法典第一千一百八十二条规定的财产损失。合理开支包括该自然人或者委托代理人对侵权行为进行调查、取证的合理费用。人民法院根据当事人的请求和具体案情，可以将合理的律师费用计算在赔偿范围内。

【条文主旨】

本条是关于因信息处理者使用人脸识别信息侵害他人人身权益造成财产损失如何赔偿的规定。

【条文理解】

关于使用人脸识别信息侵害他人人身权益造成的财产损失。人身权益包括人的生命权、健康权、身体权、姓名权、荣誉权、肖像权、名誉权、隐私权、个人信息权益以及其他与人身直接有关的权益。侵害他人人身权益应当依法承担民事责任，赔偿损失则是承担责任的一种重要方式。关于侵害人身权益造成财产损失的赔偿标准。根据《民法典》第1182条规定，侵害他人人身权益造成财产损失时，可以按照如下规则确定赔偿标准：一是按照被侵权人因此受到的损失确定赔偿标准；二是按照侵权人获利情况确定赔偿标准；三是由人民法院根据实际情况确定赔偿标准，即如果被侵权人因此受到的损失以及侵权人因此获得的利益难以确定，且当事人双方就赔偿数额协商不一致，向人民法院提起诉讼的，由人民法院根据实际情况确定赔偿数额。

第一，按照被侵权人因此受到的损失确定赔偿标准。对于一般的民事权利来说，财产损失是指被侵权人现有财产的减少，也就是侵权行为人不法侵害被侵权人的财产权利，致使被侵权人的现有财产受到损失，如财物被毁损、侵占而使被侵权人财富直接减少。然而在利用人脸识别技术侵害人身权益的案件中，由于人身权益的保护对象是抽象的、无形的，因此，其受侵害时并没有像有形财产权那样直接表现为财产的毁损或灭失，但并不能片面地认为侵犯人身权益的行为没有导致财产损失。随着人格权的商品化趋势，名誉权、肖像权、隐私权、个人信息权益等人格权益日益具有更大的商业价值，而利用人脸识别技术对这些权利的侵害，会给当事人造成财产或其他经济利益的损失，对于这些财产性质的损失，侵权行为人应予以赔偿。从域外有关规定来看，欧盟 GDPR 第 82 条规定了被侵权人有获取赔偿的权利，任何因为违反本条例而受到物质或非物质性伤害的人都有权从控制者或数据者那里获得对损害的赔偿，任何涉及处理的控制者都应当对因为违反欧盟 GDPR 的处理而受到的损害承担责任，"对所受损失进行全额赔偿"，以保证对数据主体的有效救济；美国《伊利诺伊州生物识别信息隐私法》（BIPA）第 20 条规定起诉权时明确了根据侵权行为人的主观过错程度不同，被侵权人可提起的诉讼请求包括要求一定数量的损害赔偿金或要求根据实际损害进行赔偿。对侵害人身权益造成的损失进行全面赔偿是对被侵权人的有效救济途径，对于及时制止侵权行为、维护人身权益等合法权益来说是非常必要的。

按照学界通说，损失可分为直接损失、间接损失和纯粹经济损失。直接损失是指现有利益的减少，利用人脸识别技术侵害自然人肖像权、隐私权等人身权益会给当事人带来直接财产损失。例如，某些公众人物的肖像权具有一定的商业价值，用于广告等商业目的，取得使用其肖像的同意一般需要付给相应的对价,如果利用人脸识别技术取得自然人的肖像,未经同意擅自使用其肖像,直接影响了其应当获得的财产利益,这种财产损失是可计算的,因此属于侵害他人人身权益造成财产损害的情形;再如,利用人脸识别技术追踪自然人行踪或者获取自然人其他个人信息,非法披露自然人的个人信息或私密信息,导致自然人身心健康受损而去医院诊治所产生的费用以及为制止侵权行为所支付的合理开支,也均属于直接的财产损失。间接损失是可得利益的减少,即"该得而未得"。在现代市场经济条件下,将间接损失严格限定在财产损害的范畴已经过于狭窄,[①]间接损失应当包括其他经济利益的损失,如利用人脸识别技术获取自然人个人信息或者隐私并进行泄露,导致公民社会信誉的降低,使其失去原本获得的聘用、签约、晋升或提高工作报酬的机会,从而使其经济利益遭受损失,这些经济利益是被侵权人原本该得但因侵权行为而未得的经济利益,属于间接损失的范畴。由于间接损失的本质特点在于其为未来的损失,为平衡受害人的损害救济和行为人的行为自由,对于间接损失的赔偿,应采取可预见性标准予以限制。纯粹经济损失是指受害人因他人的侵权行为遭受了经济上的损害,但该种损害不是由于受害人所遭受的有形的人身损害或有形的财产损害而产生的经济损失,即受害人直接遭受财产上的不利益,而非因人身或物被侵害而发生。

第二,按照侵权人获利情况确定赔偿标准。前文已述,在"刷脸"事件中,如果被侵权人是明星等公众人物,则其可能比较容易就证明自己遭受了实际损失,但在很多情况下,被"刷脸"的只是普通人,其肖像几乎没有商业价值,也没有严重到因为被采集人脸信息去付费接受心理治疗,也就是说,被刷脸的普通人很难证明自己遭受了财产损失。在这样的情况下,法律给出的救济就是让使用人脸

---

① 最高人民法院民法典贯彻实施工作领导小组主编:《中华人民共和国民法典侵权责任编理解与适用》,人民法院出版社 2020 年版,第 165 页。

识别技术的信息处理者将因侵权行为而得到的利益"返还"给被侵权人。利用人脸识别技术进行获利是比较常见的,大家较为熟知的方式就是商家利用人脸识别技术对来到自己店铺的顾客进行分类,并且根据其浏览商品或既往消费情况进行精准推销甚至进行个别定价;还可能将人脸识别技术与其他技术相结合,获取个人信息并进行买卖。对于这些情形,只要被侵权人能证明侵权人利用自己的人身权益得到了财产上的利益,就可以依据侵权人的获利情况确定赔偿标准。需要注意的是,按照《民法典》的规定,不再强调先以所受损害来赔偿,后再以侵权人获得利益的标准进行赔偿的规则,以上两个赔偿标准是并列的,由当事人根据实际情况进行选择,便于被侵权人选择对自己有利的赔偿方案,从而有利于保护受害人的权益,更有利于案件争议迅速、及时、有效地解决惩治和预防有关侵权行为的问题。

第三,由人民法院根据实际情况确定赔偿标准。对于信息处理者利用人脸识别技术侵害他人人身权益但又未获得实际利益("损人不利己")等损失及获利均难以计算的情况。例如,有的侵权人出于"恶搞"心理,利用人脸识别技术取得他人人脸信息,并制作成恶俗视频放在网络上造成较坏影响,侵权人自己并没有获利,如果依照"按照被侵权人因此受到的损失"或者"侵权人因此获得的利益"赔偿,不能很好地保障被侵害人的权益,侵权人也得不到惩罚。在这样的情况下,被侵权人与侵权人可以就赔偿数额进行协商,协商不一致的,被侵权人可以向人民法院提起诉讼,由法院根据实际情况赔偿数额。需要注意的是,人民法院根据案件实际情况确定赔偿数额的适用,也不是可以随意进行的,这不仅要求要说理有据,还要求要遵循有关司法解释的规定,不可抛开既有规定来确定赔偿数额。在现实生活中,不排除侵权行为人将人脸识别技术与信息网络等技术、工具结合在一起来完成侵权行为的情形,如信息处理者将通过人脸识别技术采集到的人脸信息、追踪到的个人行踪轨迹等个人信息甚至私密信息放在网络上进行披露,泄露他人隐私,造成他人名誉的受损,给他人带来不安和精神痛苦，在这样的情形下，由于行为人在人脸识别技术之外还利用了信息网络技术来实施侵权行为，因此可适用《最高人民法院关于审理利用信息网络侵害人身权益民事纠纷案件适用法律若干问题的规定》（2020年修正）第12条第2款中关于"被侵权人因人身权益受侵害造成的财产损失或者侵权人因此获得的利益无法确定的，人民法院可以根据具体案情在50万元以下的范围内确定赔偿数额"的标准，并充分考虑侵权行为人的过错程度、具体侵权行为和方式、造成的损害后果和影响等因素综合考量确定赔偿数额。

关于维权的合理开支及合理的律师费。信息处理者使用人脸识别技术侵害他人肖像权、隐私权、个人信息权益等人身权益，给他人造成财产损失的，应予赔偿。侵权损害赔偿的目的在于尽可能使被侵权人恢复到未遭受加害行为之前应有的状态，其基本原则是全面赔偿原则。全面赔偿，是指侵权行为人承担赔偿责任的范围，应当以行为所造成的实际财产损失的大小为依据，全部予以赔偿。全面赔偿应当包括对受害人为恢复权利、减少损害而支出的必要费用损失的赔偿，其中包括被侵权人为了维权而付出的合理开支。《最高人民法院关于审理利用信息网络侵害人身权益民事纠纷案件适用法律若干问题的规定》（2020年修正）中明确规定，被侵权人为制止侵权行为所支付的合理开支属于财产损失的范畴。合理开支包括被侵权人或者委托代理人对侵权行为进行调查、取证的合理费用。被侵权人为制止侵权行为所支付的合理费用及特定情况下的律师费是被侵权人因侵权行为而多支出的费用，是为恢复权利的必要支出。根据我国法律及司法解释规定，除前文已提到的《最高人民法院关于审理利用信息网络侵害人身权益民事纠纷案件适用法律若干问题的规定》外，反不正当竞争领域、知识产权领域、生态环境领域的法律或相关的司法解释也规定了被侵权人为制止侵权行为所支付的合理费用应当纳入财产损失范围，且规定了维权成本的具体内容。《反不正当竞争法》第17条第3款规定："因不正当竞争行为受到损害的经营者的赔偿数额，按照其因被侵权所受到的实际损失确定；实际损失难以计算的，按照侵权人因侵权所获得的利益确定。经营者恶意实施侵犯商业秘密行为，情节严重的，可以在按照上述方法确定数额的一倍以上五倍以下确定赔偿数额。赔偿数额还应当包括经营者为制止侵权行为所支付的合理开支。"在知识产权法领域，《商标法》[①]、《著作权法》[②]、《专利法》[③]、《最高人民法院关于审理商标民事纠纷案件适用法律若干问题的解释》（2020年修正）[④]、《最高人民法院关于审理著作权民事纠纷案件适用法律若干问题的解释》（2020年修正）[⑤]等以及生态环境领域《最高人民法院关于审理生态环境损害赔偿案件的若干规定（试行）》（2020年修正）[⑥]，也都对此问题作出了规定。在利用人脸识别技术侵害人格权益的案件中，侵权行为人多为从事营利活动的经营者，在技术、资金等方面占较大优势，被侵权人为维权支付的相关费用较大，如果对维权开支不予赔偿，将会造成被侵权人维权成本过高、侵权人违法成本较小的

[①] 根据《商标法》（2019年修正）第63条第1款规定，赔偿数额应当包括权利人为制止侵权行为所支付的合理开支。

[②] 《著作权法》（2020年修正）第54条第3款规定："赔偿数额还应当包括权利人为制止侵权行为所支付的合理开支。"

[③] 《专利法》（2020年修正）第71条第3款规定："赔偿数额还应当包括权利人为制止侵权行为所支付的合理开支。"

[④] 《最高人民法院关于审理商标民事纠纷案件适用法律若干问题的解释》（2020年修正）第17条规定："商标法第六十三条第一款规定的制止侵权行为所支付的合理开支，包括权利人或者委托代理人对侵权行为进行调查、取证的合理费用。人民法院根据当事人的诉讼请求和案件具体情况，可以将符合国家有关部门规定的律师费用计算在赔偿范围内。"

[⑤] 《最高人民法院关于审理著作权民事纠纷案件适用法律若干问题的解释》（2020年修正）第26条规定："著作权法第四十九条第一款规定的制止侵权行为所支付的合理开支，包括权利人或者委托代理人对侵权行为进行调查、取证的合理费用。人民法院根据当事人的诉讼请求和具体案情，可以将符合国家有关部门规定的律师费用计算在赔偿范围内。"

[⑥] 《最高人民法院关于审理生态环境损害赔偿案件的若干规定（试行）》（2020年修正）第14条规定："原告请求被告承担下列费用的，人民法院根据具体案情予以判决：（一）实施应急方案、清除污染以及为防止损害的发生和扩大所支出的合理费用；（二）为生态环境损害赔偿磋商和诉讼支出的调查、检验、鉴定、评估等费用；（三）合理的律师费以及其他为诉讼支出的合理费用。"

不平衡状态。为方便被侵权人调查、举证，加大自然人人身权益保护力度，有必要将被侵权人为维权支付的合理费用列入财产损失的范围，由侵权行为人承担赔偿责任。维权合理开支由侵权方承担的规则符合侵权责任法上的完全赔偿原则，即只要与侵权行为有因果关系的损害，都应当予以赔偿，以使受害人恢复到如同损害没有发生时的状态。①

律师费是诉讼当事人为聘请律师为自己提供法律服务所支付的费用，一般包括按固定收费标准收取的费用和其他费用，如差旅费等。根据我国《民事诉讼法》规定，当事人有权委托律师等代理人进行诉讼。通常情况下，律师费由聘请律师的人负担，但在一些特殊情况下，也可以主张由违约方或侵权方承担。从域外规定来看，美国《伊利诺伊州生物识别信息隐私法》（BIPA）第20条明确规定被侵权人可主张合理的律师费、专家证人费用和其他诉讼费用等。当前社会，人脸识别问题的主要矛盾是"滥用多，维权少""维权成本高，获得赔偿少"，将合理律师费用纳入赔偿范围，有助于通过司法途径防止滥用现象继续蔓延，矫正社会失范行为，树立正确价值导向。

【审判实践中应注意的问题】

关于"机会丧失的可赔性"问题。从我国法律现有规定来看，可纳入赔偿范围的损失应为已经发生或必然得到而没有获得的收益的损失，并没有涵盖获得某种机会的可能性丧失的损失，而依照欧美各国的侵权法理论和实践，这种机会丧失的损失也被纳入可以赔偿的范围。机会丧失即当事人因侵权行为丧失了某种能获得利益或避免损害发生的机会而蒙受了一定的经济损失，受害人原本可能获得一个较为

---

① 最高人民法院民事审判第一庭编著：《最高人民法院利用网络侵害人身权益司法解释理解与适用》，人民法院出版社2014年版，第246页。

理想的结果（获得某种利益或避免某种损害），而加害人的加害行为使得这种机会丧失或减少。从公平救济受害人以及维护行为人行为自由的角度讲，在实务上有必要对于这一问题作进一步探索，具体可以围绕机会利益是否属于法益的范畴，该机会利益的丧失是否具有确定性、是否属于行为人可预见范围并结合日常生活经验法则等进行。间接损失与纯粹经济损失的根本区别在于，间接损失是在对受害人自身的权利造成直接损失的基础上造成的损失，而纯粹经济损失非以造成受害人的权利损害为前提，仅为单纯的经济损失。具体到利用人脸识别技术侵权案件，可能同时存在直接财产损失、间接财产损失和纯粹经济损失。例如，某明星因人脸识别技术泄露其隐私而遭受精神打击去医院诊治，支出诊疗费用（直接财产损失）；启动维权程序，支出调查、取证等合理费用及合理律师费用（直接财产损失）；该明星已签订的演出合同无法履行，因此无法获得原本应得的劳务报酬（间接财产损失），并且无法出席某影响力较大的国际颁奖典礼，失去扩大知名度、影响力的机会，丧失签订更多影视合约的机会（纯粹经济损失）。纯粹经济损失的赔偿要适用可预见性规则来限定责任范围甚至限定责任构成。

【相关条文】

1.《中华人民共和国民法典》（2020年5月28日）第一千一百八十二条

2.《中华人民共和国著作权法》（2020年11月11日修正）第五十四条第三款

3.《中华人民共和国专利法》（2020年11月11日修正）第七十一条第三款

4.《中华人民共和国商标法》（2019年4月23日修正）第六十三条第一款

5.《中华人民共和国反不正当竞争法》（2019年4月23日修正）第十七条第三款

6.《最高人民法院关于审理利用信息网络侵害人身权益民事纠纷案件适用法律若干问题的规定》（2020年12月29日修正）第十二条

7.《最高人民法院关于审理商标民事纠纷案件适用法律若干问题的解释》（2020年12月29日修正）第十七条

8.《最高人民法院关于审理著作权民事纠纷案件适用法律若干问题的解释》（2020年12月29日修正）第二十六条

9.《最高人民法院关于审理生态环境损害赔偿案件的若干规定（试行）》（2020年12月29日修正）第十四条

> **第九条** 自然人有证据证明信息处理者使用人脸识别技术正在实施或者即将实施侵害其隐私权或者其他人格权益的行为，不及时制止将使其合法权益受到难以弥补的损害，向人民法院申请采取责令信息处理者停止有关行为的措施的，人民法院可以根据案件具体情况依法作出人格权侵害禁令。

【条文主旨】

本条是关于使用人脸识别技术侵害人格权益时人格权侵害禁令适用的规定。

【条文理解】

信息处理者使用人脸识别技术处理人脸信息的行为，在特定情况下，如果无法及时制止，所造成的后果可能难以弥补。比如，信息处理者将所采集的人脸信息与其他个人信息相结合，严重侵犯他人名誉或者隐私；在社交平台、网站公开售卖使用人脸识别技术所处理的人脸信息等。为及时制止这种不法行为、切实保护信息主体的合法权益，本条将《民法典》第997条所规定的人格权侵害禁令在人脸识别领域予以细化和明确。

本条看似是对《民法典》第997条的重申，其实是在结合个人信息权益进一步明确《民法典》第997条的适用范围，同时为下一步最高人民法院制定人格权侵害禁令司法解释奠定基础。《民法典》第997条规定："民事主体有证据证明行为人正在实施或者即将实施侵害其人格权的违法行为，不及时制止将使其合法权益受到难以弥补的损害的，有权依法向人民法院申请采取责令行为人停止有关行为的措施。"从该条表述看，人格权侵害禁令似只适用于具体人格权受侵害的情形，对于个人信息权益以及其他人格权益受侵害，是否适用该条规定，存在一定争议。本解释在征求意见过程中，有意见认为，《民法典》第 997 条只是规定了"侵害其人格权的违法行为"，如果适用"侵害个人信息权益的违法行为"，可能会突破《民法典》的规定。因此，建议严格按照《民法典》第 997 条的规定，只有当自然人有证据证明信息处理者使用人脸识别技术正在实施或者即将实施侵害其隐私权等人格权（而非人格权益）的行为时，方可申请人格权侵害禁令。我们认为，上述意见不符合《民法典》人格权编体系解释和第 997 条立法原义。主要理由如下：首先，从编章体例看，人格权侵害禁令规定在人格权编的"一般规定"中，在没有排除规定情况下，理应适用于后面各章规定的具体人格权以及个人信息保护。其次，从"人格权"外延上看，根据全国人大常委会法工委的相关释义，《民法典》人格权编第一章关于人格权的一般规定中，所出现的"人格权"这个语词，一般就包括了法律所明确列举的人格权，也包括了自然人所享有的除明确列举的人格权之外的，基于人身自由、人格尊严产生的其他人格权益。① 可见，尽管《民法典》第 997 条使用的是"人格权"的表述，但是，其外延包括了具体人格权和其他人格权益，当然也包括人格权编第六章所规定的个人信息权益。本条将人格权侵害禁令的适用范围明确为对"人格权益"的侵害，不仅有利于统一各级法院对人格权侵害禁令的理解，也有利于加强对人脸信息权益的全面系统保护，规范人脸识别技术的合理使用，意义十分重大。至于是否作出禁令，将"合法权益受到难以弥补的损害"作为限定条件，由人民法院

---

① 黄薇主编：《中华人民共和国民法典人格权编释义》，法律出版社 2020 年版，第 17 页。

根据案件具体情况予以把握，避免禁令制度的滥用。全国人大常委会法工委等单位对本条规定均无不同意见。

《民法典》第997条首次确立了人格权侵害禁令制度，规定较为原则。对于人格权侵害禁令制度适用诉讼程序、非讼程序还是介于两种程序之间的"准诉讼"程序，民事主体应当如何申请禁令，人民法院如何进行审查，是否需要申请人提供担保，人格权侵害禁令何时生效、何时失效，人格权侵害禁令如何执行等重要问题，均有待法律和司法解释进一步明确。为切实实施《民法典》，目前最高人民法院研究室正在起草关于人格权侵害禁令的司法解释，以规范此类案件的办理。下面，我们主要围绕当前的一些研究成果，对人格权侵害禁令制度进行体系化分析，以期为各级人民法院办理涉人脸识别以及其他人格权侵害禁令案件提供思路性参考。

一、人格权侵害禁令制度简述

禁令，是指申请人为及时制止正在实施或者即将实施的侵权行为，或有侵害之虞的行为，在起诉前或诉讼中请求法院作出的禁止或限制被申请人实施某种行为的强制命令。禁令制度是各国法律普遍认可的一项制度，我国《民法典》在借鉴国外经验并在总结我国司法实践经验的基础上，对侵害人格权的禁令制度作出了规定，对于及时制止侵害人格权的行为、有效预防侵害人格权后果的发生以及强化人格权的保护等，均具有重要意义。①

根据《民法典》第997条的规定，结合全国人大常委会法工委相关释义，② 人格权侵害禁令适用的前提如下：一是行为人正在实施或者即将实施侵害其人格权的违法行为。行为人正在实施侵害他人人格权

---

① 王利明：《论侵害人格权禁令的适用》，载《人民司法》2020年第28期。
② 黄薇主编：《中华人民共和国民法典人格权编解读》，中国法制出版社2020年版，第38页。

的违法行为，例如，行为人已经在网上发布他人的裸照，如果不及时制止，就可能使受害人的名誉、隐私进一步遭受重大损害。行为人即将实施侵害他人人格权的违法行为，主要是指未来有可能发生侵害人格权的现实危险，例如，行为人写了一篇侵害他人名誉权或者隐私权的文章，计划于近期发表等。二是不及时制止将使权利人的合法权益受到难以弥补的损害。损害的发生必须具有急迫性，如果将来可能造成难以弥补的损害，但是不具有现实急迫性，可以通过诉讼或者其他方式予以救济。这里的"难以弥补的损害"，主要是指损害具有不可逆性，难以通过其他方式予以弥补，事后的恢复已经不可能或者极为困难。有观点认为，人格权的侵权具有一定特殊性，与金钱损害相比，人身权利一旦遭受损害，损害后果常常难以弥补，无法使用金钱对损害进行完全的补偿。① 三是民事主体有证据证明。由于人格权侵害禁令是对被申请人行为自由的限制，民事主体必须提供相关的证据，证明已经具备了申请人格权侵害禁令的前提条件。至于证明程度，当前还存在不同认识，需要进一步研究。

尽管《民法典》人格权编只是对人格权侵害禁令予以原则性规定，但该制度无疑是人格权编中最具特色，也是最能体现人格权法预防功能的制度设计和立法创新之一，势必会对人格权的保护体系产生重大深远影响。

二、人格权侵害禁令的定位以及与相关制度的辨析

准确把握人格权侵害禁令的制度定位，是人民法院适用相关程序的前提。有观点认为，人格权侵害禁令是人格权请求权发生作用的方式之一，性质上属于实体法上的禁令。也就是说，与程序法所规定的禁令制度不同，人格权侵害禁令的适用与诉讼程序的适用之间并不

---

① 江伟、肖建国主编：《民事诉讼法》，中国人民大学出版社2018年版，第258页。

存在直接关联。① 我们赞同这种观点，人格权侵害禁令是我国《民法典》所规定的独特制度。如果说《民法典》第997条只是给《民事诉讼法》第100条的行为保全提供实体法依据，则不必专门对此予以规定，因为《民法典》第991条、第995条及第1167条已经对作为实体权利的人格权请求权进行了规定，可以作为申请诉前行为保全的实体法依据。故从体系解释上看，《民法典》第997条单独规定人格权侵害禁令，更大程度上旨在创设一种实体法上的禁令制度。这种禁令制度不同于英美法的"诉前禁令"，② 而更类似于《瑞士民法典》第28条b所规定的人格权侵害禁令。③ 我们在起草人格权侵害禁令相关司法解释时，有意见提出，《民法典》第997条在创设实体法上的禁令制度时，是否将诉前行为保全等制度也一并蕴含其中呢？因为从文义解释上看，"有权依法向人民法院申请采取责令行为人停止有关行为的措施"中的"依法"二字既包括了实体法也包括了程序法，由于《民法典》第997条所规定的申请人格权侵害禁令的条件与《民事诉讼法》第100条关于申请诉前行为保全的条件相似，是否意味着在符合《民法典》第997条规定的条件时，申请人既可以申请实体法意义上的人格权侵害禁令，也可以申请程序法意义上的诉前行为保全呢？

---

① 王利明：《论侵害人格权禁令的适用》，载《人民司法》2020年第28期。
② 英美法的"诉前禁令"被称为"临时性禁令"，它是由英国历史上的衡平法院发展而来的，由法院自由裁量给予当事人的一种救济方式，目的在于弥补普通法法院给予法律救济的不足、预防侵权行为的发生和制止侵权行为的继续。英美法的"诉前禁令"类似于大陆法系的"诉前行为保全"。
③ 《瑞士民法典》第28条b规定：原告为免受暴力、恐吓或跟踪，得请求法院，对侵害人发出下列禁令：1.禁止侵害人接近原告，或者禁止侵害人在原告住宅的特定范围内驻留；2.禁止侵害人在特定地点，特别是在特定的街道、广场或居民区内驻留；3.禁止侵害人与原告发生联系，特别是禁止侵害人以电话、书信或电子邮件的方式与原告发生联系，禁止侵害人以其他方式纠缠原告。原告与侵害人居住同一住房者，得请求法院对侵害人限期迁出该住房。有重大事由时，该期限得延长之。法院衡量全部情事后，如认为正当合理，1.得要求原告，就其单独使用的住宅，向侵害人为适当补偿；或者2.经出租人同意，将租赁契约的权利义务转移于原告。

或者说，诉前行为保全也属于"责令行为人停止有关行为的措施"之一吗？这个问题有待进一步明确。下面，我们重点分析人格权侵害禁令与人身安全保护令、诉前行为保全以及停止侵害诉讼等制度的关系问题。

（一）人格权侵害禁令与人身安全保护令

申请人身安全保护令，是指申请人因遭受家庭暴力或者面临家庭暴力的现实危险而申请人民法院出具的禁止或者责令被申请人为一定行为的裁定。《反家庭暴力法》第四章专门对人身安全保护令的相关程序进行了规定。人民法院出具人身安全保护令的法律依据是《反家庭暴力法》的规定，而不是《民事诉讼法》第100条有关民事诉讼中行为保全的规定。鉴于人身安全保护令由实体法作出规定，且适用于对家庭成员的人格权利保护，一般认为，人身安全保护令是人格权侵害禁令的特别规定。正如有的学者所言，《民法典》中的人格权侵害禁令制度实际上是借鉴了人身安全保护令而将其一般化，这就使原本仅适用于家庭成员"生命权、健康权和身体权"的人身安全保护令程序，被一般化为保护所有民事主体的人格权的更一般化的程序。在人格权侵害禁令制度建立后，原本产生在先的人身安全保护令反而成了人格权侵害禁令的一种特殊适用程序。[①] 二者的区别在于：人格权侵害禁令适用于一切人格权益，而人身安全保护令只适用于物质性人格权；人格权侵害禁令适用于一切民事主体，而人身安全保护令仅限于家庭成员之间。在适用规则上，对于家庭成员间物质性人格权的侵害，适用《反家庭暴力法》及相关司法解释的规定；除此之外的人格权侵害，一般适用《民法典》第997条的规定。

由于二者的同质性，相关要求和程序的参照也就有了基础。关于人身安全保护令的程序，《反家庭暴力法》和《最高人民法院关于人身安全保护令案件相关程序问题的批复》予以明确。比如，在申请条

[①] 程啸：《论我国民法典中的人格权禁令制度》，载《比较法研究》2021年第3期。

件上，申请人身安全保护令，应当有明确的被申请人、有具体的请求、有遭受家庭暴力或者面临家庭暴力现实危险的情形。在文书形式上，人身安全保护令由人民法院以裁定形式作出。在裁定的作出时限上，人民法院受理申请后，应当在 72 小时内作出人身安全保护令或者驳回申请；情况紧急的，应当在 24 小时内作出。在适用程序上，可以比照特别程序进行审理。人身安全保护令的有效期不超过 6 个月，自作出之日起生效；人身安全保护令失效前，人民法院可以根据申请人的申请撤销、变更或者延长。此外，法律、司法解释还规定了人身安全保护令的复议程序，对于人身安全保护令的被申请人提出的复议申请和人身安全保护令的申请人就驳回裁定提出的复议申请，可以由原审判组织进行复议；人民法院认为必要的，也可以另行指定审判组织进行复议。需要注意的是，在人身安全保护令的执行方面，《反家庭暴力法》为公安机关设定了协助执行义务，而《民法典》第 997 条并未给公安机关设定协助义务，这一点在程序适用上是无法参照的。

此外，2020 年底，最高人民法院修改了《民事案件案由规定》，将"人格权侵害禁令"与"人身安全保护令"作为并列的第二级案由，主要考虑是尽管二者存在包含关系，但人身安全保护令案件经过多年实践探索，已经形成了相对独立的案件类型，将其与人格权侵害禁令案件并列，既符合司法实践需要，也便于司法统计。

（二）人格权侵害禁令与诉前行为保全

2017 年修正的《民事诉讼法》第 100 条、第 101 条从程序法的角度确立了诉前禁令制度。依据这一制度，法院对于可能因当事人一方的行为或者其他原因，使判决难以执行或者造成当事人其他损害的案件，根据对方当事人的申请，可以裁定对其财产进行保全、责令其作出一定行为或者禁止其作出一定行为。对于情况紧急，不立即申请保全将会使其合法权益受到难以弥补的损害的，利害关系人可以在提起诉讼或者申请仲裁前向被保全财产所在地、被申请人住所地或者对案件有管辖权的人民法院申请采取保全措施。但是，申请人在人民法院采取保全措施后 30 日内必须依法提起诉讼或者申请仲裁，否则，人民法院将解除保全。

从性质上看，我国民事诉讼法上的诉前禁令属于诉前保全制度，与《民法典》所规定的人格权侵害禁令制度有着诸多区别，但核心的区别有二：一是适用范围不同。程序法意义上的诉前行为保全，普遍适用于所有民商事类案件，只要符合《民事诉讼法》第 100 条和第 101 条及相关司法解释的规定，均可向人民法院申请诉前行为保全；而人格权侵害禁令，仅适用于侵害人格权益的相关案件。二是是否必然伴随诉讼程序不同。在当事人申请诉前行为保全的情形下，如果不在法定期间内提起诉讼或者申请仲裁，该保全行为将失效；而人格权侵害禁令颁发后，当事人可以起诉，也可以不起诉，并不必然伴随诉讼程序。二者之所以存在此种区别，主要是因为二者的功能不同，诉前行为保全的功能在于保障将来判决或者裁定能够得到有效执行，如果当事人在申请诉前行为保全后不提起诉讼或者仲裁，则诉前保全的目的将不复存在，相关保全措施也应当失效。而人格权侵害禁令制度的功能在于对民事主体提供保护措施，如果能够实现对权利人的有效保护，或者权利人不愿意通过诉讼程序解决纠纷，也应当允许。

尽管人格权侵害禁令与诉前行为保全在性质上存在着不同，但是二者的要件具有一定相似性，因此关于诉前行为保全的相关司法解释，特别是《最高人民法院关于审查知识产权纠纷行为保全案件适用法律若干问题的规定》，为人格权侵害禁令案件的审查提供了可资借鉴的思路。而如何使这两项重要制度无缝衔接，避免叠床架屋，是人格权侵害禁令司法解释起草过程中的一个难点。

除了人身安全保护令、诉前行为保全这两项制度外，准确把握人格权侵害禁令的制度定位，还需要注意其与停止侵害、排除妨碍、消除危险之诉的区别。《民法典》第 1167 条规定，侵权行为危及他人人身、财产安全的，被侵权人有权请求侵权人承担停止侵害、排除妨碍、消除危险等侵权责任。该条规定的是基于物权、人格权等绝对权而产生的保护性请求权，与《民法典》第1165条、第1166条不同，该条规定的请求权不要求有损害结果。据此，对于行为人正在实施或者即将实施的侵害其人格权益的行为，除申请人格权侵害禁令外，权利人还可以通过提起诉讼方式请求停止侵害、排除妨碍、消除危险等，但由于诉讼程序的审理期限较长，对于不及时制止将使其合法权益受到难以弥补的损害的，无法及时予以救济。而这就成为人格权侵害禁令这一非讼程序的制度空间和制度优势。

三、人格权侵害禁令适用程序的初步探析

人格权侵害禁令的程序设计应当如何，学界对此认识并非完全一致。有的学者更多聚焦于如何从实体法的角度更好保护自然人的合法权益，主要从立法论角度进行程序设计；而有的学者更多以现行民事诉讼法为视角，重点关注《民法典》第997条如何在现有程序框架下落地。由于人民法院的司法解释只是对现行法律作出解释，不可能创设新制度或者新程序，因此，人格权侵害禁令的司法解释不仅要符合实体法的规定，还要符合程序法的精神，需要在现行民事诉讼法框架下探索细化《民法典》第997条的规定，以程序法所能容纳的最大限度来尽可能发挥《民法典》第997条的制度价值。对于部分学者对《民法典》第997条的设计思路，有的已经超出现行《民事诉讼法》的框架，需要通过修改民事诉讼法来进一步实现，不属于司法解释权限范围。

尽管当前对个别问题争议较大，但部分内容已形成一定共识。比如，人格权侵害禁令作为一项全新的实体制度设计，需要有自己独特的程序要件和规则设计，现有的人身安全保护令程序以及诉前行为保全程序均无法完全涵盖人格权侵害禁令的相关内容，需要司法解释予以细化；人格权侵害禁令并不必然伴随诉讼程序；等等。

在具体程序设计上，实践中存在不同观点：有观点认为，人格权

侵害禁令毕竟是对一方当事人行为自由和言论自由的限制，因此从平衡双方当事人利益的角度出发，应当以准诉讼程序建构人格权侵害禁令程序，以便为双方当事人提供最低限度的程序保障。① 这种认为人格权侵害禁令程序介于诉讼程序与非诉程序之间的观点，亦是从给予被申请人最低限度程序保障，即赋予被申请人和其他关系人参与、异议的权利角度出发。② 也有观点则认为，人格权侵害禁令必须置于现行民事诉讼法框架下，《民事诉讼法》规定的程序只有诉讼程序、非讼程序以及执行程序，《民法典》第997条的规定无法落入诉讼程序，更不是执行程序，因此只能适用特别程序等非讼程序。而非讼程序针对的是没有实质性争议的案件，故人格权侵害禁令仅适用于显而易见的、双方没有实质性争议的人格权侵权行为，对于存在实质争议的纠纷，必须通过诉讼程序进行实质性审理后作出判断。

目前，我们的初步意见认为，人格权侵害禁令制度的目的并非解决双方当事人之间的纠纷以及认定侵害人格权的民事责任，而是在诉讼程序之外，为人格权提供一种更高效、更快捷的救济途径。如果将诉讼程序的相关规则引入人格权侵害禁令程序，赋予被申请人各种程序性权利，将会直接导致人格权禁令程序的效率低下、手续烦琐，无法在短时间内作出人格权禁令裁定，这不仅与《民法典》设立人格权侵害禁令的初衷相悖，也模糊了人格权侵害禁令程序与适用简易程序审理停止侵害、消除危险诉讼的界限。

按照这种设计思路，为及时有效保护当事人合法权益，需要做好人格权侵害禁令与诉前行为保全以及诉讼程序的程序衔接。对于当事人有证据证明且容易认定的侵害人格权益违法行为，人民法院应当根据案件情况及时作出人格权侵害禁令。对于侵害人格权益违法行为是

---

① 张卫平：《民法典的实施与民事诉讼法的协调和对接》，载《中外法学》2020年第4期；郭小冬：《人格权禁令的基本原理与程序法落实》，载《法律科学》2021年第2期。

② 吴英姿：《人格权禁令程序研究》，载《法律科学》2021年第2期。

否存在需要通过诉讼程序进一步认定的，不宜通过人格权侵害禁令程序审查，而应告知当事人通过诉讼程序或者申请诉前行为保全等途径保护自身合法权益。自《民法典》施行以来，不少基层人民法院已经发出人格权侵害禁令裁定。调研发现，这些案件基本上均为侵权行为非常明显的案件，比如：有的被申请人到处张贴宣传材料损害他人名誉，有的被申请人在互联网平台多次发布设计申请人隐私及诋毁申请人名誉的内容，有的被申请人跟踪、尾随申请人，等等。结合审判实践，我们对人格权侵害禁令的相关程序进行初步探析，以期为各级人民法院办理涉人脸识别以及其他人格权侵害禁令案件提供参考，具体办理程序以将来发布的司法解释为准。

（一）关于管辖

目前，人格权侵害禁令案件的管辖无法参照人身安全保护令的管辖，因为法律对人身安全保护令的管辖有明确规定，即由申请人或者被申请人居住地、家庭暴力发生地的基层人民法院管辖。对于人身安全保护令之外的其他人格权侵害禁令案件，在法律、司法解释尚未专门规定前，稳妥起见，应当按照《民事诉讼法》第28条规定，由侵权行为地或者被告住所地人民法院管辖。这里的"侵权行为地"，根据《民事诉讼法司法解释》的规定，包括侵权行为实施地、侵权结果发生地；信息网络侵权行为实施地包括实施被诉侵权行为的计算机等信息设备所在地，侵权结果发生地包括被侵权人住所地；因产品、服务质量不合格造成他人财产、人身损害提起的诉讼，产品制造地、产品销售地、服务提供地、侵权行为地和被告住所地人民法院都有管辖权。针对使用人脸识别技术侵权的具体应用场景，该类案件由侵权行为地和被告住所地人民法院管辖，基本上能够实现便于申请人及时提出申请的需要。关于级别管辖，由于是非讼程序，我们倾向认为宜由基层人民法院管辖。

（二）关于网络侵权中的被申请人

《民法典》第1194条至第1197条规定了网络侵权的责任承担。

对于网络用户利用网络服务实施侵害他人人格权益的行为，被侵权人依照《民法典》第1195条的规定通知网络服务提供者采取删除、屏蔽、断开链接等必要措施，但是网络服务提供者接到通知后未及时采取必要措施的，网络服务提供者应当对损害的扩大部分与该网络用户承担连带责任。在人格权侵害案件中，我们认为，应当充分发挥《民法典》中关于"通知—删除规则"的制度价值，鼓励申请人先行要求网络服务提供者采取必要措施，对于网络服务提供者未及时采取措施，申请人将网络服务提供者一并列为被申请人的，人民法院可以准许。关于这个问题，地方法院可以先行探索。

（三）关于申请材料

为规范申请材料提交，人民法院可以要求申请人提交如下材料：（1）申请书。申请书应当记明申请人、被申请人的姓名或者名称、联系方式等基本信息，具体的请求和事实、理由。（2）证明违法行为存在的材料。（3）不及时制止被申请人正在实施或者即将实施的侵害申请人人格权的行为将使申请人的权益受到难以弥补损害的具体说明。（4）人民法院根据案件具体情况认为需要提交的其他材料。

（四）关于审判组织

人格权侵害禁令案件一般由审判员一人独任审查。至于在特殊情况下，是否可以组成合议庭进行审查，可在实践中先行探索。

（五）关于询问

由于人格权侵害禁令一旦发出将会限制被申请人的一定行为自由，为实现平衡保护，人民法院在审查人格权侵害禁令案件时，一般应当询问申请人和被申请人。

（六）关于文书形式

人格权侵害禁令由人民法院以裁定形式作出。

（七）关于审查时限

由于人格权侵害禁令案件需要对申请人及时予以保护，因此，审查时限不可能太长，具体时限有待充分调研后科学设定。从当前的禁令实践看，各地法院在办理此类案件时，一般都是参照人身安全保护令的相关时限，即在受理申请后的72小时内作出裁定；情况紧急的，必须在24小时内作出。这个时限对于简单的人格权侵害禁令案件而言，尚具有操作可能，但对于一些类型较新、情形复杂的案件而言，在上述期限内完成审查，难度较大。

（八）关于裁定的有效期

此问题争议较大。目前，从司法实践看，各地法院一般参照人身安全保护令的规定，设置了6个月的有效期，具有一定可行性。在相关司法解释出台前，基层法院可以继续参照人身安全保护令的有效期在实践中探索。即有效期不超过6个月，自作出之日起生效。禁令失效前，人民法院可以根据申请人的申请撤销、变更或者延长。

（九）关于复议程序

复议程序可以参照人身安全保护令的复议程序。即申请人对驳回申请不服或者被申请人对人格权侵害禁令不服的，可以自裁定生效之日起5日内向作出裁定的人民法院申请复议一次。复议期间不停止人格权侵害禁令的执行。经复议审查认为不符合作出禁令条件的，裁定撤销人格权侵害禁令；经复议审查认为符合作出禁令条件的，裁定驳回复议申请。

关于证明标准、难以弥补的损害的具体认定、是否提供担保等内容，目前争议较大，尚需进一步研究论证。

此外，人格权侵害禁令能否在诉讼中申请也存在一定争议。从《民法典》的起草过程看，2018年9月发布的《民法典各分编（草案）征求意见稿》第780条规定，"民事主体有证据证明他人正在实施或者即将实施侵害其人格权的行为，如不及时制止将会使其合法权益受到难以弥补的损害的，可以在起诉前依法向人民法院申请采取责令停止有关行为的措施"。当时的草案将人格权侵害禁令明确为诉前禁令，但是后面的草案删除了"在起诉前"的表述。从这个方面看，似乎人格权侵害禁令可以在诉讼过程中申请，但是如果在诉讼中申请禁令，是否会对诉讼行为保全造成冲击，也有待进一步研究。

【审判实践中应注意的问题】

《民法典》首次规定了民事主体的个人信息权益，为平衡信息主体的利益与数据共享利用的关系，《民法典》并未将个人信息作为一种具体人格权予以规定，而是把其定性为一种人格权益。如前所述，人格权侵害禁令不仅适用于《民法典》人格权编明确规定的具体人格权，而且也适用于其他人格权益，个人信息作为《民法典》规定的人格权益，如果符合人格权侵害禁令的实质要件，即信息主体如果有证据证明行为人正在实施或者即将实施侵害其个人信息的违法行为，不及时制止将使其合法权益受到难以弥补的损害的，可以依据《民法典》第997条之规定申请人格权侵害禁令。

实践中，对于侵害个人信息的行为是否会导致难以弥补的损害，需要有全面的把握和理解。《民法典》将个人信息分为一般个人信息和私密信息，对于私密信息，适用有关隐私权的规定。隐私是自然人的私人生活安宁和不愿为他人知晓的私密空间、私密活动、私密信息。对于其中的私密信息，一旦被他人知晓，将很难恢复原来的私密状态，特别是在互联网环境下，任何轻微的侵权行为都会被无限放大，而且会以几何级数的速度快速传播，如果自然人的隐私信息已经受到或即将受到侵害，如果不及时制止，损害后果很难予以弥补，而且由于"网络是有记忆的"，一旦权利人的私密信息通过网络传播，将难以彻底删除干净，权利人的人格权益难以恢复到被侵害之前的圆满状态。

《个人信息保护法》将个人信息分为一般个人信息和敏感信息，对于个人信息中的敏感信息，如种族、宗教信仰、个人生物特征、医疗健康、个人行踪等信息，一旦泄露或者被非法使用，可能导致个人受到歧视、人格尊严受到贬低或者人身、财产安全受到严重危害，此种情况下，应当认定为损害后果难以弥补，符合人格权侵害禁令的适用条件，信息主体可以申请人格权侵害禁令。

在判断个人信息权益是否可以适用人格权侵害禁令时，还需考虑个人信息承载主体的多样性。《民法典》虽然未将个人信息界定为具体人格权，但是个人信息存在承载主体的多样性，其不仅只有个人信息，还附着着肖像权、名誉权、隐私权等其他人格权或人格权益。比如，信息处理者违背公序良俗处理个人信息或者使用深度伪造技术处理他人人脸信息，上述行为不仅侵害信息主体的信息权益，而且侵害信息主体的肖像权、名誉权或者隐私权，如果不及时制止，很有可能导致损害后果难以弥补。在此基础上，信息主体有权依据《民法典》第997条之规定申请人格权侵害禁令。

本解释中的人脸信息不仅属于《民法典》第1034条规定的"生物识别信息"，而且还属于《个人信息保护法》规定的敏感个人信息，具有唯一性和不可更改性，一旦泄露将对个人的人身和财产安全造成极大危害，甚至还可能威胁公共安全。在为社会生活带来便利的同时，人脸识别技术所带来的个人信息保护问题也日益凸显。实践中，人脸识别技术滥用情况较为普遍，因人脸信息等身份信息泄露导致"被贷款""被诈骗"和隐私权、名誉权被侵害等问题时有发生，甚至还有一些犯罪分子利用非法获取的身份证件照片等个人信息制作成动态视频，破解人脸识别验证程序，实施窃取财产、虚开增值税普通发票等犯罪行为。上述行为严重损害自然人的人格尊严，侵害其人身、财产等合法权益，损害了公共安全甚至国家安全，引发社会公众及国家层面的普遍关注和担忧。鉴于侵害人脸信息产生后果的严重性及损害后果的不可弥补性，本解释有针对性地对人脸识别技术的滥用进行了精准司法规制，包括本条将人脸识别场景明确为人格权侵害禁令适用的具体场景，只要自然人能够证明信息处理者使用人脸识别技术正在实施或者即将实施侵害其隐私权或者其他人格权益的行为，不及时制止将使其合法权益受到难以弥补的损害，就可以申请人格权侵害禁令，这也体现了对人脸信息这一特殊信息类型给予特殊保护、提前保护、严格保护的价值取向。

域外也有关于人脸识别的禁令制度，不过多为公法上的禁令。如欧盟 GDPR 第 58 条规定，对处理施加暂时性或具有明确期限的禁令，禁令权力主体是监管机构，并非司法机关。美国部分城市也对人脸识别采用了禁令形式，如加利福尼亚州旧金山市通过《停止秘密监控条例》禁止该市所有政府部门（包括警察局）使用人脸技术。俄勒冈州的波特兰市议会通过的《人脸识别禁令》禁止该技术的公共和私人使用。这是美国最严格的人脸识别禁令，波特兰市也是第一个禁止私人使用人脸识别的城市。但是，美国的禁令也不是司法机关的禁令。本解释明确将人格权侵害禁令适用于人脸识别领域在世界范围内具有重要意义。

【相关规定】

1.《中华人民共和国民法典》（2020 年 5 月 28 日）第九百九十七条
2.《中华人民共和国民事诉讼法》（2017 年 6 月 17 日修正）第一百条第一款、第一百零一条

> **第十条** 物业服务企业或者其他建筑物管理人以人脸识别作为业主或者物业使用人出入物业服务区域的唯一验证方式，不同意的业主或者物业使用人请求其提供其他合理验证方式的，人民法院依法予以支持。
>
> 物业服务企业或者其他建筑物管理人存在本规定第二条规定的情形，当事人请求物业服务企业或者其他建筑物管理人承担侵权责任的，人民法院依法予以支持。

【条文主旨】

本条是关于物业服务企业或者其他建筑物管理人的责任的规定。

【条文理解】

在小区或者单元楼安装人脸识别设备作为出入门禁，是当前人脸识别技术应用的一个重要场景。人脸识别技术用于住户身份验证，具有便捷、防伪度高、无接触等优势，作为一种智能化管理方式在部分地方得以推行，但由此引发的住户个人信息泄露风险问题，亦引起社会广泛关注。例如，2020年3月，某教授居住的小区贴出安装人脸识别门禁系统的公告，要求业主提供身份证件、人脸识别等信息。劳教授给物业公司写了一封法律函，指出物业公司无权强制业主提供人脸信息。最终，物业公司同意业主出入小区可以自愿选择门禁卡、手机或人脸识别方式。在此背景下，本解释以现实问题为导向，专门针对物业小区这一人脸识别的典型应用场景和易引发争议的情形制定了本条。

一、物业服务企业或其他建筑物管理人作为信息处理者受本解释第 2 条等规定的约束

本解释其他条款均针对各类信息处理者，仅在第 10 条针对物业服务企业或其他建筑物管理人这一特殊主体的特定应用场景进行规制。因此，准确把握本条的适用需首先厘清物业服务企业或其他建筑物管理人与信息处理者的关系。需要明确的是，物业服务企业或其他建筑物管理人实施处理个人信息行为的，属于信息处理者，在适用本条的同时，也受本解释其他条款的约束。

信息处理者主体范围的界定在数次个人信息保护立法过程中逐步得以明确。2016 年欧盟通过的 GDPR 使用了"信息控制者"和"信息处理者"的概念，"信息控制者"是在信息自决观念下，在事实上占有控制信息的主体，而信息处理则是在对信息控制下的延伸活动。我国个人信息保护立法一定程度上参考借鉴了欧盟的相关立法，但并未将"信息控制者"这一关键概念直接引入，而是立足中国个人信息使用的具体实践，逐步分为两大类主体。2012 年《全国人民代表大会常务委员会关于加强网络信息保护的决定》即分别使用了"任何组织和个人"与"网络服务提供者和其他企业事业单位"两组概念，前者范围更广，旨在重点打击一切非法获取和贩卖个人信息的行为；后者范围较窄，主要指向个人信息处理单位的合法性规制。该理念在此后的多次立法中得以延续。《民法典》分别采用了"任何组织或者个人"与"信息处理者"的概念，并将"国家机关、承担行政职能的法定机构及其工作人员"也纳入规制范畴。《个人信息保护法》对主体范围和概念界定进一步予以明确，继续沿用了"任何组织、个人"和"个人信息处理者"的概念，并明确个人信息处理者是指在个人信息处理活动中自主决定处理目的、处理方式的组织、个人。同时明确，将国家机关纳入《个人信息保护法》适用的主体范围之内，而排除对自然人或因家庭事务处理个人信息情形的适用。

可见，为加强个人信息保护力度，我国采用以行为出发的主体范围界定方式，即任何组织或个人，只要存在目的性、有组织地处理个人信息的行为，均受到个人信息保护相关法律的规制。《个人信息保护法》第58条对一定规模以上的信息处理者科以更高的义务，除此种特殊情形外，信息处理者的责任并不以其是否为网络服务提供者、线下经营主体、公共管理机构等为区别。因此，物业服务企业或其他建筑物管理人虽主要从事线下业务，但其开展业务、实施物业服务活动时，如实施了个人信息处理行为，则属于信息处理者，当然应遵循有关信息处理者的相关规定。有鉴于此，为防止因对物业服务企业或其他建筑物管理人单独设立此条规定而引发其是否属于信息处理者、是否受本解释其他条款约束的争议，本条第2款特地作了衔接规定，明确物业服务企业或其他建筑物管理人处理人脸信息，如存在其他违法情形的，亦应承担相应侵权责任。在收集人脸信息方面，物业服务企业或其他建筑物管理人仍需以"知情—同意"为前提，无权强制其服务对象提供人脸信息。

二、物业服务企业或其他建筑物管理人基于物业管理职责被授权实施"刷脸"验证仍需对不同意业主提供其他合理验证方式

当然，物业服务企业或其他建筑物管理人相较于其他信息处理者，有其特殊之处。物业服务企业或其他建筑物管理人往往经过业主共同授权，具有对物业服务区域一定程度的管理权限和职责。根据《民法典》第271条的规定，业主除了具有对建筑物专有部分的所有权、对建筑区划内专有部分以外共有部分的共有权利，还具有对共有部分的共同管理权。该权利不同于所有权，不仅仅是对财产进行管理，还涉及对相关共同事务进行管理的成员权。根据《民法典》第278条的规定，业主有权共同决定制定管理规约等有关共有和共同管理权利的重大事项。与此同时，业主大会或者业主委员会的决定对业

主具有法律约束力。该管理权可以由业主自行行使，也可以委托物业服务企业或者其他管理人行使。《物业管理条例》第2条规定，本条例所称物业管理，是指业主通过选聘物业服务企业，由业主和物业服务企业按照物业服务合同约定，对房屋及配套的设施设备和相关场地进行维修、养护、管理，维护物业管理区域内的环境卫生和相关秩序的活动。因此，业主在物业管理活动中需遵守管理规约，遵守物业管理区域内物业共用部位和共用设施设备的使用、公共秩序和环境卫生的维护等方面的规章制度。由此可见，物业管理活动作为一种新型管理服务体制，最基本的特点是业主自律自治。也就是说，业主既享有权利，可通过一定议事程序表达意见、参与管理、制定规则；又负有义务，受到管理规约的约束，服从物业服务企业或其他管理人对授权事项的管理。而对提供物业服务一方来说，其基于业主共同授权，具有了对物业服务区域开展相关管理活动的职责。

即使物业服务企业或其他管理人基于授权获得"刷脸"验证的管理权限，仍需要遵循"知情—同意"等规则，获取对业主人脸信息进行处理的授权。物业服务企业或其他管理人虽基于全体业主授权，具有一定管理职责，但其管理权限仅限于与物业管理有关的活动。具体到小区秩序维护、门禁设施安装上，对于采取何种措施更有利于降低管理成本、提高管理效率和提高安全程度，采取刷脸还是其他方式进行身份验证，属于物业管理活动有关的范畴，可依照业主大会确定的议事规则，经由相关体现全体业主意愿的决策程序，最终确定该物业区域的秩序维护措施和管理方式。但物业管理职权的行使，不意味着相关主体可据此实施侵害业主合法权益的行为。对此，《民法典》第280条、第287条均有规定。例如，业主大会、业主委员会以及其授权的物业服务企业或其他管理人不得侵害业主基于建筑物区分所有权享有的合法财产权利，当然，也不能侵害业主合法享有的人格权。也就是说，物业服务企业或其他管理人虽基于授权具有了对业主一定的管理职责，但管理权限仅限于与物业有关的活动，即使根据该物业区域的合法议事规则,可在物业管理区域实施"刷脸"验证等管理措施,但并不意味其当然取得了对小区所有业主人脸信息进行处理的权利。物业服务企业或其他管理人仍需遵循"知情—同意"等规则,获取对业主人脸信息进行处理的授权。

将人脸识别作为出入物业服务区域唯一验证方式的行为,属于侵犯不同意业主个人信息人格权益或通行权的行为。授权主体的自愿是构成有效同意的前提,信息处理者通过强迫或者变相强迫行为取得自然人同意的,不能认定其获取了有效同意。从比较法的角度看,欧盟 GDPR 中的"同意"必须是"自由、具体、知情、清晰无误"作出的同意,欧盟将违反"自由"的同意认定为无效同意。我国《个人信息保护法》第 14 条也明确规定,基于个人同意处理个人信息的,该同意应当由个人在充分知情的前提下自愿、明确作出。物业服务企业或其他管理人获取处理人脸信息的授权也应当尊重业主自主意愿,不得使用强迫或者变相强迫的方式取得同意。目前,各地也在地方性物业管理条例的修订中吸纳了类似规定,如 2020 年 10 月 28 日公布的《杭州市物业管理条例(修订草案)》第 44 条第 1 款第 6 项规定,不得强制业主通过指纹、人脸识别等生物信息方式使用共用设施设备,保障业主对共有设施设备正常的使用权。四川省的物业管理条例修订草案内容与杭州基本相同。

物业服务企业或其他管理人将"刷脸"验证方式确立为唯一的出入验证方式,将导致本不同意授权的物业管理相对方为实现使用物业的目的,不得不同意该验证方式,违反了"知情—同意"对自愿的要求,不能被认定为有效同意。此种强迫同意的情形,较本解释第 4 条第 1 项规定的情形更为严重,信息处理者要求自然人同意处理其人脸信息才提供产品或者服务,此种情形多存在于 App 强制获取授权的场景,相对方尚可通过拒绝使用该 App 的方式"用脚投票"表达自己拒绝同意的意愿,而在出入小区身份验证的场景下,业主对物业的使用往往是必需的,业主只能选择同意,否则意味着放弃自己的通行权甚至对相关物业的使用权。因此，此种情形下对不同意授权业主的强迫程度是很严重的，不能认定业主自愿作出了授权同意。从行为导向意义上看，物业服务企业或其他管理人也不应在业主拒绝使用的情况下，将"刷脸"作为唯一验证方式。

对于物业强制"刷脸"验证，不同意的业主如何救济的问题，较为复杂，也是本条司法解释的突出亮点。解决此类争议需谨慎把握其中涉及的利益冲突。物业服务企业或其他管理人经过一定的议事规则被授权采用"刷脸"验证的技术方式对小区实施秩序维护和管理，系出于相关法律和合同赋予的管理职责，据此产生的上述系列物业管理活动，有一定正当性基础；而个体业主基于法律赋予的个人信息受保护的各项权利，拒绝物业处理其相关个人信息，也具有法律基础。在面对上述利益冲突时，既要保障业主个体合法人格权益不受侵害，又需尽量减少对物业正当行使管理职责造成影响。因此，不能因为部分业主拒绝使用"刷脸"验证的方式就导致经全体业主通过合法议事规则等方式确定的物业区域管理方式和技术选择不能适用，也不能因为获取了有关物业管理方面的授权就强制所有业主作出处理其人脸信息的同意。在此种情况下，本司法解释在平衡利益冲突后，给出了第三种解决方案，即结合物业服务"一对多"模式特点，提供针对多个服务对象个性化的验证方式，物业服务企业或其他管理人仍可采取"刷脸"验证的方式，但对于不同意的部分业主，应提供其他合理验证方式。此种方式既不侵害个别拒绝使用业主的权利，也不妨碍人脸识别在同意基础上继续适用。从实践角度看，业主可能在面对物业将要或已经实施"刷脸"验证措施时，为防止自身人脸信息被收集而直接进行维权；也有可能在不得不同意授权处理人脸信息后进行维权。在后一种情形下，业主除可依据本条司法解释请求提供其他合理验证方式外，还可依据本解释其他相关规定，依法要求停止处理并删除其人脸信息。

三、对本条规定中几个具体概念的把握

（一）如何理解物业服务企业或者其他建筑物管理人

物业服务企业，通常是指符合法律规定，依法向业主提供物业服务的民事主体，包括物业公司以及向业主提供服务的其他组织。物业公司是目前多数建设单位和业主选择对建筑物及附属设施进行管理和提供服务的主体，它是指依法设立，具有独立法人资格，从事物业服务活动的企业。其他管理人，是指物业服务企业以外的根据业主委托管理建筑区划内及其附属设施的主体，主要包括管理单位住宅的房管机构，以及其他组织、自然人等。[①] 在实践中，各类非物业服务企业的物业管理人大量存在，故本条沿用《民法典》有关规定的表述，将其他管理人与物业服务企业并列使用，意在表达，只要是与建设单位或业主委员会签订物业服务合同，对业主产生拘束力，进而获得授权对房屋及配套的设施设备和相关场地进行维修、养护、管理，维护物业管理区域内的环境卫生和相关秩序活动的主体，均属于本条规定适用的主体范围。

（二）如何理解业主或者物业使用人

《最高人民法院关于审理建筑物区分所有权纠纷案件适用法律若干问题的解释》第1条规定："依法登记取得或者依据民法典第二百二十九条至第二百三十一条规定取得建筑物专有部分所有权的人，应当认定为民法典第二编第六章所称的业主。基于与建设单位之间的商品房买卖民事法律行为，已经合法占有建筑物专有部分，但尚未依法办理所有权登记的人，可以认定为民法典第二编第六章所称的业主。"也就是说，业主是指依法就建筑物专有部分已取得所有权或已合法占有的权利主体。同时，该司法解释第16条规定，建筑物区分所有权

[①] 最高人民法院民法典贯彻实施工作领导小组编著：《中华人民共和国民法典物权编理解与适用（上）》，人民法院出版社2020年版，第284~285页。

纠纷涉及专有部分的承租人、借用人等物业使用人的，参照本解释处理。专有部分的承租人、借用人等物业使用人，根据法律、法规、管理规约、业主大会或者业主委员会依法作出的决定，以及其与业主的约定，享有相应权利，承担相应义务。也即，本条规则除了适用于业主，也适用于承租人、借用人等实际使用物业的人。

【审判实践中应注意的问题】

一、本条适用的主体范围可否扩展至其他单位

本条司法解释是针对物业管理典型应用场景的专门规定，与其他条款针对所有信息处理者的情况不同，本条规定适用的主体范围仅包含物业服务企业或者其他建筑物管理人。司法实践中，可能会有应用软件、商业场所、学校或用人单位等主体出现类似以人脸识别为唯一身份验证方式的强制收集行为，是否可扩展适用本条的规定？对此，考虑到本条系对典型应用场景的靶向规制，且经调研，其他应用场景的收集目的、行为、合法性基础复杂多样，还需考虑适用场景的具体情况具体分析。且本解释仅适用于平等民事主体之间的纠纷，不适用于国家机关、承担行政职能的法定机构因履行法定职责使用人脸识别技术所引起的纠纷，故应避免简单地将此条规定扩展运用至其他主体。但我们认为，对于存在类似情形的，本条规定解决了身份验证功能实现与人脸信息收集必要性问题，可予以借鉴。也就是说，在信息处理者基于提供产品或服务所必需，对相对方进行身份验证的，仅以身份验证功能实现往往尚不足以推得相对方授权人脸信息的必要性，除论证有使用人脸识别技术进行验证的相当之必要外，一般情况下，相对方得请求通过其他合理身份验证方式实现相同功能。

二、如何协调本条与本解释其他条款之间的关系

正如前文所述,物业服务企业或者其他建筑物管理人属于信息处理者,故本解释中其他有关信息处理者的规定,均适用于物业服务企业或者其他建筑物管理人。本条第2款也明确规定了物业服务企业或者其他建筑物管理人实施其他违法信息处理行为的,需承担相应侵权责任。因此,物业服务企业或者其他建筑物管理人对人脸信息的处理,仍应遵循合法、正当、必要原则,若其虽未违反本条的规定,但违反其他条款实施了违法的信息处理行为,仍需承担相应的侵权责任。事实上,以人脸识别作为业主或者物业使用人出入物业服务区域的唯一验证方式,将使业主或者物业使用人为了出入物业服务区域,不得不同意对人脸信息的收集,因此,此种行为实际上也属于本解释第4条第3项所规定的强迫或者变相强迫自然人同意处理人脸信息的一种。此种情况下,出现了条款的竞合,应适用特别条款,即按本条的规定予以处理。但本条仅针对停止侵权、排除妨碍、消除危险请求权,结合物业管理活动的特殊性,作出的合比例的处理方式,对于造成权利人损失等需承担其他侵权责任的,仍可依照其他条款的规定,追究物业服务企业或者其他建筑物管理人的侵权责任。

三、如何协调本条与《民法典》第278条之间的关系

在本解释起草过程中,我们反复研究讨论了本条与《民法典》第278条之间的关系。根据《民法典》第278条的规定,业主有权共同决定制定和修改管理规约等有关共有和共同管理权利的重大事项。经调研,对物业区域适用人脸识别技术进行身份验证是否属于《民法典》第278条第9项所规定的"有关共有和共同管理权利的其他重大事项",存在一定争议,实践中做法不一,有待进一步积累司法经验。但可以明确的是,按照议事规则通过业主共同决定,在物业区域要安装人脸识别设备的,该决议仅在物业管理活动范围对全体业主具有拘

束力。也即，不同意的部分业主不得因拒绝使用人脸识别技术而阻止物业区域的相关设施改造和资金使用，阻碍物业区域其他同意的部分业主使用人脸识别技术进行身份验证。同时，上述决议也仅代表全体业主对物业管理活动方面的意愿和授权，不能得出所有业主，特别是不同意使用脸识别技术部分业主，对其人脸信息人格权益的授权也受此决议约束的结论，不同意部分业主仍保留对其人脸信息授权的自主决定权。也就是说，即使按照《民法典》第278条的规定，业主共同决定安装人脸识别设备，也不得强制所有业主同意授权处理其人脸信息。

【相关法条】

1.《中华人民共和国民法典》（2020年5月28日）第二百七十一条、第二百七十八条、第二百八十条、第二百八十七条

2.《中华人民共和国个人信息保护法》（2021年8月20日）第十四条

3.《物业管理条例》（2018年3月19日修订）第二条

4.《最高人民法院关于审理建筑物区分所有权纠纷案件适用法律若干问题的解释》（2020年12月29日修正）第一条

> 第十一条 信息处理者采用格式条款与自然人订立合同，要求自然人授予其无期限限制、不可撤销、可任意转授权等处理人脸信息的权利，该自然人依据民法典第四百九十七条请求确认格式条款无效的，人民法院依法予以支持。

【条文主旨】

本条是人脸信息处理中格式条款被认定无效的情形的规定。

【条文理解】

一、格式条款无效的一般规定

格式条款是相对于一般条款而言的，在简便订约程序，节约交易成本，提高交易效率方面有其优越性。在当今消费时代，格式条款服务于频繁的交易活动，具有旺盛的生命力。现实生活中，在商家、网络平台等信息处理者通过移动客户端等方式征得消费者、用户的人脸信息的场景中，格式条款也被大量使用。格式条款用得好，辅助交易、服务，用不好损害他人合法权益、违反法律规定。信息处理者在与自然人订立人脸信息处理合同时，应当注意格式条款的合理性、合法性，而自然人则应当注意格式条款内容，对存在违反法律规定、排除己方主要权利的格式条款可以主张无效。

《民法典》第496条规定了格式条款的定义，格式条款应当同时具备三个特征：一是事先拟好；二是反复使用；三是未经协商。含有格式条款的合同往往合同内容较多，又因格式条款未经协商就订入合同，因此为限制格式条款提供方将重要条款写入却不告知对方，该条规定了格式条款提供人的提示和说明义务。《民法典》第497条规定的是格式条款无效的认定，规定了几种情形。一是符合民事法律行为无效的一般规定的格式条款无效，造成对方人身损害和因故意或重大过失造成对方财产损失的免责条款无效。二是不合理免除或减轻己方责任、加重对方责任、限制对方主要权利的格式条款无效，该条款要求以"不合理"为前提，因为在双方当事人签订的合同中，对相对的两方基于合同项下享有的权利、义务作出一定安排，彼此权利、义务此消彼长是现实需要，但是如果导致双方当事人权利义务关系过分失衡，就违反了格式条款提供方应当公平确定双方权利义务关系的原则。三是排除对方主要权利的格式条款无效，无论是否合理。

二、人脸信息处理中的格式条款问题

人脸信息识别通过"刷脸支付""刷脸进门""刷脸登录""刷脸认证""刷脸取快递""刷脸解锁"等功能在当下有很大市场，并且应用场景不断扩大，尤其是网络环境中的人脸信息处理，与格式条款具有天然的适应性。面对巨量性、跨时空的网络用户，通过一份预先拟定的定型化、可重复使用的人脸信息识别格式条款，网络服务提供者可以与数以万计的不特定用户相联结，建立起规范网络用户行为及平台职能的权利义务规则。然而，其不可协商性确实可能成为网络服务提供者滥用、肆意侵犯网络用户合法权益的工具，广泛应用人脸识别格式条款便捷公众和商家的同时潜藏着巨大的安全隐患，人脸信息被泄露、贩卖甚至引发大量诈骗、盗窃等违法犯罪事件也多有发生。不论是《民法典》《个人信息保护法》还是本解释，其宗旨都是为了针对上述情况规范人脸信息的使用，使其在人脸识别技术应用的同时保证用户信息安全，促进人脸识别产业健康发展。

处理人脸信息的合同，大多出现在App等使用协议中。平台或者经营者在 App 注册、登录或者使用过程中要求用户查阅和翻看协议内容，点击同意人脸信息处理才可以进行下一步，这种用户协议就是由格式条款构成的。面向不特定公众开放使用的 App 不具备也不可能与使用者逐个协商订约，使用格式条款能够有效节约磋商成本，几乎所有的人脸信息处理合同中都在使用格式条款。法律并没有禁止格式条款的使用，在处理人脸信息合同中亦是如此。法律仅就处理人脸信息的合同中格式条款的不规范行为，也即违反了法律、行政法规的规定导致权利义务显著失衡，严重侵害他人权益的条款，给予法律上的负面评价致其无效。

三、人脸信息处理格式条款无效的认定

征得"单独同意"是人脸信息处理的前提。本解释第 2 条第 3 项规定，基于个人同意处理人脸信息的，未征得自然人或者其监护人的单独同意，或者未按照法律、行政法规的规定征得自然人或者其监护人的书面同意的，人民法院应当认定信息处理者侵害自然人人格权益。该条提出了"获取单独同意"的要求。《个人信息保护法》也在部分条款中也要求了"单独同意"。基于同意适用人脸信息的，需要征得自然人的同意，突出强调"单独"就是防止"同意"被不当稀释，杜绝了信息处理者采取变相规避方法导致法律规定流于形式。比如，针对信息处理者善用的一揽子告知同意等方式征得个人同意的情况，需要法律在必要时予以调整和干预。

一揽子告知同意往往因为其与其他授权捆绑，或者通过宽泛的"点击同意，进行使用"条款等，导致自然人无法单独对人脸信息作出自愿的同意，被迫同意处理其本不愿提供且非必要的人脸信息。本解释第 4 条也将上述情形予以细化，当出现该种情形时信息处理者主张获取"单独同意"的抗辩不能成立，分别是：（1）信息处理者要求自然人同意处理其人脸信息才提供产品或者服务的，但是处理人脸信息属于提供产品或者服务所必需的除外；（2）信息处理者以与其他授

权捆绑等方式要求自然人同意处理其人脸信息的；（3）强迫或者变相强迫自然人同意处理其人脸信息的其他情形。存在上述情形，意味着信息处理者获取的同意无效，信息处理者处理人脸信息构成侵权。

"单独同意"是格式条款强制披露原则在人脸信息处理情形中的特殊体现，其披露强度要明显高于一般强制披露。一般强制披露的格式条款多以加粗加黑方式体现，而"单独同意"的披露强度则要高于这一标准，应要求以单独同意法律行为作为披露原则。如在 App 中可能需要依据使用功能设置多个用户同意界面，在多个使用人脸信息页面应由用户逐一勾选同意。

实践中存在信息处理者订立格式条款要求自然人授予信息处理者无期限限制、不可撤销、可任意转授权等权利，此类授权实质上意味着对人格权的整体转让，剥夺了自然人对其人格权的控制，违反了法律有关人格权行使的禁止性规定。因此，即便自然人基于一体化协议、捆绑协议等"点击"或者"确认"同意了包含这类条款的协议，该条款也不被视为是合法有效的条款。

一方面，该类条款试图回避"同意"的规定。之所以设置"告知—同意"条款，就是为了保护自然人人脸信息的决定权、知情权，是否同意应用的范围、使用目的、使用的方式，是否同意公开、处理的种类、使用期限、保存期限等。而无期限限制、不可撤销等规定，就是变相规避"同意"这一基本信息处理原则。

另一方面，该类要求自然人授予其无期限限制、不可撤销、可任意转授权等处理人脸信息的权利的情形，违反了多项法律规定，触碰法律底线的条款自然无效。如《民法典》第 1035 条规定了使用个人信息应当合法、正当、必要且适度的原则，再结合《个人信息保护法》第 19 条规定了保存期限的必要最短时间规则、第 21 条规定了委托处理的要求和限制、第 47 条规定了信息处理者应当删除信息的情形，其中就包括可以撤回同意，作为敏感信息的人脸信息的处理者更应当遵循上述规定。

综上所述，在人脸信息使用合同中，信息处理者在合同中约定无期限限制、不得撤销同意、可任意转授权等违反了《民法典》《个人信息保护法》的相关规定，违反法律、行政法规的相关规定，该种约定同时排除了自然人个人信息上的主要权利，是无效的格式条款。

此外，除上述列举的三种人脸信息处理无效格式条款典型情形外，实践中主要的人脸信息处理无效格式条款情形主要有以下：第一，对用户人脸信息进行不当索取和使用；第二，将用户人脸信息不当提供给第三方；第三，侵害用户对个人人脸信息的知情权和删除权。这些情况也应适用本条予以认定无效。

【审判实践中应注意的问题】

目前，因处理人脸信息合同格式条款引发的民事诉讼较为少见，但在日常生活中涉人脸信息合同格式条款的纠纷却并不鲜见，特别多发于网络 App 运用场景中。目前，法院诉讼较少的原因主要是群众维权意识还不到位以及个体维权成本较高。但相信随着有关法律及司法解释的陆续出台，以及公益诉讼制度等维权程序的完善，相关诉讼必将日益增多。

近年来网络软件中使用格式条款引发了一些典型案例。例如，2019 年大火的 AI 换脸软件 App "ZAO"，其 App 用户协议中明确 "用户在使用 ZAO 的时候，如果把脸换成自己或其他人的脸，意味着同意或确保肖像权利人同意授予 ZAO 及其关联公司全球范围内完全免费、不可撤销、永久、可转授权和可再许可的权利"，这一条款引起互联网热议。有热评称 "有手机号、有面部图像，通过技术合成，犯罪分子可以替你和你家人通话了"，可见潜藏的安全隐患和风险暴露无遗。同时，ZAO 的用户信息使用条款和隐私政策都是 "默认同意"，没有勾选渠道，用户只要想使用该 App，就必须同意用户协议和隐私政策的全部内容。当前，该 App 因格式合同不规范、存在数据泄露风险等问题已经被有关部门要求整改。还有一些经营者在自己的客户端、App 的用户协议、隐私政策等文件中要求用户同意"在脱敏的前提下利用人脸信息进行技术研发",该类表述模糊,既无使用期限,也未明确使用范围、保存期限、使用主体等内容,也无"脱敏"的技术措施、"脱敏"程度的规定,用户并非专业技术人员,对该类表述难以明确真实内涵,往往导致并非基于正确认识的同意。因此依据本条司法解释,该类格式条款亦应认定无效。

通过总结上述事件中的典型事例,人脸信息合同格式条款无效认定司法实践中需要重点考察以下问题:

一、是否为核心给付条款或单独同意条款

所谓核心给付条款,又称法律行为要素、必要之点,即对给付与对待给付内容进行描述和确定的条款。核心给付条款在受法律行为效力制度规制外,更多地由市场加以调整。格式条款的效力审查仅以带来"不合理的不利益"的条款内容为对象,并不致力于解决一切条款的公平性问题。对于后一目标,应交由可审查一切条款的显失公平等制度实现。如果该格式合同的核心标的即为人脸信息的处理,而不是在买卖等合同中附带要求提供人脸信息处理,则应认为该格式合同以关于人脸信息的条款为核心给付条款,由于不存在一般意义上的未充分协商和迫于交易不便等压力,因此就不适用格式条款无效规定,而适用一般法律行为无效规定,其无效情形应弱于格式合同相关规定。

由于按照本解释规定,取得单独同意是人脸信息处理的前提条件。上述核心条款,应认为属于当然取得单独同意情形。对于其他非核心条款的单独同意条款是否适用格式合同条款,如该单独同意条款与其他条款相关联并存在"不合理地免除或者减轻其责任、加重对方责任、限制对方主要权利"等情形,则应适用格式合同无效的相关规定。

二、格式条款解释标准问题

根据《民法典》第497条规定，格式条款无效最主要是指"提供格式条款一方不合理地免除或者减轻其责任、加重对方责任、限制对方主要权利"的情形。具体到人脸信息处理情形，本条主要列举了"无期限限制、不可撤销、可任意转授权等"无效格式合同情形。上述条文列举的三种情形是人脸信息处理无效格式条款的典型情形，但实务中的情况千变万化，并不止于这几种情形。其他条款如"最终解释权归商家所有"等是否属于无效格式条款，需要根据《民法典》第497条的一般性规定进行解释判断。

对于人脸信息使用类格式条款，应当采取客观解释与一般解释方式。理由如下：由于该类格式条款为商家一方制定，且商家对于一般消费者处于绝对强势地位，因此其内容未经过具体协商，当事人各方对合同条款、文字的含义未曾采取合议方式考虑，解释合同时法院就无从探寻当事人所理解的含义也就是主观解释，故应当以客观解释为原则。此类格式条款采取客观解释的原则，应当考察的是：对与当事人处于相同情形下的一般自然人来说，假如他们曾经对合同文字的含义进行考察，那么他们原本会理解的含义，也就是说，以该条款所预定适用的特定或不特定的消费者的平均而合理的理解能力为基准进行解释。

关于上文提到的常见的"最终解释权归商家所有"问题，按照上文理解，应当认为是客观上限制了消费者请求法院进行最终解释的权利。从客观解释角度，应认为属于《民法典》第497条规定的无效格式合同情形。

三、正当、必要审查原则

根据上文，对于格式条款效力的解释应采取客观解释与一般解释。但在人脸信息案件中，应采取何种特殊的审查原则是需要具体予以考察的。合法、正当、必要审查原则作为个人信息处理的一般原则，其中的正当、必要原则应当成为格式条款解释中的审查原则。所谓不正当，是指由条款拟定方向条款接受方发出的、未在当事人之间产生合意，甚至接受方并不知情的格式条款，这些条款明显增加拟定方更广泛的权利或使接受方承担更多义务、责任，包括对接受方权益的各种侵害，这主要体现在对"告知—同意"原则的违反。所谓不必要，主要是指违反比例原则，以对履行合同不必要的方式处理人脸信息或过度收集人脸信息。上述原则应成为格式合同效力审查的基本原则。

四、民事行为与商事行为区别

格式合同效力认定中，应当注意民事合同与商事合同在无效认定上的区别。这里的民事合同是狭义的概念，格式合同中的民事合同主要是消费者与商家签订的合同，人脸信息处理格式合同主要为民事合同；但亦存在一定商事合同，如以委托处理人脸信息，获取报酬为内容的合同。格式合同的特殊无效认定规则，一般在于保护弱势群体的权利，平衡商家与个体消费者之间交易地位的不平等。考虑到商事行为的特殊性，商事主体对于自身商业利益的理性把握能力较强，故其一般不应适用格式合同的特殊无效规则，而应适用法律行为无效的一般规则。

【相关规定】

1.《中华人民共和国民法典》（2020年5月28日）第四百九十六条、第四百九十七条、第一千零三十五条

2.《中华人民共和国个人信息保护法》（2021年8月20日）第十九条、第二十一条、第四十七条

3.《中华人民共和国消费者权益保护法》（2013年10月25日修正）第九条、第十四条

> **第十二条** 信息处理者违反约定处理自然人的人脸信息，该自然人请求其承担违约责任的，人民法院依法予以支持。该自然人请求信息处理者承担违约责任时，请求删除人脸信息的，人民法院依法予以支持；信息处理者以双方未对人脸信息的删除作出约定为由抗辩的，人民法院不予支持。

【条文主旨】

本条是关于按照合同关系处理人脸信息争议及删除权的规定。

【条文理解】

一、人脸信息的合同法保护路径

（一）订立个人信息处理合同的法律基础

从世界范围看，主要国家对信息技术时代自然人个人信息的法律保护，多采用多部门法综合调整的方式。我国法律对个人信息的保护经历了从公法保护为主到私法保护不断强化的过程。从《刑法》中对于侵犯公民个人信息的全面规定，到《全国人民代表大会常务委员会关于加强网络信息保护的决定》对于网络服务提供者和其他企业事业单位、国家机关及其工作人员在处理个人信息中时遵循的原则和承担的义务进行规定，再到《消费者权益保护法》中首次从民事权利角度对个人信息作出规定，以及《网络安全法》《民法总则》的相关规定，2020年，《民法典》将个人信息权益纳入人格权编，充分彰显了信息文明时代法律对个体的人格尊严和人格自由的尊重,对个人信息的私法保护具有划时代的意义。

虽然对于个人信息属于"权利""权益"还是"受保护的权利"存在理论和实务上的争议,但由于其已经被纳入人格权编,虽个人信息并未被确定为一种绝对权,亦可比照其他人格权,通过侵权责任请求权实现保护。

2012年,《全国人民代表大会常务委员会关于加强网络信息保护的决定》第2条规定:"网络服务提供者和其他企业事业单位在业务活动中收集、使用公民个人电子信息,应当遵循合法、正当、必要的原则,明示收集、使用信息的目的、方式和范围,并经被收集者同意,不得违反法律、法规的规定和双方的约定收集、使用信息。"根据《网络安全法》第41条规定,网络运营者在收集、使用个人信息时,应当明示收集、使用用户个人信息的目的、方式和范围。《民法典》及《个人信息保护法》进一步明确了个人信息处理的"知情—同意"原则。因此,信息处理者往往通过订立合同或者制定和公示隐私政策等方式,获得个人同意而处理个人信息,以落实相关法律要求。同时,制定包括个人信息处理规则的服务协议,也是网络服务提供者,特别是大型网络服务平台行使自治权的一种重要方式。更深一层,数据就是价值,海量个人信息中往往蕴含巨大的经济利益,个人信息处理者亦希望通过订立合同获得信息主体的授权。因此,个人信息同时存在合同法保护的路径。特别是对人脸信息的处理大多是通过信息化、智能化手段,因此实践中信息处理者与自然人签订个人信息处理协议,特别是以格式合同形式签订协议的情形较为普遍。

采用格式合同,在"一对众"经营模式下确有助于提升交易效率,但是,由于网络服务涵盖内容广泛、技术性较强,加之不乏一些网络服务提供者企图以格式条款弱化用户权利,实践中,大量网络平台服务协议篇幅冗长、内容繁杂甚至晦涩难懂,跳转、链接等操作复杂,形式合法但事实上实质剥夺了用户的知情权、选择权。本解释第

11条专门对格式条款部分无效的情形进行了规定，以避免个人信息处理者利用优势地位，通过合同条款不合理地免除或减轻其责任、加重信息主体的责任、限制信息主体的主要权利。同时，对于网络服务的格式条款内容过于冗长复杂的问题，符合《民法典》第496条第2款情形的，合同相对方还可以主张该条款不成为合同内容。

（二）"隐私政策""隐私声明"等的性质和效力

需要注意的是，实践中，由于网络服务内容广泛，技术性强，网络服务提供者关于个人信息保护的政策、制度的具体表现形式可能有所不同。有的个人信息保护条款属于其网络服务协议的一部分，有的则以独立的网页或链接的形式，形成独立的合同，还有的可能不具备合同要件。实践中，个人信息保护条款可能表现为"隐私政策""隐私声明""个人信息保护指引""隐私权政策"以及"应用权限"等。①

对于上述隐私政策的效力问题，理论上存在一定争议，主要有两种观点：一种观点认为"隐私政策""隐私声明""个人信息保护指引"等仅构成信息处理者的单方声明或自律规则，不具备合同效力；另一种观点认为其构成信息处理者与信息主体之间的合同。

单方声明或自律规则的理论主要来自欧美实践。在隐私政策产生的美国，隐私政策多被视为企业的一种单方声明、自律规则，这与美国法的隐私保护模式有重要关系。美国法上并不直接使用个人信息概念，主要由相关隐私保护的法律体系实现对个人信息的保护。美国的立法模式是"自由市场+行业强监管"为主，在联邦层面没有制定统一的数据保护基本法典，而是采取了分行业式的分散立法模式，如在健康医疗数据、金融数据、儿童数据、消费数据、政府数据、教育数据及就业者数据等领域分别制定专门的数据保护立法，进行分类

---

① 王叶刚：《论网络隐私政策的效力——以个人信息保护为中心》，载《比较法研究》2020年第1期。

立法，实施分类监管。① 有学者评价，美国法主要通过"零售式"分散立法的模式，对特定行业和领域内个人信息提供保护。② 在这样的立法模式下，难免出现空白或冲突，因此，在立法空白领域，企业自律、行业自律成为企业增强市场竞争力的重要方式，企业自主制定隐私政策就是重要的表现方式之一。企业通过隐私政策公示其对用户个人信息及隐私的处理目的、方式、范围等，经用户选择获得处理信息的合法性。相应地，按照《美国联邦贸易委员会法》的规定，企业应当受其对数据隐私政策和数据安全承诺的约束，联盟贸易委员会可以进行执法或提起诉讼。然而，个人以合同为基础向企业提起诉讼可能面临多重障碍：一是因为隐私政策过于冗长和复杂导致其缺乏美国合同法上的"合理信赖"条件而不能认定为合同；二是用户通常难以证明其遭受到了实际的损害。

在欧洲，对个人信息的保护基于对基本人权和人格尊严的保护。从"108 公约"③到"95 指令"④再到 GDPR⑤，欧盟一直致力于建立"指导性标准+强制性法律规范"的双重数据规范体系和"企业自我规制+政府规制"的双重数据治理体系。⑥ 在这种体系下，强调以公法的手段对信息处理者遵守法律规范及自主制定的隐私处理政策的情况予以监管及执法。例如，GDPR 要求欧盟各国建立独立的数据监管机构，赋予该机构一系列执法权，构筑信息主体向监管机构投诉及处理

---

① 何渊主编：《数据法学》，北京大学出版社 2020 年版，第 63 页。

② 张新宝：《从隐私到个人信息：利益再衡量的理论与制度安排》，载《中国法学》2015 年第 3 期。

③ 1981 年欧洲委员会通过的《关于个人数据自动化处理中的个人保护公约》，2012 年修订为《个人数据处理中的个人保护公约》。

④ 1995 年欧洲议会和欧盟理事会通过的《有关个人数据处理中的个人保护和所涉数据自由流动的第 95/46/EC 号指令》。

⑤ 2016 年欧洲议会和欧盟理事会通过的《通用数据保护条例》。

⑥ 高富平主编：《个人数据保护和利用国际规则：源流与趋势》，法律出版社 2016 年版，第 123~124 页。

的制度体系等。

因此，对隐私政策性质的确定，应该充分考虑立法模式、制度产生背景以及制度具体内容。从立法上看，我国法律对个人信息的保护可以说是公法和私法并重的模式。一方面，以《个人信息保护法》《网络安全法》为基础的保护个人信息及网络安全的法律，均是综合性立法，与其他行政法规、部门规章等共同构成对个人信息的公法保护体系，信息处理者在制定隐私政策时应当落实相关要求。另一方面，《民法典》已经将个人信息作为民事权益予以保护，那么个人信息处理者对个人信息处理的政策、声明、指引等，如符合合同的构成要件，应视为个人信息保护的合同，这与公法上的保护互不矛盾、相辅相成。

具体到信息处理者对隐私政策的公示、告知或获得同意的方式来看，可能存在差异。有的情况下，用户在与信息处理者订立服务协议时，信息处理者会以默认勾选、弹窗提示、单独链接展示等形式，要求用户同意隐私政策，否则无法获得网络服务；或将隐私政策纳入服务协议，载明"视为同意隐私政策"。此种情况下，隐私政策应视为合同。[①] 有的情况下，信息处理者只是告知用户"有关个人信息的相关问题请详见《用户隐私政策》，请您阅读并充分理解……"，但是并没有要求用户同意，或是用户仅需要点击"我已阅读"或"我已了解"，仅能视为满足了法律规定的公示要求，不符合订立合同的"要约—承诺"条件，该种隐私政策并不能视为合同。当然，《网络安全法》《民法典》都已经明确了信息处理者处理个人信息应该经过自然人同意，《个人信息保护法》第14条、第17条分别对个人信息处理者获得个人同意的标准、向个人告知的方式和内容等进行了更进一步的规定，特别对于敏感个人信息以及特殊处理方式等的告知同意作出

---

① 此处暂不论获得同意的方式是否符合法律规定而可能不发生效力、无效，仅从形式要件来判断。

了更严格的规定，信息处理者若想通过个人同意隐私政策而获得处理个人信息的合法授权必须符合法律规定；对于隐私政策不符合合同要件的，处理个人信息也需要符合"告知—同意"的要求。由于人脸信息作为生物识别信息属于个人敏感信息，按照《个人信息保护法》的要求，无论隐私政策是否符合合同形式，隐私政策中是否包含人脸信息的处理规则，均不得以概括授权的方式获得用户同意，而应符合单独授权的要求。

（三）个人信息保护的合同法请求权基础

若自然人与个人信息处理者订立了包括人脸信息处理的个人信息处理合同，信息处理者违反合同约定的，自然人可根据《民法典》合同编第八章的规定主张信息处理者承担违约责任。

《个人信息保护法》《民法典》等法律法规，以及本解释已经对信息处理者的法定义务、构成侵权的情形作了较为严格的规定，信息处理者应该严格按照规定订立合同。同时，随着全社会个人信息保护意识不断提升，信息技术高速发展，市场竞争日趋激烈，信息处理者出于为用户提供更好的服务、在市场竞争中取得优势地位等考虑，也可能制定高于法律标准的个人信息保护合同。此外，由于信息处理的场景丰富，法律无法对具体的信息处理方式进行穷尽的规范，不同信息处理者可能在具体服务过程中制定更细致的具体规则。因此，自然人依据双方约定来主张违约责任，也有利于对自然人的个人信息权利进行更周延的保护。

个人信息处理者的违约行为种类包括超出合同约定的目的、范围、方式、时间等处理人脸信息，未按照约定采取安全措施造成人脸信息泄露等损害，未依约保障自然人的知情、决定、查阅、复制、更正、删除、可携带等权利。个人信息处理者承担责任的方式主要包括继续履行、采取补救措施或者赔偿损失等。继续履行主要针对信息处理者未按照约定履行积极行为义务，如未对个人信息采取必要安全措施的，应按照约定采取等。采取补救措施主要针对信息处理者不当处理信息的情形，如对不准确、不完整信息的更正、补充，对不当公开或泄露的个人信息予以删除等。虽然目前个人信息合同中鲜有对个人信息处理违约金进行约定的情形，但如确有约定的，守约方可以主张违约方按照约定承担违约金。如果没有约定违约金，但信息处理者违反约定给自然人造成损害的，自然人可以主张赔偿损失。

需要注意的是，由于个人信息属于人格权范畴，特别是人脸信息属于敏感个人信息，人脸信息受到侵害，自然人遭受严重精神损害的可能较大。《民法典》第996条规定，因当事人一方的违约行为，损害对方人格权并造成严重精神损害，受损害方选择请求其承担违约责任的，不影响受损害方请求精神损害赔偿。因此，实践中要注意关注违约处理人脸信息造成精神损害的情形。

二、自然人对于其人脸信息的删除权

（一）删除权的起源与实践

删除权与被遗忘权有着密切联系。1995年欧洲议会和欧盟理事会通过的《有关个人数据处理中的个人保护和所涉数据自由流动的第95/46/EC号指令》（以下简称《指令》）第12条规定了数据主体的"访问权"，其中规定，对不符合指令规定的数据处理，尤其是数据出现不准确或不完整时，每个数据主体都有权要求从数据控制人处得到适当的修改、删除或者屏蔽。

1998年，西班牙《先锋报》刊载了一篇原告冈萨雷斯因拖欠社保债务而被拍卖房屋的公告。2010年原告向西班牙谷歌公司提出申请，要求删除搜索结果中与该公告有关的链接，遭到拒绝。原告称鉴于拍卖程序早已在多年前完结，目前这一搜索结果与搜索信息是完全不相关的。基于《指令》第12条规定的"删除权"，他要求使其个人信息不再出现于搜索结果中。2014年欧盟法院最终支持了原告的请求，要求谷歌公司删除涉及原告的过时的、无关紧要的因债务危机而拍卖房产信息的链接，确认了信息主体要求搜索服务提供者移除个人信息的权利。①本案被公认为欧洲"被遗忘权第一案",也引起了广泛的争论。

在GDPR制定与出台的过程中,对删除权、被遗忘权的表述不断发生变化,最终表述为"删除权(被遗忘权)",具体规定为:"1.数据主体有权要求控制者及时删除其个人数据。符合下列情形之一的,数据控制者应当及时删除数据主体个人数据:(a)个人数据对于实现其被收集或处理的目的而言不再必要;(b)个人数据处理是依据本条例第6条第1款(a)项或第9条第2款(a)项进行,②并且不存在其他数据处理的合法性依据,数据主体撤回其对数据处理的同意;(c)数据主体依据本条例第21条第1款的规定反对数据处理,且不存在进行数据处理的更重要的正当理由;或者数据主体依照本条例第21条第2款反对数据处理;③(d)个人数据处理为非法处理;(e)根据欧盟或成员国法律规定的法定义务,个人数据需要被删除;(f)个人数据是为提供本条例第8条第1款所述社会服务而收集。④2.数据控制者已将个人数据公开,但根据本条第1款的规定数据控制者负有删除义务的,应当在考虑现有技术和实施成本后,采取合理步骤,向正在处理个人数据相关的链接、副本或复制件的其他数据控制者,告知数据主体的删除请求。"⑤

对于删除权与被遗忘权的关系,理论上存在不同看法。特别是被遗忘权在域外亦存在一定的争议。支持者认为,最早来源于当事人可隐去自己犯罪记录的被遗忘权对于个体和社会有着重要作用,是个人

---

① 薛杉:《被遗忘权制度的借鉴与司法探索——以中欧被遗忘权首案为视角》,载《法律适用》2020年第8期。

② 该条款主要是数据处理者基于数据主体同意而处理数据的规定。

③ 该条款主要是关于数据主体对用户画像的反对权。

④ 该条款是有关未处理未成年人数据的规定。

⑤ 欧盟GDPR第17条,译文参考张新宝、葛鑫:《个人信息保护法(专家建议稿)及立法理由书》,中国人民大学出版社2021年版,第135~136页。

信息控制权的具体体现。反对者认为，被遗忘权违背了言论自由原则，会剥夺公众知情权，过分增加企业负担，且事实上难以实现。现有条件下，只有欧盟和其他少数国家和地区承认了被遗忘权。①

（二）我国删除权的立法及司法实践情况

我国理论界对于删除权与被遗忘权的争论也一直存在。有学者对二者的区别表述为，删除权确立于互联网发展初期，旨在保证个人信息储存与占有符合法定要求，因此主要的义务内容为删除。被遗忘权旨在解决互联网2.0时代，轻易就可以在线访问与获取长期海量累积的个人信息问题，因此主要义务应是通过多种方式确保公众获取个人信息便利性降低，如令其访问受限、移除索引、匿名化、删除等。②从这个角度看，删除权与被遗忘权存在一定的重合交叉。从我国的立法和司法实践来看，并没有完全承认欧洲的被遗忘权，但在具体法律适用上，被收集的个人信息在一定程度可以达到"被遗忘"的效果，但明确限定了条件。

《侵权责任法》（已废止）第36条第2款规定："网络用户利用网络服务实施侵权行为的，被侵权人有权通知网络服务提供者采取删除、屏蔽、断开连接等必要措施……"《全国人民代表大会常务委员会关于加强网络信息保护的决定》第8条规定，公民发现泄露个人身份、散布个人隐私等侵害其合法权益的网络信息，有权要求网络服务提供者删除有关信息。这已经赋予了信息主体要求删除信息的权利，但这并不同于GDPR所规定的删除权，该规定是侵权人承担侵权责任的一种方式，并非信息主体固有的权利。

2012年，国家质量监督检验检疫总局、国家标准化管理委员会发布的《信息安全技术 公共及商用服务信息系统个人信息保护指南》

---

① 丁晓东：《个人信息保护：原理与实践》，法律出版社2021年版，第124~128页。
② 薛杉：《被遗忘权制度的借鉴与司法探索——以中欧被遗忘权首案为视角》，载《法律适用》2020年第8期。

第5.5.1规定了"个人信息主体有正当理由要求删除其个人信息时，及时删除其个人信息……"，这给予了信息主体较为宽泛的要求删除的权利。但该指南不具有强制实施的效力。2017年发布的《信息安全技术 个人信息安全规范》是个人信息保护领域的重要标准，其在第8.3条对个人信息删除的条件作出了规定，包括个人信息控制者违反法律规定及约定收集、使用个人信息，向第三方共享、转让个人信息，公开披露个人信息等。

2017年《网络安全法》第43条规定："个人发现网络运营者违反法律、行政法规的规定或者双方的约定收集、使用其个人信息的，有权要求网络运营者删除其个人信息；发现网络运营者收集、存储的其个人信息有错误的，有权要求网络运营者予以更正。网络运营者应当采取措施予以删除或者更正。"

《民法典》第1037条规定："自然人可以依法向信息处理者查阅或者复制其个人信息；发现信息有错误的，有权提出异议并请求及时采取更正等必要措施。自然人发现信息处理者违反法律、行政法规的规定或者双方的约定处理其个人信息的，有权请求信息处理者及时删除。"上述立法将信息主体行使个人信息删除权的条件设定为违反法律规定或约定。

《个人信息保护法》一定程度上借鉴了GDPR的规定，对于信息主体的删除权有了新的发展，其第47条规定："有下列情形之一的，个人信息处理者应当主动删除个人信息；个人信息处理者未删除的，个人有权请求删除：（一）处理目的已实现、无法实现或者为实现处理目的不再必要；（二）个人信息处理者停止提供产品或者服务，或者保存期限已届满；（三）个人撤回同意；（四）个人信息处理者违反法律、行政法规或者违反约定处理个人信息；（五）法律、行政法规规定的其他情形。法律、行政法规规定的保存期限未届满，或者删除个人信息从技术上难以实现的，个人信息处理者应当停止除存储和采取必要的安全保护措施之外的处理。"上述规定进一步强化了信息的删除权，有利于对信息主体权利的更好保护。

从司法实践上来看，我国法院对于被遗忘权或删除权的司法态度，也为完善规范、推进准确适用法律起到了重要作用。如被公认为"被遗忘权第一案"的任某某诉百度公司一案中，二审法院在判决中没有承认被遗忘权是我国法律承认的法定权利，但也没有就此直接驳回原告诉讼请求，而是充分论证了原告的请求缺乏正当性和必要性，进而驳回原告诉讼请求。①

在2019年孙某某诉百度公司一案中，孙某某认为百度搜索引擎未经允许收录并置顶了其在校友录网站上传的个人账户头像，而孙某某在通知百度删除后未获任何回复。百度公司认为涉案照片存储于可正常浏览的第三方网页，百度公司通过搜索功能实施了正常合法的抓取行为。法院经审理认为，校友录网站主要用于实现校内社群社交功能，百度公司的搜索行为使得涉案信息可被全网不特定用户检索获取，客观上导致该信息超出孙某某授权范围之外被公开，超出原告同意的合理范围，属于未经同意处理个人信息的行为。同时百度公司作为网络服务提供者，在收到删除通知后未对涉案信息予以删除，应承担侵权责任。②该案系在《网络安全法》实施后，《民法典》颁布后实施前，通过适用"告知—同意"规则，保护信息主体删除个人信息的权利的案件。

综上，信息主体的删除权是基于个人信息权益的一项法定权利，信息主体行使删除权不以信息主体与信息处理者是否就删除权进行约定为前提。只要信息处理者违反约定处理个人信息的，信息主体即有权要求其删除个人信息。当然，若信息处理者同时存在《个人信息保护法》规定的其他应当删除个人信息的情形，信息处理者亦应删除个人信息。

---

① 参见北京市第一中级人民法院（2015）一中民终字第09558号民事判决书。
② 参见北京互联网法院（2019）京0491民初10989号民事判决书。

【审判实践中应注意的问题】

一、侵权责任与违约责任竞合的处理

《民法典》第 186 条就违约责任和侵权责任竞合的处理进行了规范。在信息主体与信息处理者就个人信息处理存在合同约定的前提下，信息主体认为其受到损害的，可以选择按照侵权责任或违约责任提起诉讼。审判实践中，原告如提起侵权之诉，则适用人格权中的三级案由隐私权、个人信息保护纠纷或其项下的两个四级案由；原告如提起违约之诉，则适用案由可能涉及各类合同，但应以其中的个人信息处理条款为核心。

违约责任与侵权责任主要区别在于：一是两者违反的义务不同，侵权责任所违反的是法定义务，违约责任主要违反约定义务。二是两者保护范围不同，侵权责任保护法定权利，违约责任有一定相对性，仅保护当事人债权。三是责任后果和承担方式不同。四是归责原则不同和举证证明责任分配不同。

但是正如前所述，个人信息保护法律体系有着显著的公法和私法并重的特点，法律规范为个人信息处理者设定了诸多的法定义务，一般来讲，以合同方式与个人约定个人信息处理事项的信息处理者，应当将法定义务纳入合同条款中。因此，无论是侵权之诉还是违约之诉，个人信息处理者是否履行法定义务都是审查的重点。在实践中，合同之诉中的当事人往往还会就信息处理者制定的格式条款提出确认无效的诉讼请求，则人民法院还要按照《民法典》中关于格式条款的规范予以审查。

关于违约金的问题。一般来说，合同主要保护当事人的财产权，故通常包括违约金的相关约定。由于互联网产业的发展过程有着突出的"免费+共享"特点，因此约定违约金的情形较为鲜见。但需要注意的是，在一些包含了个人信息条款的其他财产性合同中，通常会有

违约金的约定，如买卖、承揽、教育培训、劳务类合同中通常包含对提供劳务方个人信息保护及违约金的约定。当事人主张违约金的，要合理确定违约金的数额。若当事人针对个人信息保护的违约约定了违约金或计算方法，可以适用相关约定；若违约金针对的是合同主要义务不履行的情形，或未作明确约定的，要结合个人信息违约行为给当事人造成的损失，适当行使释明权，确认当事人是否按照《民法典》第585条第2款的规定请求增加或减少。

无论是个人信息相关的侵权之诉还是违约之诉，赔偿损失都是信息处理者重要的责任承担方式。本解释第8条已经对侵权之诉的财产损失进行了规定。在合同之诉中，可以依照《民法典》第584条的规定，损失赔偿额应当相当于因违约所造成的损失，包括合同履行后可以获得的利益；但是，不得超过违约一方订立合同时预见到或者应当预见到的因违约可能造成的损失。这里需要注意的是，需要准确认定合同不能履行的原因，如果针对人脸信息处理的违约行为并不导致合同不能履行，则不应适用可得利益条款。

关于归责原则和举证责任的问题。侵权之诉一般适用过错责任原则，违约之诉适用严格责任原则，即信息处理者只要违反约定即承担违约责任，不问其是否存在过错。具体到举证证明责任上，则个人信息处理者需要对其履行了合同义务承担举证证明责任。需要注意的是，《个人信息保护法》第69条规定："处理个人信息侵害个人信息权益造成损害，个人信息处理者不能证明自己没有过错的，应当承担损害赔偿等侵权责任。"这事实上已经确定了个人信息保护侵权案件过错推定的归责原则，其生效后要在审判实践中予以贯彻。其中，过错所指向的作为或不作为，主要也是指是否履行国家规定或约定的个人信息处理规则。本解释第6条关于举证责任的规定，实际上也明确了信息处理者如主张其处理个人信息符合法律规定的，应对此承担举证责任。因此，在个人信息类案件中，无论是违约纠纷还是侵权责任纠纷，都应由信息处理者就其处理行为符合法律规定或约定承担举证证明责任。

二、删除权行使的程序

本条主要规范的是在违约之诉中,当事人可以主张删除其人脸信息的情形。对于信息主体对其个人信息查阅、复制、更正、删除等权利的主张程序,一直存在争议。部分观点认为如果赋予信息主体直接诉讼的权利,将会导致大量诉讼涌入法院。《民法典》中对此没有明确,《个人信息保护法》第47条规定了信息处理者应该主动删除符合删除条件的信息;信息处理者未删除的,个人有权请求删除,对是否以向信息处理者主张删除或其他程序作为诉讼前置条件仍未明确,还有待理论进一步研究和实践中进一步总结经验。本解释中,赋予了在合同纠纷中当事人同时主张删除人脸信息的权利,是考虑到当事人已经提起违约之诉,诉讼请求通常包含着删除请求,从便利当事人权利实现的角度,是可行的。

【相关条文】

1.《中华人民共和国民法典》(2020年5月28日)第一百八十六条、合同编第八章、第一千零三十七条

2.《中华人民共和国个人信息保护法》(2021年8月20日)第十四条、第十七条、第四十七条、第六十九条

3.《中华人民共和国网络安全法》(2016年11月7日)第四十一条

4.《全国人民代表大会常务委员会关于加强网络信息保护的决定》(2012年12月28日)第二条、第八条

> **第十三条** 基于同一信息处理者处理人脸信息侵害自然人人格权益发生的纠纷，多个受害人分别向同一人民法院起诉的，经当事人同意，人民法院可以合并审理。

【条文主旨】

本条是关于多数人诉讼可以采用共同诉讼方式的规定。

【条文理解】

针对人脸识别技术可能带来的多数人诉讼，为了提高诉讼效率、节约诉讼成本，对于当事人一方或双方为二人以上，诉讼标的属于同一种类，依据《民事诉讼法》《民事诉讼法司法解释》现有规定，对共同诉讼予以适用和引导，旨在应对本解释出台后相关纠纷案件数量上升等问题。10人以上共同诉讼成员诉讼权利的实现，可由2~5名代表人进行。对于诉讼程序本解释没有规定的，适用《民事诉讼法》及其司法解释的相关规定。

一、共同诉讼的概念和分类

共同诉讼是当事人一方或双方为二人以上，其诉讼标的是共同的或者是同一种类的诉讼。《民事诉讼法》第52条第1款规定："当事人一方或者双方为二人以上，其诉讼标的是共同的，或者诉讼标的是同一种类、人民法院认为可以合并审理并经当事人同意的，为共同诉讼。"

共同诉讼属于诉的主体合并，即当事人的合并，是我国《民事诉讼法》中一个重要的诉讼制度，分为普通共同诉讼和必要共同诉讼两类。通过这个制度，人民法院可以一并解决涉及多数当事人的纠纷，从而简化诉讼程序，节省司法成本，避免发生类案不同判现象。本条文规定的是适用普通共同诉讼方式。

二、共同诉讼的价值导向

（一）提高诉讼效率，节约诉讼成本

多个原告因同一信息处理者适用人脸识别技术侵害其人格权益而对相同被告提起民事诉讼，如果根据原告的单独起诉，人民法院采用单独诉讼方式审理和执行，诉讼效率无疑将大大降低。从原告角度分析，由于众多原告单独诉讼，将会形成"马拉松式诉讼"，审理时限延长；从被告角度分析，因同一事实被告要出庭多次，针对不同的原告以几乎相同的内容答辩多次，再被执行多次；对于人民法院现有的审判力量而言，也是效率低下的重复劳动，占用司法资源；从经济学角度讲，效率与成本成反比关系，效率低下必然加大诉讼成本。如果采用共同诉讼合并审理，将会最大限度地提高诉讼效率，节约维权成本，对各方都是有利的。

（二）适应权益保障需要，并与《民法典》制度协调

群体性纠纷涉及信息技术、网络安全等实体法领域的众多受害者，单个权利人面对现代高新技术的企业或行业提起诉讼，在诉讼能力和经济能力方面都无力与之抗衡。为改变这种力量失衡状况，《民法典》等法律、法规均加强了对有关行业或企业的规范，《民法典》在吸收原《民法总则》将个人信息受法律保护作为民事权利的重要内容予以规定的基础上，又在人格权编用了6个条文（第1034~1039条）对个人信息保护作了规定，为个人信息保护提供了法律依据，赋予权利人更切实的权利。与之相适应，《民事诉讼法》及其司法解释规定的共同诉讼方式，适应随着市场经济发展而出现的多数人诉讼的

需要，进而为维护人脸识别信息所涉及的民事权益保障提供了诉讼手段。

（三）充分保障权利的救济，有效化解纠纷

在共同诉讼中，《民事诉讼法》及《民事诉讼法司法解释》对相关的诉讼程序作了详细的规定，充分保障了各方当事人在各个诉讼阶段的诉讼权益，使众多的原告通过一个诉讼可以谋求自身利益的充分实现，更具专业优势、信息优势和整合资源的能力，可以缓解单独诉讼举证难的问题，丰富和完善公民维护自身权益的途径，更有效地化解群体性纠纷。

三、适用共同诉讼应注意的问题

在涉及人脸信息纠纷的民事侵权案件中，同一侵权行为对不特定的众多主体造成侵害，权利人往往因同一原因和同一侵权行为，分别对一个或者两个以上的被告提起诉讼，其诉讼标的为同一种类的，人民法院认为可以合并审理并经当事人同意的，可以采用普通共同诉讼。例如，众多的权利人分别对一个或者多个信息处理者提起的诉讼。因此权利人完全可以以同一种类标的进行共同诉讼。在审判实践中，注意厘清以下基本问题：

（一）独立性

本条规定的普通共同诉讼，本质上是一种可分之诉，共同诉讼的一方当事人对诉讼标的没有共同的权利义务，只是因为他们的诉讼标的属于同一种类，人民法院为审理方便，提高效率，才将他们作为共同诉讼审理。

在普通共同诉讼人之间，由于没有共同的权利或义务关系，既可以作为共同诉讼合并审理，也可以作为各自独立的诉讼分别审理；即使合并审理，也要分别作出确认各自民事权利、义务的判决。共同诉讼人的诉讼权利和义务与独立进行诉讼时完全相同。因此，各共同诉讼人具有独立的诉讼地位，其特点为：其一，各共同诉讼人进行诉讼不受其他共同诉讼人的牵制，可以独自在诉讼中自认、撤诉、和解、上诉；其中一人自认的效力不及于其他共同诉讼人。其二，共同诉讼的对方当事人，对于各共同诉讼人可以采取不同的甚至对立的诉讼行为。如与一共同诉讼人和解，拒绝与另一共同诉讼人和解；承认一共同诉讼人的诉讼请求，而反驳另一共同诉讼人性质相同的诉讼请求。其三，各共同诉讼人可以分别委托诉讼代理人。其四，对各共同诉讼人是否具备适格要件，应分别审查，其中一人缺乏适格要件，只能对其中一人之诉不予受理，不影响其他共同诉讼人。其五，法院在诉讼进行中发现合并辩论不符合经济原则时，可以将诉讼分开。其六，因共同诉讼人一人发生的诉讼中止、终结事由，不影响其他共同诉讼人继续诉讼。①

由于人脸信息的处理链条较长，往往涉及多个信息处理者，如果权利人以不同的被告提起侵权之诉，可分离出另一个共同诉讼；如果侵权行为人存在两个或以上的侵权行为，如信息处理者使用人脸识别技术侵害了权利人人格权之外，还侵犯了其他的合法权益，则权利人可以对不同侵权行为，分别以共同诉讼方式提起侵权之诉。

（二）牵连性

共同诉讼人之间应适用独立原则，如对此原则不加限制，势必导致共同诉讼人的诉讼行为互相孤立，共同诉讼追求的经济目标就难以实现。共同诉讼人的独立性应以其具有牵连性为前提，表现在两个方面：共同诉讼人中一人提出的主张，如果对其他共同诉讼人有利，而其他共同诉讼人又不反对的，其效力及于其他人，即主张共通原则。共同诉讼中一人所提出的证据，可以作为对其他共同诉讼人所主张的事实进行认定的证据，即证据共通原则。②

---

① 江伟主编：《民事诉讼法》，中国人民大学出版社 2000 年版，第 125~126 页。
② 江伟主编：《民事诉讼法》，中国人民大学出版社 2000 年版，第 126 页。

（三）适用必要共同诉讼的情况

必要共同诉讼，是指当事人一方或者双方为二人以上，其诉讼标的相同的诉讼。必要共同诉讼人具有共同的权利或义务，因而是不可分之诉，人民法院必须合并审理和判决。

在涉及人脸信息纠纷的民事侵权案件中，本解释没有特别规定必要共同诉讼方式，但此类诉讼并不排除适用必要共同诉讼。当一个权利人对两个以上的共同被告提起诉讼时，应当采用必要共同诉讼方式。必要共同诉讼的优点，是可以使利害关系人在同时享有单独起诉和共同起诉权利的情况下，根据自己的意愿行使诉权。

四、共同诉讼可采用代表人诉讼方式

针对同一信息处理者使用人脸识别技术侵害人格权益行为，提起诉讼的原告一方人数众多时，让所有的当事人参加诉讼不仅极为不便，也会给法院的传唤、审理、开庭带来困难，在人数不确定的情况下更是如此。因此，由多数当事人选定代表人进行诉讼非常必要。

（一）代表人诉讼的概念和类型

代表人诉讼，是指一方或双方当事人人数众多时，由多数人推选出代表人代表本方全体当事人进行诉讼，维护本方全体当事人的利益，代表人所为诉讼行为对本方全体当事人发生效力的诉讼制度，属于群体性诉讼的一种形式。该制度由《民事诉讼法》第53条、第54条明确规定，不同于美国的集团诉讼制度。

代表人诉讼分两类：一类是起诉时当事人人数可以确定的代表人诉讼，称为"起诉时当事人人数确定的代表人诉讼"；另一类是起诉时当事人人数不能确定，需要法院受理案件后公告告知多数人一方进行登记并选定代表人进行诉讼，称为"起诉时当事人人数尚未确定的代表人诉讼"。

在起诉时当事人人数确定的代表人诉讼，应当在起诉前明确推选出获得特别授权的代表人，并在起诉书中就代表人的推选情况作出专项说明。推选不出代表人的,在普通共同诉讼中可以另行起诉;在必要共同诉讼中可以自己参加诉讼。该程序由《民事诉讼法司法解释》第 76 条明确规定。

在起诉时当事人人数尚未确定的代表人诉讼,由当事人推选代表人,当事人推选不出的,可以由人民法院提出人选与当事人协商;协商不成的,也可以由人民法院在起诉的当事人中指定代表人。即原告推选 + 法院商定 + 法院指定。《民事诉讼法司法解释》第 77 条对此有相应规定。

(二)代表人诉讼的价值导向

1. 关于采用代表人诉讼的必要性

当多数人权益受到侵害,让所有权利人一起出庭应诉势必造成审理的不方便和诉讼时间的冗长。为解决这一问题,简化诉讼程序,节省时间和人力,《民事诉讼法》第 53 条和第 54 条对涉及多数人利益的诉讼分为人数众多且确定的共同诉讼和人数不确定的涉及多数人权益的共同诉讼,并就其各自采用代表人诉讼程序作出明确规定。

从世界范围看,各国民事诉讼法大多根据本国情况,设有相应的解决群体性纠纷的诉讼模式,如美国的集团诉讼。1991 年,我国《民事诉讼法》借鉴了英、美、日、德成熟经验,正式确立了代表人诉讼制度。[①] 代表人诉讼制度同样适用于使用人脸信息识别技术处理个人信息引发的共同诉讼。

2. 诉讼代表人享有的是程序权利而非实体权利

我国《民事诉讼法》第 54 条第 3 款规定:"代表人的诉讼行为对其所代表的当事人发生效力,但代表人变更、放弃诉讼请求或者承认对方当事人的诉讼请求,进行和解,必须经被代表的当事人同意。"

根据此条规定我们可以很明显地知道,《民事诉讼法》赋予诉讼

---

① 汤欣、陈一新:《投资者保护机构和〈证券法〉下的普通代表人诉讼》,载《证券法苑》2020 年第 3 期。

代表人享有的只是一般的、不涉及被代表的当事人实体权利的程序权利，而无独立的实体上的处分权，即代表人的诉讼行为对其所代表的当事人发生法律效力，但代表人处分被代表人的实体权利时要经过被代表人的特别授权，即"明示特别授权规则"。这种对诉讼代表人的限制是基于诉讼代表人在诉讼中扮演的双重角色而定的：一方面，诉讼代表人与案件有利害关系，是本案的当事人之一，故其应当享有当事人的一切诉讼权利；另一方面，他又代表着人数众多的当事人，成为维护一方利益的代表人，所以其行为必须符合被代表当事人的整体利益。这种对代表人实体权利的限制从保障全体当事人的权利来说是必要的。

（三）涉及代表人诉讼的主要问题

1. 代表人诉讼应具备的法定条件

《民事诉讼法司法解释》第75条规定："依照民事诉讼法第五十三条、第五十四条和第一百九十九条规定的人数众多，一般指十人以上。"对于原告一方人数10人以上，起诉符合《民事诉讼法》第119条的规定和共同诉讼的条件；起诉书中确定2~5名拟任代表人且具备代表人条件；原告提交存在侵权事实的初步证据。不符合前述条件的，人民法院应当适用非代表人诉讼程序进行审理。包括单独诉讼或者共同诉讼形式。立案部门应当根据案件情况选择适当的审理程序，切实提高审判效率。

2. 权利登记公告应当具备的主要内容

人民法院应当在权利人范围确定后的合理期限内发出权利登记公告，通知相关权利人在指定期间登记。权利登记公告一般应包括以下内容：一是案件情况和诉讼请求；二是被告的基本情况；三是权利人范围及登记期间；四是起诉书中确定的拟任代表人人选姓名及其联系方式等基本信息；五是自愿担任代表人的权利人，向人民法院提交书面申请和相关材料的期限；六是人民法院认为必要的其他事项。

3. 与登记有关的程序规则

《民事诉讼法司法解释》第 80 条规定："根据民事诉讼法第五十四条规定向人民法院登记的权利人，应当证明其与对方当事人的法律关系和所受到的损害。证明不了的，不予登记，权利人可以另行起诉。人民法院的裁判在登记的范围内执行。未参加登记的权利人提起诉讼，人民法院认定其请求成立的，裁定适用人民法院已作出的判决、裁定。"依据上述规定，权利人应在公告确定的登记期间向人民法院登记。未按期登记的，可在一审开庭前向人民法院申请补充登记，补充登记前已经完成的诉讼程序对其发生效力。原告也可以自公告之日起合理期间内向人民法院申请撤回权利登记，并可以另行起诉。未参加登记的权利人提起诉讼，且主张的事实和理由与代表人诉讼生效判决、裁定所认定的案件基本事实和法律适用相同的，人民法院审查具体诉讼请求后，依据《民事诉讼法》第 54 条第 4 款的规定，裁定适用已经生效的判决、裁定。

4. 代表人的确定

代表人选任机制关系到代表人诉讼制度的设计，应当力求高效、快捷，避免无人出任代表人的困境。例如，对起诉时人数确定的代表人诉讼，考虑到原告之间便于协商，应当在起诉前确定诉讼代表人；对于起诉时人数未确定的代表人诉讼，可以在起诉书中列明拟任人选或者选任条件，当后续登记的权利人无异议或者无人申请担任代表人时，人民法院可以直接指定该拟任的 2~5 人作为代表人。

一般认为，诉讼代表人应当具备如下条件：一是本案的当事人；二是具备一定的诉讼行为能力；三是自愿担任代表人或法院与参加登记的权利人商定产生；四是能忠实、勤勉地履行维护全体原告利益的职责。

5. 代表人诉讼与单独诉讼并存时的处理原则

除代表人诉讼案件外，人民法院还受理其他基于同一人脸识别技术侵权事实发生的非代表人诉讼案件的，原则上代表人诉讼案件先行审理，非代表人诉讼案件中止审理。但非代表人诉讼案件具有典型性且先行审理有利于及时解决纠纷的除外。

【审判实践中应注意的问题】

第一，在涉及人脸信息领域，许多侵权行为是一对一产生的，这时权利人要寻求救济，必然首先以提起单独诉讼的方式进行，法院应当及时立案。一旦大量权利人就同一侵权行为针对相同被告提起民事诉讼时，就应当征得当事人同意后采用共同诉讼方式立案和审理。

第二，代表人与被告就人脸识别技术侵害人格权益纠纷达成调解协议草案的，应当向人民法院提交制作调解书的申请书及调解协议草案。人民法院经初步审查，认为调解协议草案不存在违反法律、行政法规的强制性规定，违背公序良俗以及损害第三人合法权益等情形的，应当自收到申请书后合理期间内向全体原告发出通知，包括调解协议草案，代表人请求人民法院制作调解书的申请书，对调解协议草案发表意见的权利以及方式、程序和期限，人民法院认为需要通知的其他事项。

对调解协议草案有异议的原告，有权以书面方式向人民法院提交异议的具体内容及理由。人民法院准备制作调解书的，应当通知提出异议的原告，告知其可以在收到通知后的合理期间内向人民法院提交退出调解的申请。未在上述期间内提交退出申请的原告，视为接受。申请退出的期间届满后，人民法院应当在合理期限内制作调解书。调解书经代表人和被告签收后，对被代表的原告发生效力。人民法院对申请退出原告的诉讼继续审理，并依法作出相应判决。

代表人诉讼调解结案的，人民法院可以对后续涉及同一侵权事实的案件引导当事人先行调解。

第三，关于撤诉的程序。代表人变更或者放弃诉讼请求、承认对方当事人诉讼请求、决定撤诉的，应当经被代表人同意，向人民法院提交书面申请，并通知全体原告。人民法院收到申请后，应当根据原告所提异议情况，依法裁定是否准许。对于代表人提交的书面申请，原告自收到通知之日起合理期间内未提出异议的，人民法院可以裁定准许。

第四，关于一审、二审判决的效力范围。上诉权是当事人一项基本的诉讼权利，一审判决送达后，享有特别授权的代表人决定放弃上诉的，应当在上诉期间届满前通知全体原告。逾期则一审判决在全体原告与被告之间生效。原告自收到通知之日起15日内上诉的，被告在上诉期间内未上诉的，一审判决在未上诉的原告与被告之间生效，二审裁判的效力不及于未上诉的原告。

一审判决送达后，享有特别授权的代表人决定上诉的，应当在上诉期间届满前通知全体原告。原告自收到通知之日起法定时日内决定放弃上诉的，应当通知一审法院。被告在上诉期间内未上诉的，一审判决在放弃上诉的原告与被告之间生效，二审裁判的效力不及于放弃上诉的原告。

第五，代表人申请撤销程序。代表人因丧失诉讼行为能力或者其他事由影响案件审理或者可能损害原告利益的，人民法院依原告申请，可以决定撤销代表人资格。代表人不足二人时，人民法院应当补充指定代表人。

第六，在司法实践中，"明示特别授权规则"要求代表人处分实体权利要逐一征求权利人明确同意，由此造成程序冗长。针对这一问题，《最高人民法院关于证券纠纷代表人诉讼若干问题的规定》突破了"明示特别授权规则"，采用"默示特别授权规则"，即权利登记公告以醒目的方式提示特别授权，代表人的诉讼权限包括代表原告参加开庭审理，变更、放弃诉讼请求或者承认对方当事人的诉讼请求，与被告达成调解协议，提起或者放弃上诉，申请执行，委托诉讼代理人等，参加登记视为对代表人进行特别授权。为防范特别授权被滥用的风险，该司法解释赋予权利人知情权、异议权、上诉权和退出权等制衡权利。为缓解代表人特别授权与权利人制衡权之间的张力和冲突，法院的监督、引导、调节、裁决职责应当予以充分施展，对特别授权下的实体权利内容，如代表人提出撤诉、放弃诉讼请求等，进行必要的实体审查，以维护全体权利人的合法权益不被减损。在人脸信息识别引发的侵权纠纷代表人诉讼中，是否参照适用"默示特别授权规则"，可以由全体权利人按照自己的意愿协商确定。协商不成的，依然采用"明示特别授权规则"。

【相关条文】

1.《中华人民共和国民事诉讼法》（2017年6月27日修正）第五十二条、第五十三条、第五十四条

2.《最高人民法院关于适用〈中华人民共和国民事诉讼法〉的解释》（2020年12月29日修正）第七十五条至第八十条

> **第十四条** 信息处理者处理人脸信息的行为符合民事诉讼法第五十五条、消费者权益保护法第四十七条或者其他法律关于民事公益诉讼的相关规定，法律规定的机关和有关组织提起民事公益诉讼的，人民法院应予受理。

【条文主旨】

本条是关于人脸信息保护民事公益诉讼的规定。

【条文理解】

本条规定旨在解决信息处理者处理人脸信息的行为侵害众多个人权益时能否通过公益诉讼制度实现权利救济和惩处侵权行为的问题。当前个人信息被滥用的情况较为严重，而且同一行为往往涉及不特定多数人，在利用人脸识别技术处理个人信息方面尤其典型。本解释第2条规定了侵害人脸信息行为的认定，列举8种情形，每种情形都可能出现多数个体的人脸信息被侵害的问题。其中又以第1项规定的情形最为典型。该项规定："在宾馆、商场、银行、车站、机场、体育场馆、娱乐场所等经营场所、公共场所违反法律、行政法规的规定使用人脸识别技术进行人脸验证、辨识或者分析。"在上述公共场所违法使用人脸识别技术进行人脸验证、辨识或者分析的，构成了对多数个体人脸信息的侵害。此时受害者虽然可以采取私益诉讼的方式获得救济，但是存在两大明显弊端：一是受害者个人维权成本高，举证能力有限。而且由于受害者分散，互相不认识，想要组织起来开展共同诉讼也十分困难、成本高昂；因此依照《民事诉讼法》第 53 条、第 54 条规定的多数人诉讼制度维权也不是最佳的制度设计。二是受害人通过私益诉讼单独维权会导致诉讼爆炸，法院不堪重负，且重复审理大量同质案件也使司法资源的利用效率十分低下。公益诉讼制度能够有效弥补这两大不足。此前，理论和实务界对于侵害个人信息能否纳入民事公益诉讼范围还存在不同认识。例如，最高人民法院在 2016 年制定《最高人民法院审理消费民事公益诉讼案件适用法律若干问题的解释》时，对于侵害众多消费者个人信息的情形应否纳入消费民事公益诉讼范围，因存在一定争议，未明确列举。但是近年来，随着侵害个人信息现象日益严重，不少地方也在积极探索个人信息公益诉讼，成效显著。例如，江苏省消保委诉北京百度网讯科技有限公司涉嫌违规获取消费者个人信息消费民事公益诉讼案、浙江省杭州市余杭区人民检察院诉某网络科技有限公司侵害公民个人信息民事公益诉讼案等。其中，江苏省消保委诉北京百度网讯科技有限公司涉嫌违规获取消费者个人信息消费民事公益诉讼案是全国首例针对个人信息安全提起的公益诉讼案件。2017 年 12 月 11 日，江苏省消保委就北京百度网讯科技有限公司涉嫌违规获取消费者个人信息且未及时回应的行为提起消费民事公益诉讼。2018 年 1 月 2 日，南京市中级人民法院正式立案。立案后，百度公司主动与江苏省消保委联系，前后多轮派员前来当面沟通，并就方案制定及软件优化升级改造情况进行汇报。2018 年 1 月 26 日，百度公司提交了正式升级改造方案，从取消不必要敏感权限、增设权限使用提示框、增设专门模块供权限选择、优化隐私政策等方面对软件进行升级，切实保障消费者信息安全。同年 2 月 8 日，新版 App 全部更新上线。经实测，上述问题已整改到位，鉴于百度公司相关行为展现出了一家互联网企业应有的责任，保障了消费者个人信息安全，江苏省消保委认为提起消费民事公益诉讼的目的已经达到，本着节约诉讼成本和司法资源的原则，江苏省消保委依法向南京市中级人民法院提交了《撤诉申请书》。2018 年 3 月 12 日，南京市中级人民法院裁定，准予江苏省消保委撤回起诉。从公益诉讼案件效果看，此类案件有力维护了公民个人信息安全，取得了良好社会效果。可以说，司法实务界在利用公益诉讼制度维护公民个人信息安全方面已经积累了一定的实践经验。人脸信息属于个人信息的一种，上述有关公民个人信息民事公益诉讼案件所取得的经验，也完全可以适用于人脸信息的保护。因此，在充分调研基础上，我们认为，结合当前司法实践和立法精神看，将侵害个人信息特别是人脸信息行为纳入民事公益诉讼范围，不仅能够及时回应群众期待，也有利于强化个人信息保护，具有积极意义。

准确理解本条的规范价值，还要把本条规定放到本解释的整体规则体系中取考量。本解释在起草过程中贯彻了对人脸信息的充分保护、全面保护的要求。因此在规则设置上，既有应当承担民事责任的规则，又有免责事由的规则；既有侵权责任的规则，又有违约责任的规则；既有实体方面的规则，又有程序方面的规则，从而构建出一个完整的人脸信息保护规则体系。本条与本解释第 13 条都是程序性的规则。具体来说，第 13 条解决的是多个受害人采取私益诉讼方式维权时的合并审理问题，本条解决的是法律规定的机关和有关组织能否提起公益诉讼的问题，从而使人脸信息的保护在诉讼程序上构建形成了私益诉讼、公益诉讼相互衔接配合的严密体系。

当然，在人脸信息保护问题上引入公益诉讼制度最大的价值不在于解决案件审理问题，而是在于震慑侵权行为。即通过明确有关机关和组织可以运用公益诉讼制度这一最有效方式来保护人脸信息，对潜在的侵权者可以起到极大的震慑作用。从个人信息公益诉讼的实践情况来看，往往不待法院作出实体判决，侵权人就摄于压力而主动采取措施消除侵权后果。前述江苏省消保委诉北京百度网讯科技有限公司涉嫌违规获取消费者个人信息消费民事公益诉讼案最终是以撤诉方式结案，而浙江省杭州市余杭区人民检察院诉某网络科技有限公司侵害公民个人信息民事公益诉讼案则是以调解方式结案。2020 年 6 月 23

日，余杭区人民检察院依法向杭州互联网法院提起民事公益诉讼，诉请被告某网络科技有限公司停止违法违规收集、储存、使用个人信息并公开赔礼道歉。同年9月9日，法院公开开庭审理本案。庭审中，公益诉讼起诉人出示案涉App违法违规收集个人信息的电子数据等证据，充分阐述社会公共利益受损的情况，被告同意履行检察机关提出的全部诉讼请求。双方当庭达成调解协议：被告立即删除违法违规收集、储存的全部用户个人信息1100万余条；在《法治日报》及案涉App首页公开赔礼道歉；承诺今后合法合规经营，若存在违反协议约定的行为，将自愿支付50万元违约金用于全国性个人信息保护公益基金的公益支出。这些实例都是在法律只有一般性规定、具体操作规则还不够明晰的情形下进行的实践探索，起到了很好的导向和震慑作用。由是观之，以司法解释规定的形式明确对侵害人脸信息的行为可以提起公益诉讼，导向更加明确、立场更加鲜明，对于遏制日益泛滥的利用人脸识别技术侵害个人信息的行为更加积极有效。

一、提起公益诉讼的法律依据问题

本条规定，信息处理者处理人脸信息的行为符合《民事诉讼法》第55条、《消费者权益保护法》第47条或者其他法律关于民事公益诉讼的相关规定时，才能适用公益诉讼制度。本解释出台时，《个人信息保护法》正在制定过程中，尚未颁布，人脸信息保护适用公益诉讼的主要法律依据是《民事诉讼法》第55条、《消费者权益保护法》第47条规定。《民事诉讼法》第55条第1款规定："对污染环境、侵害众多消费者合法权益等损害社会公共利益的行为，法律规定的机关和有关组织可以向人民法院提起诉讼。"《消费者权益保护法》第47条规定："对侵害众多消费者合法权益的行为，中国消费者协会以及在省、自治区、直辖市设立的消费者协会，可以向人民法院提起诉讼。"其中，依据《消费者权益保护法》适用公益诉讼时只能限于消费者保护领域，而侵害人脸信息的行为不限于消费领域，因此适用

《消费者权益保护法》提起公益诉讼的局限性较为明显。而依据《民事诉讼法》第 55 条第 1 款规定适用公益诉讼时则需要对该条的"等"字以及"损害社会公共利益"进行解释,以明确立法本义是否涵盖侵害人脸信息的行为,适用上会有一定难度。《民事诉讼法》第 55 条是对民事公益诉讼的总体性规定,但是有关各方对"等损害社会公共利益"是"等内等"还是"等外等"的认识还不完全一致。从立法本义来看,这里的"等"是"等外等",并非指公益诉讼只限于污染环境和侵害众多消费者合法权益的情形,而是希望以这两种情形作为公益诉讼的突破口,为将来的扩大适用留下空间。有关释义认为:"这样规定,既可突出对环境、消费者权益的保护,也有利于审时度势,根据实践情况的发展,逐步扩大公益诉讼的适用范围。"[①] 因此,本条的规定是完全符合《民事诉讼法》的精神的。考虑到当时《个人信息保护法》尚在制定中,且草案第 69 条规定"个人信息处理者违反本法规定处理个人信息,侵害众多个人的权益的,人民检察院、履行个人信息保护职责的部门和国家网信部门确定的组织可以依法向人民法院提起诉讼",本条除了列举《民事诉讼法》和《消费者权益保护法》的规定外,还增加了"其他法律规定"的表述,以为将来直接依照《个人信息保护法》或者其他有关法律规定适用公益诉讼预留空间。2021 年 8 月 20 日,第十三届全国人民代表大会常务委员会第三十次会议通过了《个人信息保护法》,其第 70 条规定:"个人信息处理者违反本法规定处理个人信息,侵害众多个人的权益的,人民检察院、法律规定的消费者组织和由国家网信部门确定的组织可以依法向人民法院提起诉讼。"这就为在人脸信息案件中适用公益诉讼制度提供了最直接、最明确的法律依据。

[①] 王胜明主编:《中华人民共和国民事诉讼法释义》,法律出版社 2012 年版,第 115 页。

二、有权提起公益诉讼的主体

本条规定法律规定的机关和有关组织可以提起民事公益诉讼。依照《个人信息保护法》第 70 条规定，可以提起公益诉讼的主体包括三类：（1）人民检察院；（2）法律规定的消费者组织；（3）由国家网信部门确定的组织。

人脸信息公益诉讼案件的起诉、管辖、审理、和解、撤诉、裁判等事项，直接依照《民事诉讼法司法解释》关于公益诉讼程序的规定。

【审判实践中应注意的问题】

一、人脸信息公益诉讼的起诉条件问题

需要特别注意公益诉讼与私益诉讼起诉条件的区别。《民事诉讼法》第 119 条规定的起诉条件是指私益诉讼的起诉条件，具体包括：（1）原告是与本案有直接利害关系的公民、法人和其他组织；（2）有明确的被告；（3）有具体的诉讼请求和事实、理由；（4）属于人民法院受理民事诉讼的范围和受诉人民法院管辖。上述 4 项条件中第 2~4 项条件均适用于公益诉讼，而第一个条件"直接利害关系规则"则只适用于私益诉讼。这是因为"直接利害关系规则"是建立在任何民事权益都有积极的捍卫者，一旦其权益受损，权利人必然会向法院寻求救济的假设基础之上的。[①] 在公益诉讼案件中，受害者众多而且分散，因维权成本高昂，会抑制部分人的诉讼意愿，同时还可能滋生搭便车心理。此时如果严格遵循"直接利害关系规则"就有可能出

---

① 参见沈德咏主编：《最高人民法院民事诉讼法解释理解与适用（下）》，人民法院出版社 2015 年版，第 755 页。

现没有直接利害关系人，或者利害关系人因不知、不能、不敢等原因而未起诉，以致无人起诉的局面。为解决这一问题，《民事诉讼法司法解释》第284条规定了公益诉讼的起诉条件问题，明确公益诉讼的原告不要求一定与纠纷有法律上的直接利害关系。该条规定的起诉条件为：（1）有明确的被告；（2）有具体的诉讼请求；（3）有社会公共利益受到损害的初步证据；（4）属于人民法院受理民事诉讼的范围和受诉人民法院管辖。人脸信息公益诉讼的起诉条件也应当适用《民事诉讼法司法解释》第284条规定，而不是《民事诉讼法》第119条规定。需要注意的是"有社会公共利益受到损害的初步证据"的理解问题。《个人信息保护法》第70条规定个人信息处理者违反本法规定处理个人信息，侵害众多个人的权益的，有关机关和组织可以提起公益诉讼。可见，只要是侵害了众多个人的权益，就可以认为是公共利益受到损害。因此，在人脸信息公益诉讼中，符合以下两个条件，即可认为是"有社会公共利益受到损害的初步证据"：一是有被告实施了侵害人脸信息的行为的证据；二是有受害者人数众多的证据。而且这里的证据只是初步证据而非充分证据。

二、书面告知行政主管部门的问题

依照《民事诉讼法司法解释》第286条的规定，人民法院受理公益诉讼案件后，应当在10日内书面告知相关行政主管部门。人民法院审理人脸信息公益诉讼案件，也应当遵循这一规定。《个人信息保护法》第60条规定："国家网信部门负责统筹协调个人信息保护工作和相关监督管理工作。国务院有关部门依照本法和有关法律、行政法规的规定，在各自职责范围内负责个人信息保护和监督管理工作。县级以上地方人民政府有关部门的个人信息保护和监督管理职责，按照国家有关规定确定。前两款规定的部门统称为履行个人信息保护职责的部门。"因此，人民法院审理人脸信息公益诉讼案件时应当依法告知网信部门和在职责范围内负责个人信息保护和监督管理工作的有关部门。

三、公益诉讼和私益诉讼并存的问题

《民事诉讼法司法解释》第288条规定,人民法院受理公益诉讼案件,不影响同一侵权行为的受害人根据《民事诉讼法》第119条规定提起诉讼。据此,法律规定的机关或者组织提起人脸信息公益诉讼的,不影响受害人单独提起私益诉讼。实践中的主要难题有两个:一是私益诉讼、公益诉讼并存时程序如何处理,何者应当优先的问题。鉴于这一问题较为复杂,司法解释目前未作出规定,留待司法实践进一步积累经验。二是私益诉讼、公益诉讼能否合并审理的问题。目前也还存在较大的争议。《最高人民法院关于审理环境民事公益诉讼案件适用法律若干问题的解释》采取的立场是有关民事主体以人身、财产受到损害为由申请参加诉讼的,告知其另行起诉。从目前的实践情况看,一些法院尝试了将公益诉讼和私益诉讼合并审理,效果也很好。我们认为,在公益诉讼中合并审理私益损害,更有利于解决私益诉讼起诉成本高、起诉意愿低的问题,更有利于实现法律设置公益诉讼制度的目的,应当鼓励人民法院对此进行探索,为将来制定司法解释积累经验。

四、公益诉讼的和解、调解和撤诉问题

公益诉讼的本旨在于维护公共利益,因此原告在诉讼程序中的处分权利要受到较为严格的限制。而限制的核心标准则在于是否损害公共利益。因此,《民事诉讼法司法解释》第289条规定,和解或者调解协议应当进行公告,期间不得少于30日。公告期满后经审查不违反社会公共利益的,人民法院应当出具调解书;违反公共利益的,不予出具调解书,并应当继续审理依法作出裁判。第290条规定,公益诉讼案件的原告在法庭辩论终结后申请撤诉的,人民法院不予准许。此时因为案件事实已经查清,具备判决条件,允许原告随意撤诉既不利于保护公共利益,也不利于兼顾被告的程序利益。此外,根据这一

条文可知：原告在法庭辩论终结前申请撤诉的，人民法院可以准许。但要注意，此时人民法院也应当进行审查，如果撤诉损害公共利益的，人民法院不应当准许撤诉。

【相关条文】

1.《中华人民共和国个人信息保护法》（2021年8月20日）第七十条

2.《中华人民共和国民事诉讼法》（2017年6月27日修正）第五十五条

3.《中华人民共和国消费者权益保护法》（2013年10月25日修正）第四十七条、第五十条

4.《最高人民法院关于审理消费民事公益诉讼案件适用法律若干问题的解释》（2020年12月29日修正）第一条、第二条

> **第十五条** 自然人死亡后,信息处理者违反法律、行政法规的规定或者双方的约定处理人脸信息,死者的近亲属依据民法典第九百九十四条请求信息处理者承担民事责任的,适用本规定。

【条文主旨】

本条是关于死者人格利益保护的规定。

【条文理解】

《民法典》第13条规定:"自然人从出生时起到死亡时止,具有民事权利能力,依法享有民事权利,承担民事义务。"自然人在死亡后就不再具有民事权利能力,不再作为权利主体享有包括人格权在内的民事权利。但是,自然人死亡并不意味着其人格利益全部消灭,一些人格利益,如姓名、肖像、名誉、荣誉、隐私、遗体等,在自然人死亡之后依然延续存在,且得到法律保护。即法律在依法保护民事主体人格权的同时,对于民事主体在诞生前或消灭后所依法享有的特定的人格利益给予延伸保护。人格利益延伸保护的理论依据是:在现代人权思想指导下,以维护民事主体完整、统一的人格利益为基本目的,追求创造、保护社会利益和个人利益的和谐、统一。[①] 基于此,《民法典》第994条规定了死者人格利益的延伸保护:"死者的姓名、

[①] 杨立新:《人格权法》,法律出版社2015年版,第81页。

肖像、名誉、荣誉、隐私、遗体等受到侵害的，其配偶、子女、父母有权依法请求行为人承担民事责任；死者没有配偶、子女且父母已经死亡的，其他近亲属有权依法请求行为人承担民事责任。"死者人格权延伸保护的客体不是权利，而是人格利益。死者的姓名、肖像、名誉、荣誉、隐私、遗体等利益应予保护，原因是死者的人格利益具有利用价值。① 保护死者人格利益对于鼓励生者积极向上、奋发有为，从而促进社会的进步，具有重大的意义，有助于维护良好的社会风尚，有利于维护社会公共利益，有助于安慰死者的近亲属。②

依据《民法典》第 994 条的规定，死者的个人信息保护中属于姓名、肖像或隐私的部分，当然可以受到法律保护，如死者的私密信息等。但是，死者的个人信息中那些并非死者的姓名、肖像或者隐私的个人信息，特别是生前的面部识别特征信息，是否受到法律的保护呢？我们认为，对于这些个人信息也可以适用《民法典》第 994 条的规定。因为，第 994 条属于人格权编中的"一般规定"，属于在法律没有相反规定的情况下普遍适用于所有人格权益的共通性规定。③ 加之，该条在列举死者的人格要素时并未穷尽，列举之后使用了"等"字兜底，因此可将死者的个人信息中并非姓名、肖像、隐私的个人信息包括进去，即在这些个人信息遭受侵害时，死者的配偶、子女、父母等近亲属，也可以依据该条请求行为人承担民事责任。

对死者人脸信息的保护无法通过对死者肖像的保护来实现。从概念上来说，肖像是通过影像、雕塑、绘画等方式在一定载体上所反映的特定自然人可以被识别的外部形象，而"外部形象"并不局限于面部形象。"肖像固以人之面部特征为主要内容，但应从宽解释，凡足以呈现个人外部形象者，均包括在内。"即只要能够呈现出自然人的

---

① 最高人民法院民法典贯彻实施工作领导小组主编：《最高人民法院人格权编理解与适用》，人民法院出版社 2020 年版，第 65 页。

② 王利明：《人格权法研究》（第三版），中国人民大学出版社 2018 年版，第 168 页。

③ 程啸：《论死者的个人信息保护》，载《法学评论》2021 年第 5 期。

外部形象,并且可以使他人清楚识别出该外部特征属于某个特定的自然人,那么这种外部形象就属于肖像。而人脸信息不仅包括人脸图像还包括面部识别特征信息,面部识别特征信息是从"人脸图像"中提取的数字特征信息,这些数字特征信息可通过信息化手段进行识别,但这些数字特征信息本身并不能呈现自然人的外部形象,因此人脸信息与肖像的概念并不重合,对死者人脸信息的保护无法通过对死者肖像的保护来实现。鉴于此,本解释明确规定了对死者人脸信息的保护适用《民法典》第994条有关规定。

信息处理者侵害死者人脸信息应承担民事责任的条件包括:一是信息处理者利用人脸识别技术或其他技术实施了侵害人脸信息的行为,如利用死者的人脸信息追踪死者生前隐私并进行泄露等。二是被侵害者已经死亡。如果被侵害者并未死亡,而是成为丧失民事行为能力的人,就不应适用本条。因为无民事行为能力人仍然具有民事权利能力,有权依法请求侵权人承担民事责任,如果不具有民事行为能力,可以由监护人代为请求。三是由死者近亲属提出请求且要遵循顺位限制。近亲属与死者具有在共同生活中形成的感情、亲情或者特定的身份关系,最关心死者人格利益保护的问题,死者人格利益被侵害时受到的伤害最大,感到的痛苦最深,最需要慰藉和赔偿,因此请求主体仅限于死者近亲属。近亲属提出请求具有顺位限制。配偶、子女、父母是第一顺位,如果死者有配偶、子女或者父母的,则由配偶、子女和父母提出请求。在死者没有配偶、子女且父母已经死亡的情形中,其他近亲属有权提出请求。

【审判实践中应注意的问题】

本条适用的场景是对死者的人脸信息进行非法处理的情形。如果信息处理者违反法律、行政法规的规定或者双方的约定处理人脸信息的行为发生在死者生前,但该自然人并未发现或者虽然发现但尚未主张权利就已经死亡。这种情况下，应当适用《民法典》第1181条的规定，由死者近亲属请求信息处理者承担侵权责任。

【相关法条】

《中华人民共和国民法典》（2020年5月28日）第十三条、第九百九十四条

> 第十六条　本规定自 2021 年 8 月 1 日起施行。
> 信息处理者使用人脸识别技术处理人脸信息、处理基于人脸识别技术生成的人脸信息的行为发生在本规定施行前的，不适用本规定。

【条文主旨】

本条是关于司法解释施行日期和溯及力的规定。

【条文理解】

本解释充分考量人脸识别技术的积极作用，既强调规范信息处理活动，保护敏感个人信息；又注重促进数字经济健康发展，保护人脸识别技术的合法应用。本条亦贯彻了这一宗旨。

关于本解释的施行日期，我们进行了慎重研究，充分评估本解释对现有人脸识别技术应用产生的影响，同时也充分考虑当前人脸识别技术滥用的严峻形势和人格权益亟待保护的紧迫现实，最终决定以 2021 年 8 月 1 日作为本解释的施行日期。

关于本解释是否具有溯及力的问题。司法解释是最高人民法院对审判工作中具体应用法律问题所作的具有法律效力的解释。关于民商事司法解释的溯及力问题，目前并没有法律、司法解释的明确规定，实务上通常是遵循"可以溯及其所解释的法律施行之日"的做法，除非某个司法解释对其能否溯及适用的问题有特殊规定。本解释是根据《民法典》和《立法法》所制定，原则上可以溯及适用至《民法典》施行之日。但是，由于本解释结合个人信息保护立法最新成果，将《民法典》中的"同意"标准细化、明确为"单独同意"，经研究，基于对当事人合理预期的保护，有必要明确本解释的有关内容自施行时发生效力，对此前有关行为无溯及力，避免对信息处理者课以过重责任，妥善处理好惩戒侵权和鼓励数字科技发展之间的关系。因此，本条第 2 款明确规定："信息处理者使用人脸识别技术处理人脸信息、处理基于人脸识别技术生成的人脸信息的行为发生在本规定施行前的，不适用本规定。"

本条关于司法解释完全不溯及力的规定，在民商事司法解释中相对少见。为全面准确理解本条，下面我们主要结合《最高人民法院关于适用〈中华人民共和国民法典〉时间效力的若干规定》（以下简称《时间效力司法解释》）和前期研究成果，对法律和司法解释溯及力问题予以阐述。

一、关于法律的溯及力问题

溯及力，又称溯及既往的效力，是指新的法律颁布后，对其生效前的事件和行为是否适用的问题，如果适用，则具有溯及力；如果不适用，则不具有溯及力。法不溯及既往是一项各国法律普遍承认的原则，此原则在理论上可以认为是从法的安定性和信赖保护原则派生出来。法治国家理念下的法的安定性和信赖利益保护原则是法不溯及既往原则的理论基础。因此，法律溯及或不溯及既往，都应该从法的安定性和信赖利益保护出发。换言之，溯及既往的法律之所以原则上被禁止，最根本的原因就在于破坏了法的安定性和侵犯了稳定的法律秩序下人们因对旧法的信赖而形成的既得权利。人们之所以要为自己的行为承担法律后果，就是因为事先已经知道或者应当知道哪些行为是法律允许的，哪些行为是法律不允许的，从而对人们的行为起指引和警示作用，故法律原则上只对其生效后的行为起规范作用，不能要求人们遵守还没有制定出来的法律。如果允许法律具有溯及力，人们无法预见自己的哪些行为会受到将来法律的禁止或者惩罚，就没有安全感，也没有行为的自由，信赖利益得不到保护，社会秩序也难以维持稳定。

一般情况下，我国法律坚持"法律不溯及既往"的原则，但也有例外，特别是在《刑法》中，目前各国采用的通例是"从旧兼从轻"原则，我国现行《刑法》就是采用"从旧兼从轻"原则。《立法法》第93条规定："法律、行政法规、地方性法规、自治条例和单行条例、规章不溯及既往，但为了更好地保护公民、法人和其他组织的权利和利益而作的特别规定除外。"该条规定了法不溯及既往的原则以及有利溯及的例外情形。立法机关在该条的释义中认为，该条规定的"公民、法人和其他组织"是指法律、法规、规章等在具体事件中所直接指向的个别公民、法人和其他组织，是法律、法规、规章等规定的特定调整对象，并非泛指不特定多数人。同时，确定有关法律规范可以溯及既往必须考虑不改变当事人行为预期、不减损当事人既有权利与减轻特定当事人负担、有利于维护公序良俗的平衡，在民事领域也要考虑符合双方当事人的真实意愿、有利于鼓励交易等因素。这是我国《立法法》唯一认可的正当溯及既往的规则。当然，承认它有充分的道德理由。有利溯及既往就是形式上溯及既往的一种，而且它非但不会对自由造成损害，反而是扩大个人自由。法律（民事法律）的溯及适用必须对各方当事人都有利或者至少在不损害一方的前提下使另一方获利。[①]

2020年12月30日，最高人民法院为贯彻实施《民法典》，根据《立法法》《民法典》等法律规定，制定发布了《时间效力司法解释》，专门就人民法院在审理民事纠纷案件中有关适用《民法典》时间效力问题作出全面系统规定。其中，该司法解释第3条对有利溯及作出了

---

① 参见房绍坤、张洪波：《民事法律的正当溯及既往问题》，载《中国社会科学》2015年第5期。

规定,这是民事司法解释中第一次对有利溯及予以明确,具有重大理论价值。

二、关于司法解释的溯及力问题

司法解释是根据法律授权,由最高司法机关在司法工作中就如何具体应用法律问题所作的具有普遍法律效力的阐释和说明。早在1955年,全国人大常委会《关于解释法律问题的决议》就规定:"凡关于审判过程中如何具体应用法律、法令的问题,由最高人民法院审判委员会进行解释。"1979年的《人民法院组织法》、1981年全国人大常委会《关于加强法律解释工作的决议》、2000年的《立法法》、2018年修订的《人民法院组织法》均有明确规定。其中,2018年修订的《人民法院组织法》第18条规定:"最高人民法院可以对属于审判工作中具体应用法律的问题进行解释。"我国司法解释经过60多年的发展,在同一法律适用、保障人民群众合法权益、促进和保障经济和社会不断发展等方面发挥了不可或缺的作用,实践充分证明,司法解释符合我国国情、行之有效,已经成为中国特色社会主义司法制度的重要组成部分。

司法解释对其生效以前的事件和行为有无溯及力的问题,较为复杂。《立法法》第93条并没有把法律解释和司法解释列入其中,理论和实务中对司法解释在适用时是否有溯及力,也存有不同认识:一种意见认为,司法解释是对现行立法的解释,故自公布之日起,对于人民法院尚未审结的一、二审案件均应当适用。这种对司法解释施行前人民法院已经受理、司法解释施行时尚未审结的案件加以适用司法解释的主张,实际上是赋予了司法解释一定的溯及力。另一种意见认为,司法解释虽然理论上是对既有法律的解释,但我国的司法解释在一定程度上起着填补立法空白,甚至创设新规则的作用。按照法律不溯及既往的原则,司法解释只能适用于公布施行后起诉到人民法院的案件。只要案件的一审程序受理于司法解释生效施行之前的,都不能适用该司法解释。① 我们倾向于第一种观点。一般认为，根据《人民法院组织法》等有关规定，最高人民法院对于在审判过程中如何具体应用法律、法令的问题，进行解释。司法解释是对法律的释明，虽在被解释法律实施后制定，但应视为被解释法律的一部分，其在生效之日就应适用于审判实践，而且具有溯及力，但其溯及力应受被解释法律的时间效力范围的限制，即如果以制定法为解释对象，该司法解释一般与被解释法律同步发生效力，被解释法律如果能够适用于某一类法律关系，该司法解释同样也应适用于该法律关系。比如，对于刑事司法解释的溯及力，《最高人民法院、最高人民检察院关于适用刑事司法解释时间效力问题的规定》第1条明确规定："司法解释是最高人民法院对审判工作中具体应用法律问题和最高人民检察院对检察工作中具体应用法律问题所作的具有法律效力的解释，自发布或者规定之日起施行，效力适用于法律的施行期间。"关于民事司法解释的溯及力，并无类似上述刑事司法解释溯及力的统一规定，相关内容通常都在各具体的司法解释当中。比如，《最高人民法院关于确定民事侵权精神损害赔偿责任若干问题的解释》（法释〔2001〕7号）第12条②规定："在本解释公布施行之前已经生效施行的司法解释，其内容有与本解释不一致的，以本解释为准。"《最高人民法院关于审理铁路运输人身损害赔偿纠纷案件适用法律若干问题的解释》（法释〔2010〕5号）第16条③规定："本院以前发布的司法解释与本解释不一致的，以本解释为准。本解释施行前已经终审，本解释施行后当事人申请再审或者按照审判监督程序决定再审的案件，不适用本解释。"这些规定一方面明确了新法优于旧法的规则，另一方面多是从终审案件不适用该司法解释的角度间接明确了只要是尚未终审的案件都可以适用该

---

① 最高人民法院民事审判第一庭编著：《最高人民法院建设工程施工合同司法解释的理解与适用》，人民法院出版社2004年版，第244页。

② 该司法解释2020年修正后，保留该条规定，条文序号调整为第6条。

③ 该司法解释2020年修正后，保留该条规定。

解释，或是直接明确凡是尚未终审的案件均适用该解释。表面上没有直接涉及溯及力问题，但实际上是承认了司法解释的溯及适用规则，即只要该案件处于一审、二审阶段，都可以适用该司法解释，至于引发此纠纷的法律事实发生在该司法解释之前还是之后，在所不问，这符合司法解释系解释相关法律的基本特点。但上述规定并没有解决此司法解释溯及何时的问题，如上所述，此有必要以其解释的法律施行之日作为起点。这在有关司法解释中也有先例，比如，《最高人民法院关于适用〈中华人民共和国合同法〉若干问题的解释（二）》[以下简称《合同法司法解释（二）》]① 第 30 条规定："合同法施行后成立的合同发生纠纷的案件，本解释施行后尚未终审的，适用本解释；本解释施行前已经终审，当事人申请再审或者按照审判监督程序决定再审的，不适用本解释。"这一规定是对该司法解释溯及力问题作出的专门规定，强调该司法解释只适用于对《合同法》施行后成立的合同纠纷一审、二审案件。至于《合同法》施行以前成立的合同所发生的纠纷，无论是一审案件，还是二审案件，都不能适用该解释，而应当适用合同成立时的法律规定。《合同法》施行以前成立的合同所发生的纠纷，原则上适用合同成立时的法律规定，不应适用《合同法》，当然也不能适用该司法解释。有一点需要说明，关于《合同法》的适用范围，《最高人民法院关于适用〈中华人民共和国合同法〉若干问题的解释（一）》[以下简称《合同法司法解释（一）》]② 第 1 条规定："合同法实施以后成立的合同发生纠纷起诉到人民法院的，适用合同法的规定；合同法实施以前成立的合同发生纠纷起诉到人民法院的，除本解释另有规定的以外，适用当时的法律规定，当时没有法律规定的，可以适用合同法的有关规定。"根据《合同法司法解释（一）》的该条规定，"当时没有法律规定的，可以适用合同法的有关规定"，那

---

① 该解释已于 2021 年 1 月 1 日废止。
② 该解释已于 2021 年 1 月 1 日废止。

么，当时没有法律规定的，是否也可以适用《合同法司法解释（二）》的相关规定呢？答案是否定的。因为《合同法司法解释（二）》第30条明确排除了《合同法》施行前成立的合同，将其限定在"合同法施行后成立的合同发生纠纷的案件"。① 从这个角度讲，司法解释具有溯及力应该是一般原则，通常应该溯及其解释或者依据的法律施行时。在明确司法解释系对既有法律条文进行的解释这一基本出发点之后，同法律的溯及力一样，研究司法解释的溯及力问题，当然也要注重对当事人合理预期的保护。对于纯粹解释细化既有法律条文的司法解释规定，其内容属于完全符合立法本意的范畴，故对于该司法解释溯及相应法律施行之时，应认定为符合当事人基于该法律规定所形成的合理预期。但对于填补立法空白，明显创设或者修改规则的司法解释条文规定，则会涉及改变甚至背离当事人合理预期的问题，涉及对当事人信赖利益的保护，有必要区分不同情形。对于漏洞填补型的司法解释规定，在遵循《立法法》第93条规定的前提下，要结合本解释第3条的规定精神确定其溯及力问题，此也属于"过去没有规定而现在有规定的，可以适用现在的规定"的范畴，但要以不明显减损当事人合法权益、增加当事人法定义务或者背离当事人合理预期作为限定条件。对于修改规则型的司法解释规定，尤其是形式上是创设规则，实际上是修改规则的规定，则要贯彻法律不溯及既往原则，除非符合《立法法》第93条后段规定情形，方可予以有利溯及。这一情形比较典型的例子就是《最高人民法院关于建设工程价款优先受偿权问题的批复》（法释〔2002〕16号，已废止）第5条规定："本批复第一条至第三条自公布之日起施行，第四条自公布之日起六个月后施行。"而第4条即为建设工程承包人行使优先权6个月期限的规定，这实际上是限定了该优先受偿权期限规定的溯及适用问题，考虑的就是对当事

---

① 参见最高人民法院研究室编著：《最高人民法院关于合同法司法解释（二）理解与适用》，人民法院出版社2009年版，第217页。

人合理预期的保护。

那么，司法解释能否溯及其解释或者所依据法律实施之前的法律事实引发的纠纷案件呢？如上所述，司法解释原则上要溯及该司法解释所解释或者依据的法律施行之日，但对于该司法解释能否溯及该法律之前，则目前没有明确规定。我们认为，鉴于司法解释与其解释或者依据法律在条文内容、精神要旨方面的一致性，司法解释能否进一步溯及其解释或者依据的法律施行之前，首先要依照该法律的溯及适用标准进行判断。以《民法典》的溯及适用为例，依照《时间效力司法解释》第2条、第3条的规定，符合有利溯及、空白溯及情形的，要适用《民法典》的规定，同样要适用与《民法典》相关的司法解释规定，这是一般原则。但是，要注意两个例外：一是某司法解释对其溯及力问题作了明确限定的，则要遵循该司法解释的规定，如上述的《合同法司法解释（二）》第30条的规定。二是基于保护当事人合理预期需要的，对于某司法解释具体规定都不能溯及适用于该司法解释施行之前的，当然也不能溯及适用于该司法解释所解释或者依据的法律施行之前，如上述《合同法司法解释（二）》第24条有关合同解除异议权3个月行使期间的规定。

需要注意的是，《时间效力司法解释》等衔接适用的司法解释具有一定特殊性，这类司法解释主要解决新旧法律的适用规则，而并不针对法律具体条文进行细化解释。具体而言，与实体类司法解释规范相比，它并不直接调整当事人之间的实体权利，而是指明如何在新旧法律规范中选择适用的法律、司法解释规范，间接确定具体权利义务；与程序类司法解释规范相比，它只是提供评价法律适用正确性的标准和指引，一般不直接规定诉讼参与人的程序权利和义务。因此，衔接适用类司法解释的溯及力具有特殊性，与实体类司法解释的溯及适用规则有所不同。

三、不同民商事司法解释关于溯及力规定的比较分析

关于民商事司法解释的溯及力问题，不同民商事司法解释的规定并不一致，大致有以下几种情况：

第一种是只规定生效时间，不对司法解释的溯及力问题进行规定。例如，《最高人民法院关于适用〈中华人民共和国民法典〉物权编的解释（一）》第21条规定："本解释自2021年1月1日起施行。"

第二种是在规定生效时间的同时，规定司法解释不溯及适用于已经终审的案件。例如，《最高人民法院关于适用〈中华人民共和国公司法〉若干问题的规定（一）》第5条和第6条规定，人民法院对公司法实施前已经终审的案件依法进行再审时，不适用《公司法》的规定。该规定自公布之日起实施。

第三种是在规定生效时间的同时，规定司法解释溯及适用于尚未审结的案件。例如，《最高人民法院关于适用〈中华人民共和国公司法〉若干问题的规定（四）》第27条规定："本规定自2017年9月1日起施行。本规定施行后尚未终审的案件，适用本规定；本规定施行前已经终审的案件，或者适用审判监督程序再审的案件，不适用本规定。"

第四种是在规定生效时间的同时，规定司法解释溯及适用于其施行后新受理的案件。例如，已经废止的《最高人民法院关于适用〈中华人民共和国婚姻法〉若干问题的解释（二）》（法释〔2003〕19号）第29条规定："本解释自2004年4月1日起施行。本解释施行后，人民法院新受理的一审婚姻家庭纠纷案件，适用本解释。本解释施行后，此前最高人民法院作出的相关司法解释与本解释相抵触的，以本解释为准。"

第五种是对司法解释溯及力作出特殊规定。例如，《最高人民法院关于审理民间借贷案件适用法律若干问题的规定》（2020年8月19日修正）第32条规定："本规定施行后，人民法院新受理的一审民间

借贷纠纷案件，适用本规定。借贷行为发生在 2019 年 8 月 20 日之前的，可参照原告起诉时一年期贷款市场报价利率四倍确定受保护的利率上限。本规定施行后，最高人民法院以前作出的相关司法解释与本解释不一致的，以本解释为准。"但是，该规定已经被《最高人民法院关于审理民间借贷案件适用法律若干问题的规定》（2020 年 12 月 29 日修正）第 31 条修正，该条规定："本规定施行后，人民法院新受理的一审民间借贷纠纷案件，适用本规定。2020 年 8 月 20 日之后新受理的一审民间借贷案件，借贷合同成立于 2020 年 8 月 20 日之前，当事人请求适用当时的司法解释计算自合同成立到 2020 年 8 月 19 日的利息部分的，人民法院应予支持；对于自 2020 年 8 月 20 日到借款返还之日的利息部分，适用起诉时本规定的利率保护标准计算。本规定施行后，最高人民法院以前作出的相关司法解释与本规定不一致的，以本规定为准。"

第六种是在规定生效时间的同时，规定司法解释溯及适用于其施行后尚未审结的一审、二审案件。比如，《时间效力司法解释》第 28 条规定："本规定自 2021 年 1 月 1 日起施行。本规定施行后，人民法院尚未审结的一审、二审案件适用本规定。"而对于 2021 年 1 月 1 日《民法典》施行前已经终审的案件，或者适用审判监督程序再审的案件，并未表述为"再审案件不适用本解释"，而是以"一般规定"的形式明确"既判力优先于溯及力"规则，该司法解释第 5 条规定："民法典施行前已经终审的案件，当事人申请再审或者按照审判监督程序决定再审的，不适用民法典的规定。"主要理由在于：《时间效力司法解释》具有特殊性，整体上是关于选法规则的规定，解决特定情形适用《民法典》还是适用相应旧法规定的问题，这与之前的对有关法律规定的实体权利义务内容进行解释或者依据相关法律作的涉及实体权利义务内容的司法解释有着本质不同。如依旧采用"再审案件不适用本解释"的表述，只能明确再审案件不适用本解释所规定的选法规则，但是并不能明确再审案件是适用《民法典》还是适用之前的法律。因此，有必要单独对此类案件的适用问题予以明确。

之前，曾有学者建议对司法解释的溯及力问题作出统一规定，并提出如下建议：第一，对有明确解释对象的，效力及于被解释法律生效之时。第二，对于没有明确的解释对象的，应区分两种情形：一是旧法（包括司法解释）没有规定的，适用补缺例外规则，或称"空白追溯"规则；二是旧法（包括司法解释）有规定的，采取从旧兼有利等规则。第三，对于连续性事实或持续性法律关系，采用即行适用原则。第四，如果对明确的法律规定作出直接修改，则不得具有溯及力。第五，如果司法解释一时不能做到分别情况规定溯及力，也应统一规定适用于一、二审案件，而不应区分新受理的一审案件与审理中的案件或只规定一个实施日期。①

对此，我们认为，司法解释的溯及力问题较为复杂，这也是不同司法解释规定存在差异的根本原因。首先，决定司法解释是否适用的基础是法律事实的发生时间，司法解释具有溯及力意味着对其施行前发生的法律事实也适用。法律事实的发生时间早于纠纷产生的时间，更早于起诉和审理的时间，虽然很多司法解释没有明确提出"法律事实""行为或者事件"等概念，但是通过"尚未终审""尚未审结的一审、二审案件""新受理的案件"等表述实现了同样的效果。司法解释施行时"尚未终审"或者"尚未审结的一审、二审案件"的法律事实必然发生在该司法解释施行前；司法解释施行后"新受理的案件"的法律事实可能发生司法解释施行前，也可能发生在其施行后。其次，对于有明确解释对象的司法解释，如前文所述，其溯及适用于被解释法律施行之时，这与一些学者的观点也是一致的，该类司法解释一般可以溯及至该司法解释施行时尚未审结的一、二审案件，以及法律事实发生在该司法解释施行之前、在该司法解释施行后起诉的案

---

① 张新宝、王伟国：《最高人民法院民商事司法解释溯及力问题探讨》，载《法律科学》2010年第6期。

件，但是该司法解释施行时已经终审的案件除外。最后，应当允许司法解释在坚持法不溯及既往基本原则的前提下基于特殊考量对自身溯及力问题作出特殊规定，不能认为存在矛盾或者错误。司法解释是对法律所作的更加具体和更有操作性的解释，出于保护当事人合理预期等因素的考虑，可以对司法解释的溯及力问题作出特别规定。例如，一些司法解释规定其施行后新受理的案件可以适用，排除了尚未审结的案件的适用。虽然新受理的案件的法律事实可能和尚未审结的法律事实一样发生在司法解释施行前，但是在司法解释施行后起诉和施行前起诉对当事人的诉讼预期的影响是有差异的，一些司法解释根据其条文对当事人合理预期、社会经济秩序的影响等的研判基础上作出上述规定并无不可。

基于上述理论分析，我们认为，为避免对信息处理者课以过重责任，妥善处理好惩戒侵权和鼓励数字科技发展之间的关系，专门明确对发生在本解释施行之日前的行为，不适用本解释。

【审判实践中应注意的问题】

实践中，人脸识别技术应用商普遍关心的一个问题是：对于2021年8月1日前已经使用人脸识别技术收集、处理的人脸信息，本司法解释施行后，对于这些人脸信息如何处理呢？我们认为，根据本条第2款规定精神，信息处理者使用人脸识别技术处理人脸信息、处理基于人脸识别技术生成的人脸信息的行为发生在本规定施行后的，适用本司法解释。而人脸信息的处理包括收集、存储、使用、加工、传输、提供、公开等，不论是线上还是线下应用场景，8月1日之后都应按照本司法解释的相关规定调整人脸信息的处理行为。以单独同意为例，基于个人同意处理人脸信息的，对于已经征得自然人单独同意的，不需要再作调整；而对于之前未征得自然人单独同意的，之后的处理活动应当征得自然人单独同意。自然人不同意或者未征得自然人单独同意的，应当及时删除相关人脸信息，否则，处理行为即属于侵害自然人人格权益的行为，被侵权人有权提起相关诉讼。

【相关法条】

1.《最高人民法院关于适用〈中华人民共和国公司法〉若干问题的规定（五）》（2020年12月29日修正）第六条第二款、第三款

2.《最高人民法院关于审理医疗损害责任纠纷案件适用法律若干问题的解释》（2020年12月29日修正）第二十六条

3.《最高人民法院关于适用〈中华人民共和国合同法〉若干问题的解释（二）》（已废止）第三十条

4.《最高人民法院关于适用〈中华人民共和国担保法〉若干问题的解释》（已废止）第一百三十三条第二款、第三款

5.《最高人民法院关于审理劳动争议案件适用法律若干问题的解释（二）》（已废止）第十八条

第四部分　个人信息保护案例

案例一：郭某诉杭州野生动物世界服务合同纠纷案[①]

【裁判要旨】

自然人的个人信息受法律保护。生物识别信息作为敏感的个人信息，深度体现自然人的生理和行为特征，具备较强的人格属性，一旦被泄露或非法使用，可能导致个人受到歧视或者人身、财产安全受到不测危害，故更应审慎处理和严格保护。

消费者对是否允许经营者使用自身的生物识别信息享有自决权。消费者未同意使用其生物识别信息或个人信息处理者停止提供产品或服务的，消费者有权要求删除其个人信息。

【相关法条】

《中华人民共和国民法总则》第一百一十条[②]、第一百四十二条[③]

《中华人民共和国合同法》第十三条[④]、第十六条第一款[⑤]、第二十

[①] 一审：浙江省杭州市富阳区人民法院（2019）浙0111民初6971号；二审：浙江省杭州市中级人民法院（2020）浙01民终10940号。

[②] 现对应《民法典》第110条。

[③] 现对应《民法典》第142条。

[④] 《民法典》施行后，该条被废止。《民法典》第471条规定："当事人订立合同，可以采取要约、承诺方式或者其他方式。"

[⑤] 《民法典》施行后，该条被废止。《民法典》第474条规定："要约生效的时间适用本法第一百三十七条的规定。"

条①、第一百零八条②

《中华人民共和国消费者权益保护法》第二十六条、第二十九条、第四十条

【基本案情】

2019年4月27日,郭某向野生动物世界购买"畅游365天"双人年卡,其以微信支付方式向野生动物世界交付卡费1360元。郭某与其妻子叶某留下姓名、身份证件号码,拍照并录入指纹,郭某还向野生动物世界登记留存电话号码等信息,该年卡有效期至2020年4月25日。

后野生动物世界出于提高游客检票入园的通行效率等原因,决定将入园方式从指纹识别入园调整为人脸识别入园,并以店堂告示形式公示涉及人脸识别的"年卡办理流程"和"年卡使用说明"。"年卡办理流程"载明流程分三步:(1)售票窗口/自助购票机缴费购买年卡;(2)年卡中心人脸注册激活领取年卡;(3)凭年卡及人脸扫描入园。"年卡使用说明"记载的部分内容为:(1)年卡仅限本人使用,年卡办理时录入信息和持卡本人资料必须一致;(2)持卡人游览园区需同时验证人脸识别及年卡入园;(3)年卡即办即用,有效期为生效之日起一年内(365个自然日),不限时间、次数游园;(4)年卡一经出售,不予退换、不予更改人员。

2019年7月12日,野生动物世界向包括郭某在内的年卡持卡客户群发短信,短信的部分内容为:"年卡系统已升级,用户可刷脸快

---

① 《民法典》施行后,该条被废止。《民法典》第478条规定:"有下列情形之一的,要约失效:(一)要约被拒绝;(二)要约被依法撤销;(三)承诺期限届满,受要约人未作出承诺;(四)受要约人对要约的内容作出实质性变更。"

② 《民法典》施行后,该条被废止。《民法典》第578条规定:"当事人一方明确表示或者以自己的行为表明不履行合同义务的,对方可以在履行期限届满前请求其承担违约责任。"

速入园，请未进行人脸激活的年卡用户携带实体卡至年卡中心激活！"

2019年10月7日，野生动物世界的指纹识别闸机停用。2019年10月17日，野生动物世界向包括郭某在内的年卡持卡客户群发短信，短信的部分内容为："园区年卡系统已升级为人脸识别入园，原指纹识别已取消，即日起，未注册人脸识别的用户将无法正常入园。如尚未注册，请您携指纹年卡尽快至年卡中心办理。"

2019年10月26日，郭某与同事陈某至野生动物世界核实人脸识别入园一事。年卡中心工作人员表示需要先把人脸注册好，原指纹识别方式已无法入园，未注册人脸识别系统将无法入园；郭某提出其妻子不同意人脸识别，并咨询在不注册人脸识别的情况下能否退卡费，双方多次协商，未能就退卡方案达成一致。郭某诉至法院，认为被告存在违约与欺诈行为，要求法院判令被告野生动物世界"年卡办理流程"告示、"年卡使用说明"及短信通知中的部分内容无效，并判令被告退还原告年卡卡费1360元，交通费1160元，删除原告于2019年4月27日办理年卡及之后使用年卡时提交的全部个人信息（包括但不限于姓名、身份证件号码、手机号码、照片、指纹信息）并负担第三方见证的费用。

【裁判结果】

浙江省杭州市富阳区人民法院于2020年11月20日作出（2019）浙0111民初6971号民事判决，判令被告杭州野生动物世界有限公司赔偿原告郭某合同利益损失及交通费共计1038元，被告杭州野生动物世界有限公司删除原告郭某办理指纹年卡时提交的包括照片在内的面部特征信息，驳回原告郭某的其他诉讼请求。

一审判决作出后，原告郭某提起上诉。浙江省杭州市中级人民法院于2021年4月9日作出（2020）浙01民终10940号民事判决，判令被告杭州野生动物世界有限公司赔偿原告郭某合同利益损失及交通费共计 1038 元，删除原告郭某办理指纹年卡时提交的包括照片在内的面部特征信息、指纹识别信息，驳回原告郭某的其他诉讼请求。

【裁判理由】

法院生效裁判认为，自然人的个人信息受法律保护。经营者以收集、存储、使用等方式处理个人信息时，应当遵循合法、正当、必要原则，明示收集、使用信息的目的、方式和范围，并征得个人同意。生物识别信息作为敏感的个人信息，深度体现自然人的生理和行为特征，具备较强的人格属性，一旦被泄露或者非法使用，可能导致个人受到歧视或者人身、财产安全受到不测危害，故更应谨慎处理和严格保护。

案涉店堂告示是指野生动物世界在不同时期推出的指纹识别店堂告示和人脸识别店堂告示。关于指纹识别店堂告示，野生动物世界在推出指纹年卡时，通过店堂告示以醒目的文字告知办理年卡的消费者需提供包括指纹在内的部分个人信息，且明示指纹识别信息用于入园验证。郭某作为完全民事行为能力人，在知悉指纹识别店堂告示内容的情况下，权衡后自主作出办理年卡的决定并提供相关个人信息，应视为双方达成合意。指纹识别店堂告示系野生动物世界为重复使用而预先拟定的格式条款，并以醒目的文字告知，已尽到合理提示义务。而郭某在办理年卡时并未明确提出说明要求，且配合提供个人信息并依照告示流程办理相关手续，嗣后又多次使用指纹识别方式入园游览，其行为足以表明其已注意并理解该告示内容。同时，该告示内容并不存在不合理地免除、减轻野生动物世界自身对收集的个人信息应尽安全保障义务等责任，或者不合理地限制郭某的主要权利，不符合格式条款无效的法定情形。故郭某提出野生动物世界利用格式条款并借助技术手段强制交易的理由，不能成立。

人脸识别店堂告示是野生动物世界指纹年卡升级后面向新办卡用

户发出的要约，并非郭某与野生动物世界之间的合同条款，对其不产生效力，故郭某要求确认人脸识别店堂告示无效的请求不予支持。

消费者对是否允许经营者使用自身的生物识别信息享有自决权。野生动物世界只有在年卡消费者知情同意的前提下，才可以收集、使用消费者的生物识别信息。因此，郭某知情后同意办理指纹年卡，其选择权并未受到限制。

针对郭某主张野生动物世界故意隐瞒收集人脸识别信息。法院认为，指纹年卡的办理流程中包含了"至年卡中心拍照"的规定，郭某同意拍摄照片系基于办卡所需，故就拍照行为本身而言，野生动物世界并不存在故意隐瞒或虚假告知，郭某也未因此而陷入错误的意思表示。野生动物世界嗣后以短信方式通知郭某激活人脸识别，鉴于郭某并未同意，野生动物世界实际上并未完成对人脸识别入园方式所需的人脸识别信息的处理，故郭某主张野生动物世界构成欺诈不能成立。

关于野生动物世界短信通知的效力。野生动物世界通过两条短信向郭某告知可以激活或注册人脸识别，系向郭某发出新的要约。郭某为此前往野生动物世界进行交涉。至纠纷成讼，郭某未实际开通人脸识别功能，现有证据也不足以证明双方就年卡入园方式变更为人脸识别达成合意，加之郭某在诉前以其他方式明确表示不同意使用人脸识别方式入园。故上述短信通知未成为双方之间的合同内容，郭某要求确认短信通知无效的请求，已无评判必要。

但是，由于入园方式直接关乎消费者游览权利的实现和保障，与消费者存在重大的利害关系。野生动物世界作为经营者应当依法全面、严格履行合同义务，不得利用自身在市场交易中的优势地位，损害消费者权益。现野生动物世界在未与郭某进行协商亦未征得其同意的情况下，擅自将入园方式由指纹识别变更为人脸识别，并发送短信告知郭某未注册人脸识别将无法正常入园，侵害了郭某作为消费者的信赖利益，有违诚信原则，其单方变更入园方式的行为构成违约。

人脸识别信息相比其他生物识别信息而言，呈现出敏感度高，采集方式多样、隐蔽和灵活的特性，不当使用将给公民的人身、财产带来不可预测的风险，应当作出更加严格的规制和保护。经营者只有在消费者充分知情同意的前提下方能收集和使用，且须遵循合法、正当、必要原则。本案中，野生动物世界在涉指纹识别的"年卡办理流程"中规定"至年卡中心拍照"，郭某亦同意在办卡时拍摄照片，但提供照片仅系为了配合指纹年卡的使用，不应视为其已授权同意野生动物世界将照片用于人脸识别。野生动物世界虽自述其并未将收集的照片激活处理为人脸识别信息，但其欲利用收集的照片扩大信息处理范围，超出事前收集目的，违反了正当性原则。同时，鉴于收集照片与人脸识别利用的特定关系，野生动物世界又以短信通知等方式要求郭某激活人脸识别，表明其存在侵害郭某面部特征信息之人格利益的可能与危险。故野生动物世界应删除郭某办卡时提交的包括照片在内的面部特征信息。野生动物世界除欲将照片用于人脸识别外，其收集、使用郭某的包括指纹识别信息在内的其他个人信息，系在郭某知情同意下进行，且未有证据证实存在泄露、非法提供或者滥用等情形。但鉴于野生动物世界在合同履行过程中单方变更指纹年卡的入园方式，并停止使用指纹识别闸机，致使原约定的指纹识别入园服务方式无法实现，现对郭某要求删除其指纹识别信息予以支持。

案例二：李某诉黄某某隐私权纠纷案[①]

【裁判要旨】

私人安装可摄录相邻住户住宅门口活动信息的摄像头，侵扰相邻住户生活安宁的，属于侵害隐私权行为；私人摄像头安装者违反注意义务侵害他人隐私权，应就该侵害行为承担侵权责任。

【相关法条】

《中华人民共和国民法通则》第五条[②]、第一百零一条[③]

《中华人民共和国侵权责任法》第六条[④]

[①] 一审：广东省广州市天河区人民法院（2014）穗天法民四初字第2616号；二审：广东省广州市中级人民法院（2015）穗中法民一终字第5018号；再审：广东省高级人民法院（2016）粤民再464号。

[②] 《民法典》施行后，该条被废止。《民法典》第3条规定："民事主体的人身权利、财产权利以及其他合法权益受法律保护，任何组织或者个人不得侵犯。"

[③] 《民法典》施行后，该条被废止。《民法典》第109条规定："自然人的人身自由、人格尊严受法律保护。"《民法典》第110条规定："自然人享有生命权、身体权、健康权、姓名权、肖像权、名誉权、荣誉权、隐私权、婚姻自主权等权利。法人、非法人组织享有名称权、名誉权和荣誉权。"

[④] 《民法典》施行后，该条被废止。《民法典》第1165条规定："行为人因过错侵害他人民事权益造成损害的，应当承担侵权责任。依照法律规定推定行为人有过错，其不能证明自己没有过错的，应当承担侵权责任。"

【基本案情】

原告李某与被告黄某某为住宅楼同层住户，双方住宅大门成直角相邻。黄某某因自家住宅大门门锁屡遭破坏，在门墙上安装监控摄像头，以防止他人对门锁的破坏行为。因该摄像头监控范围包括相邻住户住宅门口区域，李某就此多次提出异议，黄某某后将摄像头安装至住宅大门的内木门上，但监控范围仍然包括李某住宅门口区域。李某遂以黄某某安装摄像头形成对其私人活动信息的监控，侵扰了生活上和精神上的安宁，致使其隐私权遭受损害为由，向人民法院提起本案诉讼，请求判令：黄某某停止用摄像装置监控其进出住所的侵权行为；黄某某赔偿李某因本案诉讼产生的诉讼成本。

【裁判结果】

广东省广州市天河区人民法院于2015年5月6日作出（2014）穗天法民四初字第2616号民事判决：驳回李某的全部诉讼请求。

一审判决作出后，李某提起上诉。广东省广州市中级人民法院于2015年9月22日作出（2015）穗中法民一终字第5018号民事判决：驳回上诉，维持原判。

二审判决作出后，李某申请再审，广东省高级人民法院于2016年10月28日作出（2015）粤高法民一申字第1893号民事裁定提审本案，并于2017年3月30日作出（2016）粤民再464号民事判决：一、撤销一审和二审判决；二、黄某某于本判决生效之日起停止摄录李某进出住宅信息的行为；三、驳回李某的其他诉讼请求。

【裁判理由】

法院生效裁判认为，本案系隐私权纠纷。认定黄某某的行为是否构成侵权,应综合考虑以下问题:一是李某进出住宅的信息是否属于隐私;二是黄某某保护财产安全时能否安装摄像监控装置;三是相邻住户在大门安装摄像监控装置是否超出合理界限。

关于李某在住宅门口的活动信息是否属于隐私的问题。隐私,是指公民不愿为他人知悉或公开的私人信息、活动和习惯等人格利益。公民的私人生活安宁与私人信息秘密依法受到保护,不允许他人非法获悉、收集、利用和侵扰。公民进出住宅的信息,与家庭和财产安全、私人生活习惯等高度关联,应视为具有隐私性质的人格利益,受法律保护。

关于黄某某保护财产安全时能否安装摄像监控装置的问题。本案中,黄某某在住宅门锁被数次毁坏后,采取在内门安装摄像监控装置的方式进行防范,目的在于保证住宅安全,避免自身合法权益遭受不法侵害,具有相应的合理性,但同时也负有不妨害他人合法权益的注意义务。

关于相邻住户在大门安装摄像监控装置是否超出合理界限的问题。该摄像监控装置具有自动摄录、存储功能,可以完整获悉相邻住户日常进出的全部信息。根据本案查明的事实,李某曾先后多次通过起诉、报警等方式,强调对进出住宅情况处于被摄录状态的极度反感,但黄某某仍反复坚持这一做法,且持续对相邻住户形成侵扰,影响正常生活,超出了合理限度。

根据《民法通则》第 101 条"公民的人格尊严受法律保护"的规定,公民的个人隐私和信息安全不得侵害。黄某某在自家住宅大门安装摄像监控装置虽是出于自我防护,但该装置可以完整监控相邻住户李某出入住宅全部情况,记录和存储李某不愿为他人知悉的个人信息,对李某的个人居住安宁造成了侵扰后果,应为民事侵权。根据《民法通则》第 5 条"公民、法人的合法的民事权益受法律保护,任何组织和个人不得侵犯"的规定,以及《侵权责任法》第 6 条第 1 款"行为人因过错侵害他人民事权益,应当承担侵权责任"的规定,黄某某在采取保护住宅和财产安全措施时，未能善尽注意义务，导致行为超出了合理限度，具有过错，应承担民事侵权责任。原审法院认为摄像监控装置拍摄范围属于公共活动区域，公民在该区域的行为应具有公开性，以此判定黄某某的行为没有侵权错误，应予以纠正。

案例三：庞某某诉北京趣拿信息技术有限公司、中国东方航空股份有限公司隐私权纠纷案[①]

【裁判要旨】

隐私权纠纷保护可指向特定个体的自然人基因信息、病历资料、家庭住址、私人活动等整体信息。姓名、电话号码及行程安排等个人信息作为整体信息组合呈现的，应认定为个人隐私，该类信息被泄露的，权利人可通过隐私权诉讼寻求救济。

个人信息泄露案件应适用民事证据高度盖然性标准，权利人仅需举证证明信息控制者存在泄露其隐私信息的高度可能性，由信息控制者对其履行了安全保障义务以及信息泄露主体确系他人承担举证责任。

【相关法条】

《中华人民共和国民法总则》第一百一十一条[②]

[①] 一审：北京市海淀区人民法院（2015）海民初字第10634号；二审：北京市第一中级人民法院（2017）京01民终509号。

[②] 现对应《民法典》第111条。

《中华人民共和国侵权责任法》第二条①、第十五条②
《中华人民共和国消费者权益保护法》第二十九条第二款

【基本案情】

原告庞某某于 2014 年 10 月 11 日委托案外人鲁某通过涉案平台订购了涉案航班的机票 1 张。同日，北京趣拿信息技术有限公司（以下简称趣拿公司）向鲁某尾号 1850 的电话号码发送短信称，涉案航班机票已出票，并注明星旅航空客服电话及订单查询和退票改签的网址；趣拿公司同时向鲁某发送了警惕以飞机故障、航班取消为诱饵的诈骗短信的提醒短信。2014 年 10 月 13 日，庞某某尾号 9949 的手机号码收到号码来源不明的发件人发来短信称涉案航班因飞机故障取消，并要求其拨打 4008-129-218 改签。鲁某在知晓且表示未收到上述短信后，拨打了中国东方航空股份有限公司（以下简称东航公司）客服电话 95530 予以核实，客服人员确认该次航班正常，并提示庞某某收到的短信应属诈骗短信。关于诈骗短信为何发至庞某某本人，客服人员解释称通过该机票信息可查看到开头 136、尾号 949 的手机号码及开头 189、尾号 280 的手机号码，可能由订票点泄露了庞某某手机号码，客服人员确认了尾号 949 系庞某某本人号码。庞某某认为趣拿公司和东航公司泄露其个人信息，其个人隐私权遭到严重侵犯。庞某某诉至法院，要求趣拿公司和东航公司在各自的官方网站以公告的形式向庞某某公开赔礼道歉；趣拿公司和东航公司赔偿庞某某

---

① 《民法典》施行后，该条被废止。
② 《民法典》施行后，该条被废止。《民法典》第 179 条规定："承担民事责任的方式主要有：（一）停止侵害；（二）排除妨碍；（三）消除危险；（四）返还财产；（五）恢复原状；（六）修理、重作、更换；（七）继续履行；（八）赔偿损失；（九）支付违约金；（十）消除影响、恢复名誉；（十一）赔礼道歉。法律规定惩罚性赔偿的，依照其规定。本条规定的承担民事责任的方式，可以单独适用，也可以合并适用。"

精神损害抚慰金 1000 元。

趣拿公司辩称，涉案航班的机票系从星旅公司购买，去哪儿网仅为网络交易平台，趣拿公司在本次机票订单中未接触庞某某手机号码，且趣拿公司已向鲁某发送谨防诈骗短信，尽到了提示义务。庞某某没有证据证明其个人信息是东航公司或趣拿公司泄露，因而趣拿公司不存在侵犯隐私权的行为。

东航公司辩称，其通过中航信提供订票系统服务，订票信息不存储于东航公司系统中，星旅公司向东航公司购买涉案航班的机票时仅留存尾号 1280 的手机号。庞某某没有证据证明其个人信息是东航公司或趣拿公司泄露，因而东航公司不存在侵犯隐私权的行为。

【裁判结果】

北京市海淀区人民法院于 2016 年 1 月 20 日作出（2015）海民初字第 10634 号民事判决：驳回庞某某的全部诉讼请求。

一审判决后，庞某某提出上诉。北京市第一中级人民法院于 2017 年 3 月 27 日作出（2017）京 01 民终 509 号民事判决：撤销北京市海淀区人民法院（2015）海民初字第 10634 号民事判决；趣拿公司于本判决生效后十日内在其官方网站首页以公告形式向庞某某赔礼道歉，赔礼道歉公告的持续时间为连续三天；东航公司于本判决生效后十日内在其官方网站首页以公告形式向庞某某赔礼道歉，赔礼道歉公告的持续时间为连续三天；驳回庞某某的其他诉讼请求。

【裁判理由】

法院生效裁判认为，本案中，庞某某被泄露的姓名、尾号 9949 的手机号、行程安排（包括起落时间、地点、航班信息）等属于个人信息，并且应该属于隐私信息，可以通过本案的隐私权纠纷主张救济。任何他人未经权利人的允许，都不得扩散和不当利用能够指向特定个人的整体信息。从机票销售的整个环节看，庞某某自己、鲁某、趣拿公司、东航公司、中航信都是掌握庞某某姓名、手机号及涉案行程信息的主体。但庞某某和鲁某不存在故意泄露信息的可能，这表明东航和趣拿公司存在泄露庞某某个人隐私信息的高度可能，且东航公司和趣拿公司所提供的泄露信息的主体为他案犯罪分子的反证无法推翻上述高度可能。庞某某与 App 运营商技术力量和信息掌握程度的不对等使作为个人信息真正权利人的自然人举证能力较弱。因此，根据民事证据高度盖然性标准，东航公司、趣拿公司存在泄露庞某某隐私信息的高度可能。综上，庞某某请求趣拿公司和东航公司向其赔礼道歉，应予支持。此外，庞某某请求趣拿公司和东航公司赔偿其精神损失，但现有证据无法证明庞某某因此次隐私信息被泄露而引发明显的精神痛苦，因此，对于其精神损害赔偿的诉讼请求不予支持。

案例四：孙某某诉北京百度网讯科技有限公司、第三人北京搜狐互联网信息服务有限公司人格权纠纷案[①]

【裁判要旨】

信息后续处理者利用的公开信息是否属于《民法典》第1036条第2项规定的合法公开个人信息，应以信息初始收集者是否具有征得自然人授权同意等合法来源为判断标准。信息处理者公开信息应明确告知公开范围并征得自然人同意，对信息是否公开及公开范围授权不明确的，应认定为未取得授权。

中立的全网通用数据搜索引擎服务提供者难以直接预见其爬取的一般公开个人信息是否具有合法公开来源，应适用"通知删除"等规则判定其是否存在过错。

【相关法条】

《最高人民法院关于审理利用信息网络侵害人身权益民事纠纷案件适用法律若干问题的规定》（法释〔2014〕11号）第十二条第一款

---

① 一审：北京互联网法院（2019）京0491民初10989号。

第（四）项、第二款[①]

《中华人民共和国侵权责任法》第三十六条第二款、第三款[②]

【基本案情】

本案原告为网络用户孙某某，被告为百度搜索网站运营者北京百度网讯科技有限公司（以下简称百度公司）。根据原告取证显示，原告在被告提供的搜索引擎页面上输入其姓名"孙某某"作为关键词进行图片检索，在搜索结果第一栏可获取原告清晰面部证件照，呈现原告照片页面的 URL 地址均为被告的服务器地址。该照片系原告此前在第三人北京搜狐互联网信息服务有限公司（以下简称搜狐公司）运营的校友录网站中上传的个人账户头像，该校友录网站已于 2013 年停止服务。原告于 2018 年 10 月 23 日提交问题反馈，请百度公司删除该个人证件照，并删除与关键词"孙某某"的关联，但未获得任何回复。诉讼中查明，被控侵权行为于 2019 年 4 月 16 日停止。

根据庭审查明的事实，涉案情况出现的过程为：涉案照片由原告上传至第三人运营的校友录网站，存储于校友录网站的服务器中；虽

[①]《民法典》施行后，该条被废止，该条中关于公开个人信息的规定无实质性变化。见《民法典》第 1036 条规定："处理个人信息，有下列情形之一的，行为人不承担民事责任：（一）在该自然人或者其监护人同意的范围内合理实施的行为；（二）合理处理该自然人自行公开的或者其他已经合法公开的信息，但是该自然人明确拒绝或者处理该信息侵害其重大利益的除外；（三）为维护公共利益或者该自然人合法权益，合理实施的其他行为。"

[②]《民法典》施行后，该条被废止，《民法典》中关于网络服务提供者侵权认定的规定无实质性变化。《民法典》第 1195 条第 1 款、第 2 款规定："网络用户利用网络服务实施侵权行为的，权利人有权通知网络服务提供者采取删除、屏蔽、断开链接等必要措施。通知应当包括构成侵权的初步证据及权利人的真实身份信息。网络服务提供者接到通知后，应当及时将该通知转送相关网络用户，并根据构成侵权的初步证据和服务类型采取必要措施；未及时采取必要措施的，对损害的扩大部分与该网络用户承担连带责任。"《民法典》第 1197 条规定："网络服务提供者知道或者应当知道网络用户利用其网络服务侵害他人民事权益，未采取必要措施的，与该网络用户承担连带责任。"

校友录网站 www.class.chinaren.com 的门户地址已无法访问，普通网络用户不能通过门户网站常规访问的方式查找到涉案照片信息，但由于校友录网站存放照片的精确服务器地址仍向用户开放，通常的搜索引擎爬虫技术仍可访问到涉案照片；被告运营的百度网站在提供搜索引擎服务的过程中，爬取到校友录网站的涉案信息，当原告对其发出相关搜索指令时，百度搜索结果页面便提供了包含原告照片的涉案网页。

庭审中，原告主张，涉案照片以及其与孙某某姓名的关联关系涉及个人隐私、个人信息，在校友录网站图片源地址已关闭的情况下，百度公司上述行为构成侵权，要求判令百度公司赔偿经济损失1元和维权费用40元。被告抗辩称，其为网络服务提供者，通过搜索功能实施了正常合法的抓取行为，不应当承担侵权责任。第三人述称，涉案网页与其无任何关联性，且其所运营的校友录网站早已停止服务，此案与其无关。

【裁判结果】

北京互联网法院于2020年9月10日作出（2019）京0491民初10989号判决：一、被告北京百度网讯科技有限公司于本判决生效之日起7日内，向原告孙某某赔偿经济损失1元；二、被告北京百度网讯科技有限公司于本判决生效之日起7日内，向原告孙某某赔偿维权费用40元。

宣判后，双方均未提出上诉，该判决于2020年9月26日生效。

【裁判理由】

法院生效裁判认为，第一，涉案姓名、照片及其关联关系等内容构成个人信息。根据《民法总则》第110条①、第111条②的规定，自然人享有隐私权，自然人的个人信息受法律保护。一般认为，个人信息的认定标准为具有"可识别性"。涉案信息通过关键词搜索加结果展示的形式，将"孙某某"这一自然人姓名和带有其面目特征信息的头像照片进行关联，成为可识别为唯一特定自然人的信息，该信息反映了孙某某面部形象的个体特征，属于个人信息。虽然涉案信息中包含肖像照片，但由于二者保护的法益不同，构成要件、保护方式和损害结果等方面亦存在差异，因此，权利人有权根据被控侵权行为的实际情况，选择更为有利的权利主张方式。

第二，被控侵权行为属于违法使用个人信息的行为。现行法律明确规定不得非法处理信息，收集、处理个人信息的行为，应在明示使用信息范围并经自然人同意的前提下进行。亦即，信息处理者应在被收集者授权同意的范围内处理信息，不得超范围传输、公开、使用个人信息。关于孙某某对涉案信息授权的使用范围，双方均未就该项事实进行举证，法院结合立法规定、当事人举证能力、证据举例以及盖然性经验法则等因素论述如下：从立法规定来看，信息处理者应明示使用信息的范围，而搜狐公司缺乏明示告知授权范围的证据；从当事人举证能力和证据举例来看，由于存储涉案电子数据的网站门户早已对外关闭，孙某某客观上无法收集相应证据，而搜狐公司作为证据存储网站的管理者和信息处理者，其在提供证据信息和资源占据优势的情况下，表示不清楚具体权限；从待证事实发生的盖然性来看，根据现有事实追溯的信息运用场景，校友录网站主要用于实现校内社群社交功能而非全网传播。因此，法院认定，孙某某仅授权搜狐公司在一定权限范围内使用和公开涉案信息。搜狐公司将涉案信息置于公开网络后，百度公司的搜索行为使得涉案信息可被全网不特定用户检索获

---

① 现对应《民法典》第110条。
② 现对应《民法典》第111条。

取，在客观上导致该信息在孙某某授权范围之外被公开，属于未经同意处理个人信息的行为。

第三，百度公司应基于"通知删除"规则承担相应责任。根据《侵权责任法》第 36 条第 2 款的规定，对于网络技术服务提供者，通知删除的情节系考量侵权责任认定的关键因素，故法院对通知删除前后的情况分别予以评述。

在通知删除前，百度公司作为网络技术服务提供者是否存在主观过错，应结合是否进行人工编辑整理、应具备的信息管理能力、涉案信息侵权类型和明显程度、涉案信息社会影响程度以及是否采取了预防侵权的合理措施等因素综合进行判定：涉案信息不属于裸照、身份证件号码等明显侵权或者极具引发侵权风险的信息，作为一般个人信息，存在权利人愿意积极公开、一定范围公开或不愿公开等多种可能的情形，为鼓励网络信息的利用和流通，对于网络公开的一般个人信息，应推定权利人同意公开，故百度公司在接到权利人的通知前，难以预见涉案信息是未经授权公开的信息。百度公司对涉案信息不存在明知或应知的主观过错，不构成对孙某某个人信息权益的侵害。

在通知删除后，网络服务提供者应及时采取必要措施，遏制侵权行为的扩大。在收到删除通知后，百度公司在其有能力采取相匹配必要措施的情况下，未给予任何回复，其怠于采取措施的行为，导致涉案侵权损失的进一步扩大，构成对孙某某个人信息权益的侵害，法院对原告要求赔偿损失的诉讼请求予以全额支持。

案例五：黄某诉腾讯科技（深圳）有限公司、腾讯科技（北京）有限公司等隐私权、个人信息保护纠纷案①

【裁判要旨】

网络运营者收集、使用个人信息获得用户知情同意是否有效，可从信息处理者告知信息主体的"透明度"来衡量，即一般理性用户在具体场景下，对信息处理主体处理特定信息的目的、方式和范围知晓的清晰程度，以及作出意愿表示的自主、具体、明确程度。

应合理区分隐私权和个人信息权益。不宜将所有与公共事务无关的私人领域信息都纳入隐私范畴，应对个人信息进行相对合理的层级划分。对于兼具防御性期待和积极利用期待的个人信息，应结合使用场景判断是否构成隐私。

大型互联网平台在关联产品中共享用户个人信息的，应获得用户有效的同意。

【相关法条】

《中华人民共和国民法总则》第一百一十一条②

---

① 北京互联网法院（2019）0491 民初 16142 号。
② 现对应《民法典》第 111 条。

《中华人民共和国侵权责任法》第八条①、第十五条②

《中华人民共和国网络安全法》第四十三条、第七十六条第（五）项

《最高人民法院关于审理利用信息网络侵害人身权益民事纠纷案件适用法律若干问题的规定》（法释〔2014〕11号）第十二条③、第十六条④、第十八条⑤

【基本案情】

微信读书软件（版本号：v3.3.0，以下简称微信读书）系一款手机阅读应用，用户可以在该款软件上阅读书籍、分享书评等。在应用软件市场中，微信读书的开发者是腾讯科技公司广州分公司，注销后由腾讯深圳公司承继其权利义务。微信的开发者是腾讯科技公司。三被告称，两款软件的运营者为腾讯计算机公司（三被告以下共称腾讯公司）。

原告在通过微信登录微信读书时发现，微信及微信读书通过不授权无法登录使用的方式，将微信好友关系的数据交予微信读书，在微信读书的"关注"栏目下出现了使用该软件的原告微信好友名单。同时，在原告没有进行任何添加关注操作的情况下，原告账户中"我关

---

① 现对应《民法典》第1168条。
② 《民法典》施行后，该条被废止，相关内容参见《民法典》第179条。
③ 该条内容已于该规定在2020年12月29日修正时删除。
④ 该条内容已于该规定在2020年12月29日修正时删除。
⑤ 该解释已于2020年12月29日修正，修正后，第12条规定："被侵权人为制止侵权行为所支付的合理开支，可以认定为民法典第一千一百八十二条规定的财产损失。合理开支包括被侵权人或者委托代理人对侵权行为进行调查、取证的合理费用。人民法院根据当事人的请求和具体案情，可以将符合国家有关部门规定的律师费计算在赔偿范围内。被侵权人因人身权益受侵害造成的财产损失以及侵权人因此获得的利益难以确定的，人民法院可以根据具体案情在50万元以下的范围内确定赔偿数额。"

注的"和"关注我的"页面下出现了大量原告的微信好友。此外，无论是否在微信读书中添加关注关系，原告与共同使用微信读书的微信好友也能够相互查看对方的书架、正在阅读的读物、读书想法等。原告认为，微信读书与微信系两款独立的软件，微信好友关系数据和微信读书的阅读信息均应属于公民的隐私和个人信息范畴，在原告并未自愿授权的情况下，微信及微信读书的上述行为侵犯了原告的个人信息权益和隐私权，腾讯公司作为微信及微信读书的开发、运营方，应当承担相应的侵权责任。

原告请求法院判令腾讯公司停止其侵权行为，解除微信读书中的关注关系、删除好友数据、停止展示读书记录等，并要求腾讯深圳公司、腾讯计算机公司向原告赔礼道歉。

腾讯公司认为，微信读书没有为原告自动添加好友，微信读书获得原告的微信好友关系数据是使用已经获得的微信好友数据的行为且经过原告同意，并非收集个人信息的行为，微信读书向原告共同使用微信读书的微信好友展示读书信息，均经过了原告的授权同意，不构成对原告隐私权及个人信息权益的侵害。

【裁判结果】

北京互联网法院于 2020 年 7 月 30 日作出（2019）京 0491 民初 16142 号民事判决：深圳市腾讯计算机系统有限公司停止微信读书收集、使用原告微信好友列表信息，删除微信读书中留存的原告微信好友列表信息；解除原告在微信读书中对其微信好友的关注；解除原告的微信好友在微信读书中对原告的关注；停止将原告使用微信读书软件生成的信息向原告共同使用微信读书的微信好友展示的行为。腾讯科技（深圳）有限公司、深圳市腾讯计算机系统有限公司以书面形式向原告赔礼道歉。三被告连带赔偿原告公证费 6660 元。驳回原告的其他诉讼请求。

一审判决后，双方当事人均未提起上诉。

【裁判理由】

法院生效裁判认为，《民法典》对个人信息、隐私的定义和关系予以明确，司法实践中，应对二者予以区分。从个人信息层面来看，微信读书获取的微信好友列表达到了识别性标准，应认定为用户的个人信息。同理，微信读书中的读书信息包含了可以指向该信息主体的网络身份标识信息，且包括读书时长、最近阅读、书架、读书想法等，能够反映阅读习惯、偏好等，属于个人信息。

关于腾讯公司主张微信读书获得原告微信好友列表并非个人信息的收集行为，法院认为，信息处理者应就信息处理的主体、处理方式向信息主体明确告知。腾讯公司并未在微信读书、微信中向用户明示两个软件的运营主体均为腾讯计算机公司，而是在协议中均模糊、概括地写为"腾讯公司"。腾讯公司既没有向用户告知收集信息的明确主体，也未让用户知悉"寻找共同使用该应用的好友"是收集信息还是使用已掌握的信息，因此，在用户合理认知微信与微信读书为独立软件的情形下，微信读书获取微信好友列表的行为，属于收集用户个人信息的行为，而非使用个人信息的行为。本案中，微信读书获取原告微信好友列表经过原告同意，腾讯公司获取好友列表不违反合法、正当、必要的基本原则，不构成对个人信息权益的侵害。

关于微信读书向原告共同使用该应用的微信好友公开原告读书信息、为原告自动关注微信好友并使得关注好友可以查看原告读书信息的行为，考虑到微信读书中的信息组合与人格利益较为密切、微信读书迁移微信好友关系、微信读书默认向未关注的微信好友公开读书信息等因素，微信读书存在较高的侵害用户人格利益甚至隐私权的风险。微信读书许可服务协议未以合理的"透明度"告知原告并获得同意，侵害了原告的个人信息权益。

关于隐私，由于法律已经确立了个人信息与隐私的区别性概念，个人信息与隐私既有交叉也有区别。隐私强调信息私密性，主要为防御性保护；个人信息兼具积极利用与防御性保护属性。从合理隐私期待维度上，个人信息基本可以划分为几个层次：一是符合社会一般合理认知下共识的私密信息，如有关性取向、性生活、疾病史、未公开的违法犯罪记录等，此类信息要强化其防御性保护，非特定情形不得处理；二是不具备私密性的一般信息，在征得信息主体的一般同意后，即可正当处理；三是兼具防御性期待及积极利用期待的个人信息，此类信息的处理是否侵权，需要结合信息内容、处理场景、处理方式等，进行符合社会一般合理认知的判断。微信好友列表和读书信息不能笼统地纳入符合社会一般合理认知的私密信息范畴，而更符合前述第三类信息的特征。

在好友关系层面，以下情形中信息主体的社交关系上承载着合理的隐私期待：一是信息主体与特定人之间的关系较为私密而不愿为他人知晓；二是信息主体一定量的社交关系公开可能遭受他人对其人格的不当评价而不愿为他人知晓。结合微信读书使用微信好友列表的目的来看，其并不在于刺探原告的真实社交关系，而在于获取好友列表后用于扩展阅读社交功能。因此，从本案实际场景看，还需要结合微信读书收集原告微信好友列表后的进一步使用方式，不能单独评价软件本身获取好友列表信息是否构成隐私侵权。

在读书信息层面，以下情形中用户的读书信息具有私密性：一是某些特定阅读信息落入了共识的私密信息范畴；二是虽然各阅读信息分别不属于共识的私密信息，但在积累到一定数量时，结合主体的身份，该信息组合可以达到对信息主体人格刻画的程度，则一经泄露可能造成其人格利益损害。具体到本案中，原告读书记录的两本书籍均未达到以上私密程度，故不构成对原告隐私权的侵害。

案例六：淘宝（中国）软件有限公司诉安徽美景信息科技有限公司不正当竞争纠纷案[①]

【裁判要旨】

网络用户网上行为痕迹信息不具备能够单独或者与其他信息结合识别特定自然人个人身份的可能性，属于非个人信息。网络运营者收集、使用非会员网络用户行为痕迹信息应受《网络安全法》第22条"明示具有收集信息功能+用户默认同意"规则的规制。

在无法律规定或合同特别约定的情况下，网络用户对于其提供于网络运营者的单一用户信息无独立的财产性权益；网络运营者对于原始网络数据应受制于网络用户对其所提供的用户信息的控制，不能享有独立的财产权，网络运营者只能依其与网络用户的约定享有对原始网络数据的使用权；网络运营者对于其开发的数据产品，享有独立的财产性权益。

数据产品市场竞争秩序应纳入《反不正当竞争法》规制范围，数据产品开发者对于数据产品享有竞争性财产权益，可以以此作为权利基础获得司法保护。

[①] 一审：杭州铁路运输法院（2017）浙8601民初4034号；二审：浙江省杭州市中级人民法院（2018）浙01民终7312号。

【相关法条】

《中华人民共和国反不正当竞争法》第二条、第十七条

《中华人民共和国网络安全法》第二十二条第三款、第四十一条、第四十二条、第七十六条第（五）项

《最高人民法院关于审理不正当竞争民事案件应用法律若干问题的解释》第十七条

【基本案情】

原告系电子商务交易平台共同运营商。原告开发并投入市场运营的"生意参谋"数据产品（以下简称涉案数据产品），面向某电子商务交易平台商家提供大数据分析参考，帮助商家实时掌握相关类目商品的市场行情变化，提高经营水平。涉案数据产品的数据内容是原告在收集网络用户浏览、搜索、收藏、加购、交易等行为痕迹信息所产生的巨量原始数据基础上，以特定的算法通过深度分析过滤、提炼整合后而形成的以趋势图、排行榜、占比图等图形呈现的指数型、统计型、预测型衍生数据。被告系被诉侵权"咕咕互助平台"的运营商，其以提供远程登录已订购涉案数据产品用户电脑技术服务的方式，招揽、组织、帮助他人获取原告涉案数据产品中的数据内容，从中牟利。原告认为被告的行为对涉案数据产品已构成实质性替代，恶意破坏了原告的商业模式，构成不正当竞争行为，诉至法院，要求判令被告立即停止针对"生意参谋"市场行情产品及数据内容的侵权行为，赔偿经济损失及合理维权费用500万元。

【裁判结果】

杭州铁路运输法院于2018年8月16日作出（2017）浙8601民

初 4034 号民事判决，判令被告立即停止涉案不正当竞争行为，即立即停止以不正当的方式获取、使用（包括提供他人使用）、泄露市场行情标准版和市场行情专业版"生意参谋"数据产品中的数据内容以及涉案网站上的相关宣传行为等；被告赔偿原告经济损失及为制止不正当竞争行为所支付的合理费用共计 200 万元。

一审判决后，被告提起上诉，浙江省杭州市中级人民法院作出（2018）浙 01 民终 7312 号判决：驳回上诉，维持原判。

【裁判理由】

法院经审理认为，首先，涉案数据产品的基础性网络用户信息均来源于某电子商务交易平台用户网上浏览、搜索、收藏、加购、交易等行为痕迹信息。这些行为痕迹信息不含有可以识别自然人个人身份的要素，不具备能够单独或者与其他信息结合识别特定自然人个人身份的可能性，属于非个人信息。本案中，原告已在网络上公示了平台隐私权政策，经审查，原告收集、使用网络用户信息，开发涉案数据产品的行为在平台隐私政策已宣示的信息收集、使用范围之内，符合网络用户信息安全保护的要求，具有正当性。

其次，网络运营者与网络用户之间系服务合同关系，网络用户向网络运营者提供用户信息的真实目的是获取相关网络服务。网络用户信息作为单一信息加以使用，通常情况下并非当然具有直接的经济价值，在无法律规定或合同特别约定的情况下，网络用户对于其提供于网络运营者的单一用户信息尚无独立的财产权或财产性权益可言。鉴于原始网络数据只是对网络用户信息进行了数字化记录的转换，网络运营者虽然在此转换过程中付出了一定劳动，但原始网络数据的内容仍未脱离原网络用户信息范围，故网络运营者对于原始网络数据仍应受制于网络用户对其所提供的用户信息的控制，而不能享有独立的权利，网络运营者只能依其与网络用户的约定享有对原始网络数据的使用权。而网络数据产品不同于原始网络数据,其提供的数据内容虽然同样源于网络用户信息,但经过网络运营者大量的智力投入,通过深度开发与系统整合,最终呈现给消费者的数据内容是与网络用户信息、原始网络数据无直接对应关系的独立的衍生数据。网络数据产品虽然表现为无形资源,但可以为运营者所实际控制和使用,并带来经济利益。随着其市场价值的日益凸显,网络数据产品自身也已成为市场交易的对象,已实质性具备了商品的交换价值。网络运营者对于其开发的数据产品,应当享有自己独立的财产性权益。

最后,涉案网络数据产品经过网络运营者大量的智力投入,通过深度开发与系统整合,最终呈现给消费者的数据内容,是与网络用户信息、原始网络数据无直接对应关系的独立的衍生数据。网络数据产品虽然表现为无形资源,但可以为运营者所实际控制和使用,并带来经济利益。被告未经授权亦未付出新的劳动创造,直接将涉案数据产品作为自己获取商业利益的工具,实质性替代了涉案数据产品,恶意破坏了原告的商业模式与竞争优势,已构成不正当竞争行为。根据被告自行公布的相关数据估算,被告在本案中的侵权获利已超过200万元。

案例七：四川省自贡市人民检察院与被告周某某人格权纠纷民事公益诉讼案 ①

【裁判要旨】

大数据时代背景下的个人信息保护不仅涉及自然人个人权益保障的问题，同时具有高度的社会公共利益属性。在履行法定程序的情况下，检察机关可以提起个人信息保护民事公益诉讼案。

【相关法条】

《中华人民共和国民事诉讼法》第五十五条

《最高人民法院、最高人民检察院关于检察公益诉讼案件适用法律若干问题的解释》（法释〔2018〕6号）第十三条 ②

---

① 四川省自贡市中级人民法院（2020）川03民初16号。
② 该解释已于2020年12月29日修正，修正后，第13条规定："人民检察院在履行职责中发现破坏生态环境和资源保护，食品药品安全领域侵害众多消费者合法权益，侵害英雄烈士等的姓名、肖像、名誉、荣誉等损害社会公共利益的行为，拟提起公益诉讼的，应当依法公告，公告期间为三十日。公告期满，法律规定的机关和有关组织、英雄烈士等的近亲属不提起诉讼的，人民检察院可以向人民法院提起诉讼。人民检察院办理侵害英雄烈士等的姓名、肖像、名誉、荣誉的民事公益诉讼案件，也可以直接征询英雄烈士等的近亲属的意见。"

【基本案情】

2019年4月以来，周某某通过手机微信从岑某处非法获取含有自然人个人信息的文档。2019年5月30日，公安机关将周某某抓获并扣押其存有自然人个人信息的U盘一个，U盘中去除重复项共有自然人个人信息103 791条。周某某将非法获取的自然人个人信息用于微信实名认证或直接出售给他人，获得违法所得20 000元。四川省自贡市人民检察院认为，周某某非法获取自然人个人信息并利用其获利的行为侵害了众多自然人合法权益，损害了社会公共利益。四川省自贡市人民检察院于2020年7月20日公告了案件相关情况，公告期内未有法律规定的机关和有关组织提起民事公益诉讼。故四川省自贡市人民检察院请求法院判令周某某对其侵害自然人个人信息的行为，在国家级媒体上向社会公众道歉；判令周某某承担20 000元的民事赔偿责任。

【裁判结果】

四川省自贡市中级人民法院于2020年10月22日作出（2020）川03民初16号民事判决：被告周某某对其侵害众多自然人个人信息的行为，于本判决生效之日起三十日内在国家级媒体上向社会公众发布赔礼道歉声明，赔礼道歉声明的内容须经本院审定，逾期未主动履行的，由本院代为发布，产生的费用由被告周某某负担；被告周某某于本判决生效之日起三个月内向公益诉讼起诉人四川省自贡市人民检察院指定的财政专账交纳社会公共利益损害赔偿款20 000元，专门用于公益事项支出。

【裁判理由】

《民事诉讼法》第55条规定："对污染环境、侵害众多消费者合法权益等损害社会公共利益的行为，法律规定的机关和有关组织可以向人民法院提起诉讼。人民检察院在履行职责中发现破坏生态环境和资源保护、食品药品安全领域侵害众多消费者合法权益等损害社会公共利益的行为，在没有前款规定的机关和组织或者前款规定的机关和组织不提起诉讼的情况下，可以向人民法院提起诉讼。前款规定的机关或者组织提起诉讼的，人民检察院可以支持起诉。"《最高人民法院、最高人民检察院关于检察公益诉讼案件适用法律若干问题的解释》（法释〔2018〕6号）第13条规定："人民检察院在履行职责中发现破坏生态环境和资源保护、食品药品安全领域侵害众多消费者合法权益等损害社会公共利益的行为，拟提起公益诉讼的，应当依法公告，公告期间为三十日。公告期满，法律规定的机关和有关组织不提起诉讼的，人民检察院可以向人民法院提起诉讼。"随着信息网络科技尤其是大数据与人工智能的发展，个人信息的产生、收集、存储和利用等方面发生了巨大的变化，个人信息在社会经济活动中的地位日益凸显，信息资源成为重要的生产要素和社会财富，但个人信息被大规模、自动化地收集和存储的情形也变得越来越普遍，个人信息被滥用甚至侵害的现象也随之增加。大数据时代背景下的个人信息保护不仅涉及自然人个人权益保障的问题，同时具有高度的社会公共利益属性。公益诉讼的诉的利益在于保护公共利益，虽然上述规定并未明确将个人信息列举为社会公共利益保护范围，但从"等"字兜底条款来看，检察机关探索公益诉讼"等"外领域是有法可依的。在个人信息保护领域，民事私益诉讼往往存在个人信息主体之间不平等的地位和认知能力、低概率的维权和极低的违法成本等局限性，检察机关在办理刑事案件过程中，更容易发现侵害自然人个人信息行为的线索，相比自然人个人更具有公权力优势。检察机关提起民事公益诉讼，既能解决民事私益诉讼维权面临的举证难、成本高等共性难题，还能通过赔礼道歉、赔偿损失等民事责任承担方式，提高侵权人的违法成本。本案中，四川省自贡市人民检察院依法对周某某侵害众多自然人个人信息的行为提起民事公益诉讼，是四川省自贡市人民检察院发挥法律监督职能作用，积极回应社会公众新期待，维护"等"外领域社会公共利益的具体体现，应当予以肯定，故本案属于民事公益诉讼范围。四川省自贡市人民检察院依法履行了公告程序，公告期内未有法律规定的机关和有关组织提起民事公益诉讼，故四川省自贡市人民检察院属于适格主体。

关于周某某侵害众多自然人个人信息的行为是否构成民事侵权的问题。个人信息是以电子或者其他方式记录的能够单独或者与其他信息结合识别特定自然人的各种信息，包括自然人的姓名、出生日期、身份证件号码、生物识别信息、住址、电话号码、电子邮箱、健康信息、行踪信息等。《民法总则》第 111 条[①]规定："自然人的个人信息受法律保护。任何组织和个人需要获取他人个人信息的，应当依法取得并确保信息安全，不得非法收集、使用、加工、传输他人个人信息，不得非法买卖、提供或者公开他人个人信息。"本案中，周某某非法获取含有自然人身份证件号码等个人信息的文档，通过将非法获取的部分自然人个人信息用于微信实名认证或者直接出售给他人等方式获利，侵害了众多自然人的合法权益，损害了社会公共利益，周某某侵害众多自然人个人信息的行为已经构成民事侵权。

关于周某某应如何承担民事责任的问题。周某某虽经四川省荣县人民法院以侵犯公民个人信息罪判处刑罚，承担了刑事责任，但《民法总则》第 187 条[②]规定："民事主体因同一行为应当承担民事责任、行政责任和刑事责任的，承担行政责任或者刑事责任不影响承担民事

---

① 现对应《民法典》第 111 条。
② 现对应《民法典》第 187 条。

责任；民事主体的财产不足以支付的，优先用于承担民事责任。"故周某某仍应对其侵害众多自然人个人信息的行为承担民事责任。

个人信息属于人格权类民事权益，既具有人身权属性，也具有财产权属性。赔礼道歉是侵权人向被侵权人承认错误、表示歉意，以求得被侵权人原谅的民事责任承担方式，旨在对被侵权人的精神伤害予以抚慰。周某某非法获取众多自然人个人信息并从中获利，无疑会造成个人信息主体精神上和心理上的损害，周某某应当通过公开赔礼道歉的方式对其行为向社会公众表达歉意，四川省自贡市人民检察院请求判令周某某在国家级媒体上向社会公众道歉的理由成立。周某某获取众多自然人个人信息的目的和手段均为非法，也会导致个人信息主体丧失其个人信息的财产利益，赔偿损失是最基本的民事责任承担方式。周某某侵害的是众多自然人个人信息，造成的财产损失难以确定。《侵权责任法》第20条[①]规定："侵害他人人身权益造成财产损失的，按照被侵权人因此受到的损失赔偿；被侵权人的损失难以确定，侵权人因此获得利益的，按照其获得的利益赔偿；侵权人因此获得的利益难以确定，被侵权人和侵权人就赔偿数额协商不一致，向人民法院提起诉讼的，由人民法院根据实际情况确定赔偿数额。"四川省荣县人民法院生效刑事判决认定周某某违法所得为20 000元，故周某某应当承担20 000元的民事赔偿责任，四川省自贡市人民检察院请求判令周某某赔偿20 000元的理由成立。

周某某在刑事案件中认罪认罚，违法所得已经追缴，罚金也已缴纳完毕，可以认定其已经深刻认识到自身行为的违法性和不正当性。周某某提交证据证明其家庭经济困难，请求法院予以酌情考虑，四川省自贡市人民检察院亦建议法院予以酌情考虑，法院予以采纳，对周某某承担赔偿责任的履行期限可适当予以宽限。

本案系四川省首例个人信息保护民事公益诉讼案件，从查明的案

---

① 现对应《民法典》第1182条。

件事实可以反映出个人信息保护领域确实存在"隐秘的角落"。如何进一步加强个人信息保护，使社会公众在享受信息数字化带来的诸多便利的同时避免遭受人格权的侵害，已经成为全社会高度关注的问题。个人信息包含人格尊严和自由价值，同时也可能具备商业价值和公共管理价值。对个人信息的保护应当采取公法与私法并重的综合性保护方法，二者不可偏废，既要从公法的角度明确各类主体处理个人信息时应当遵守法定义务，也要从私法的角度认可自然人就个人信息享有民事权益；既应当对违反公法上个人信息保护义务的违法犯罪行为给予行政处罚甚至判处刑罚，也应当允许被侵权人基于个人信息民事权益请求侵权人承担民事责任。"徒法不足以自行"，本案旨在明晰个人信息的民法保护方式，唤醒社会公众个人信息保护意识，促使社会公众在日常生活中认真对待个人信息，积极保护个人信息。

第五部分 相关法律法规、部门规章和其他规定

【法律】

中华人民共和国宪法（节录）

（2018 年 3 月 11 日修正）

第三十八条 中华人民共和国公民的人格尊严不受侵犯。禁止用任何方法对公民进行侮辱、诽谤和诬告陷害。

第四十条 中华人民共和国公民的通信自由和通信秘密受法律的保护。除因国家安全或者追查刑事犯罪的需要，由公安机关或者检察机关依照法律规定的程序对通信进行检查外，任何组织或者个人不得以任何理由侵犯公民的通信自由和通信秘密。

中华人民共和国民法典（节录）

（2020 年 5 月 28 日）

第一百一十一条 自然人的个人信息受法律保护。任何组织或者个人需要获取他人个人信息的，应当依法取得并确保信息安全，不得非法收集、使用、加工、传输他人个人信息，不得非法买卖、提供或者公开他人个人信息。

第一百二十七条 法律对数据、网络虚拟财产的保护有规定的，依照其规定。

第九百九十四条 死者的姓名、肖像、名誉、荣誉、隐私、遗体等受到侵害的，其配偶、子女、父母有权依法请求行为人承担民事责任；死者没有配偶、子女且父母已经死亡的，其他近亲属有权依法请求行为人承担民事责任。

第九百九十七条 民事主体有证据证明行为人正在实施或者即将实施侵害其人格权的违法行为，不及时制止将使其合法权益受到难以弥补的损害的，有权依法向人民法院申请采取责令行为人停止有关行为的措施。

第九百九十八条 认定行为人承担侵害除生命权、身体权和健康权外的人格权的民事责任，应当考虑行为人和受害人的职业、影响范围、过错程度，以及行为的目的、方式、后果等因素。

第九百九十九条 为公共利益实施新闻报道、舆论监督等行为的，可以合理使用民事主体的姓名、名称、肖像、个人信息等；使用不合理侵害民事主体人格权的，应当依法承担民事责任。

第一千零三十二条 自然人享有隐私权。任何组织或者个人不得以刺探、侵扰、泄露、公开等方式侵害他人的隐私权。

隐私是自然人的私人生活安宁和不愿为他人知晓的私密空间、私密活动、私密信息。

第一千零三十三条 除法律另有规定或者权利人明确同意外，任何组织或者个人不得实施下列行为：

（一）以电话、短信、即时通讯工具、电子邮件、传单等方式侵扰他人的私人生活安宁；

（二）进入、拍摄、窥视他人的住宅、宾馆房间等私密空间；

（三）拍摄、窥视、窃听、公开他人的私密活动；

（四）拍摄、窥视他人身体的私密部位；

（五）处理他人的私密信息；

（六）以其他方式侵害他人的隐私权。

第一千零三十四条 自然人的个人信息受法律保护。

个人信息是以电子或者其他方式记录的能够单独或者与其他信息结合识别特定自然人的各种信息，包括自然人的姓名、出生日期、身份证件号码、生物识别信息、住址、电话号码、电子邮箱、健康信息、行踪信息等。

个人信息中的私密信息，适用有关隐私权的规定；没有规定的，适用有关个人信息保护的规定。

第一千零三十五条 处理个人信息的，应当遵循合法、正当、必要原则，不得过度处理，并符合下列条件：

（一）征得该自然人或者其监护人同意，但是法律、行政法规另有规定的除外；

（二）公开处理信息的规则；

（三）明示处理信息的目的、方式和范围；

（四）不违反法律、行政法规的规定和双方的约定。

个人信息的处理包括个人信息的收集、存储、使用、加工、传输、提供、公开等。

第一千零三十六条 处理个人信息，有下列情形之一的，行为人不承担民事责任：

（一）在该自然人或者其监护人同意的范围内合理实施的行为；

（二）合理处理该自然人自行公开的或者其他已经合法公开的信息，但是该自然人明确拒绝或者处理该信息侵害其重大利益的除外；

（三）为维护公共利益或者该自然人合法权益，合理实施的其他行为。

第一千零三十七条 自然人可以依法向信息处理者查阅或者复制其个人信息；发现信息有错误的，有权提出异议并请求及时采取更正等必要措施。

自然人发现信息处理者违反法律、行政法规的规定或者双方的约定处理其个人信息的，有权请求信息处理者及时删除。

第一千零三十八条 信息处理者不得泄露或者篡改其收集、存储的个人信息；未经自然人同意，不得向他人非法提供其个人信息，但是经过加工无法识别特定个人且不能复原的除外。

信息处理者应当采取技术措施和其他必要措施，确保其收集、存储的个人信息安全，防止信息泄露、篡改、丢失；发生或者可能发生个人信息泄露、篡改、丢失的，应当及时采取补救措施，按照规定告知自然人并向有关主管部门报告。

第一千零三十九条 国家机关、承担行政职能的法定机构及其工作人员对于履行职责过程中知悉的自然人的隐私和个人信息，应当予以保密，不得泄露或者向他人非法提供。

第一千一百六十八条 二人以上共同实施侵权行为，造成他人损害的，应当承担连带责任。

第一千一百六十九条 教唆、帮助他人实施侵权行为的，应当与行为人承担连带责任。

教唆、帮助无民事行为能力人、限制民事行为能力人实施侵权行为的，应当承担侵权责任；该无民事行为能力人、限制民事行为能力人的监护人未尽到监护职责的，应当承担相应的责任。

第一千一百七十条 二人以上实施危及他人人身、财产安全的行为，其中一人或者数人的行为造成他人损害，能够确定具体侵权人的，由侵权人承担责任；不能确定具体侵权人的，行为人承担连带责任。

第一千一百七十一条 二人以上分别实施侵权行为造成同一损害，每个人的侵权行为都足以造成全部损害的，行为人承担连带责任。

第一千一百八十二条 侵害他人人身权益造成财产损失的，按照被侵权人因此受到的损失或者侵权人因此获得的利益赔偿；被侵权人因此受到的损失以及侵权人因此获得的利益难以确定，被侵权人和侵权人就赔偿数额协商不一致，向人民法院提起诉讼的，由人民法院根据实际情况确定赔偿数额。

第一千一百九十五条 网络用户利用网络服务实施侵权行为的，权利人有权通知网络服务提供者采取删除、屏蔽、断开链接等必要措施。通知应当包括构成侵权的初步证据及权利人的真实身份信息。

网络服务提供者接到通知后，应当及时将该通知转送相关网络用户，并根据构成侵权的初步证据和服务类型采取必要措施；未及时采取必要措施的，对损害的扩大部分与该网络用户承担连带责任。

权利人因错误通知造成网络用户或者网络服务提供者损害的，应当承担侵权责任。法律另有规定的，依照其规定。

第一千一百九十六条 网络用户接到转送的通知后，可以向网络服务提供者提交不存在侵权行为的声明。声明应当包括不存在侵权行为的初步证据及网络用户的真实身份信息。

网络服务提供者接到声明后，应当将该声明转送发出通知的权利人，并告知其可以向有关部门投诉或者向人民法院提起诉讼。网络服务提供者在转送声明到达权利人后的合理期限内，未收到权利人已经投诉或者提起诉讼通知的，应当及时终止所采取的措施。

第一千一百九十七条 网络服务提供者知道或者应当知道网络用户利用其网络服务侵害他人民事权益，未采取必要措施的，与该网络用户承担连带责任。

中华人民共和国个人信息保护法

（2021 年 8 月 20 日）

第一章 总 则

第一条 为了保护个人信息权益，规范个人信息处理活动，促进个人信息合理利用，根据宪法，制定本法。

第二条 自然人的个人信息受法律保护，任何组织、个人不得侵害自然人的个人信息权益。

第三条 在中华人民共和国境内处理自然人个人信息的活动,适用本法。

在中华人民共和国境外处理中华人民共和国境内自然人个人信息的活动,有下列情形之一的,也适用本法:

(一)以向境内自然人提供产品或者服务为目的;

(二)分析、评估境内自然人的行为;

(三)法律、行政法规规定的其他情形。

第四条 个人信息是以电子或者其他方式记录的与已识别或者可识别的自然人有关的各种信息,不包括匿名化处理后的信息。

个人信息的处理包括个人信息的收集、存储、使用、加工、传输、提供、公开、删除等。

第五条 处理个人信息应当遵循合法、正当、必要和诚信原则,不得通过误导、欺诈、胁迫等方式处理个人信息。

第六条 处理个人信息应当具有明确、合理的目的,并应当与处理目的直接相关,采取对个人权益影响最小的方式。

收集个人信息,应当限于实现处理目的的最小范围,不得过度收集个人信息。

第七条 处理个人信息应当遵循公开、透明原则,公开个人信息处理规则,明示处理的目的、方式和范围。

第八条 处理个人信息应当保证个人信息的质量,避免因个人信息不准确、不完整对个人权益造成不利影响。

第九条 个人信息处理者应当对其个人信息处理活动负责,并采取必要措施保障所处理的个人信息的安全。

第十条 任何组织、个人不得非法收集、使用、加工、传输他人个人信息,不得非法买卖、提供或者公开他人个人信息;不得从事危害国家安全、公共利益的个人信息处理活动。

第十一条 国家建立健全个人信息保护制度,预防和惩治侵害个人信息权益的行为,加强个人信息保护宣传教育,推动形成政府、企业、相关社会组织、公众共同参与个人信息保护的良好环境。

第十二条 国家积极参与个人信息保护国际规则的制定,促进个人信息保护方面的国际交流与合作,推动与其他国家、地区、国际组织之间的个人信息保护规则、标准等互认。

第二章 个人信息处理规则
第一节 一般规定

第十三条 符合下列情形之一的，个人信息处理者方可处理个人信息：

（一）取得个人的同意；

（二）为订立、履行个人作为一方当事人的合同所必需，或者按照依法制定的劳动规章制度和依法签订的集体合同实施人力资源管理所必需；

（三）为履行法定职责或者法定义务所必需；

（四）为应对突发公共卫生事件，或者紧急情况下为保护自然人的生命健康和财产安全所必需；

（五）为公共利益实施新闻报道、舆论监督等行为，在合理的范围内处理个人信息；

（六）依照本法规定在合理的范围内处理个人自行公开或者其他已经合法公开的个人信息；

（七）法律、行政法规规定的其他情形。

依照本法其他有关规定，处理个人信息应当取得个人同意，但是有前款第二项至第七项规定情形的，不需取得个人同意。

第十四条 基于个人同意处理个人信息的，该同意应当由个人在充分知情的前提下自愿、明确作出。法律、行政法规规定处理个人信息应当取得个人单独同意或者书面同意的，从其规定。

个人信息的处理目的、处理方式和处理的个人信息种类发生变更的，应当重新取得个人同意。

第十五条 基于个人同意处理个人信息的，个人有权撤回其同意。个人信息处理者应当提供便捷的撤回同意的方式。

个人撤回同意，不影响撤回前基于个人同意已进行的个人信息处理活动的效力。

第十六条 个人信息处理者不得以个人不同意处理其个人信息或者撤回同意为由，拒绝提供产品或者服务；处理个人信息属于提供产品或者服务所必需的除外。

第十七条 个人信息处理者在处理个人信息前，应当以显著方式、清晰易懂的语言真实、准确、完整地向个人告知下列事项：

（一）个人信息处理者的名称或者姓名和联系方式；

（二）个人信息的处理目的、处理方式，处理的个人信息种类、保存期限；

（三）个人行使本法规定权利的方式和程序；

（四）法律、行政法规规定应当告知的其他事项。

前款规定事项发生变更的，应当将变更部分告知个人。

个人信息处理者通过制定个人信息处理规则的方式告知第一款规定事项的，处理规则应当公开，并且便于查阅和保存。

第十八条　个人信息处理者处理个人信息，有法律、行政法规规定应当保密或者不需要告知的情形的，可以不向个人告知前条第一款规定的事项。

紧急情况下为保护自然人的生命健康和财产安全无法及时向个人告知的，个人信息处理者应当在紧急情况消除后及时告知。

第十九条　除法律、行政法规另有规定外，个人信息的保存期限应当为实现处理目的所必要的最短时间。

第二十条　两个以上的个人信息处理者共同决定个人信息的处理目的和处理方式的，应当约定各自的权利和义务。但是，该约定不影响个人向其中任何一个个人信息处理者要求行使本法规定的权利。

个人信息处理者共同处理个人信息，侵害个人信息权益造成损害的，应当依法承担连带责任。

第二十一条　个人信息处理者委托处理个人信息的，应当与受托人约定委托处理的目的、期限、处理方式、个人信息的种类、保护措施以及双方的权利和义务等，并对受托人的个人信息处理活动进行监督。

受托人应当按照约定处理个人信息，不得超出约定的处理目的、处理方式等处理个人信息；委托合同不生效、无效、被撤销或者终止的，受托人应当将个人信息返还个人信息处理者或者予以删除，不得保留。

未经个人信息处理者同意，受托人不得转委托他人处理个人信息。

第二十二条　个人信息处理者因合并、分立、解散、被宣告破产等原因需要转移个人信息的，应当向个人告知接收方的名称或者姓名和联系方式。接收方应当继续履行个人信息处理者的义务。接收方变更原先的处理目的、处理方式的，应当依照本法规定重新取得个人同意。

第二十三条　个人信息处理者向其他个人信息处理者提供其处理的个人信息的，应当向个人告知接收方的名称或者姓名、联系方式、处理目的、处理方式和个人信息的种类，并取得个人的单独同意。接收方应当在上述处理目的、处理方式和个人信息的种类等范围内处理个人信息。接收方变更原先的处理目的、处理方式的，应当依照本法规定重新取得个人同意。

第二十四条　个人信息处理者利用个人信息进行自动化决策，应当保证决策的透明度和结果公平、公正，不得对个人在交易价格等交易条件上实行不合理的差别待遇。

通过自动化决策方式向个人进行信息推送、商业营销，应当同时提供不针对其个人特征的选项，或者向个人提供便捷的拒绝方式。

通过自动化决策方式作出对个人权益有重大影响的决定，个人有权要求个人信息处理者予以说明，并有权拒绝个人信息处理者仅通过自动化决策的方式作出决定。

第二十五条　个人信息处理者不得公开其处理的个人信息，取得个人单独同意的除外。

第二十六条　在公共场所安装图像采集、个人身份识别设备，应当为维护公共安全所必需，遵守国家有关规定，并设置显著的提示标识。所收集的个人图像、身份识别信息只能用于维护公共安全的目的，不得用于其他目的；取得个人单独同意的除外。

第二十七条　个人信息处理者可以在合理的范围内处理个人自行公开或者其他已经合法公开的个人信息；个人明确拒绝的除外。个人信息处理者处理已公开的个人信息，对个人权益有重大影响的，应当依照本法规定取得个人同意。

第二节　敏感个人信息的处理规则

第二十八条　敏感个人信息是一旦泄露或者非法使用，容易导致自然人的人格尊严受到侵害或者人身、财产安全受到危害的个人信息，包括生物识别、宗教信仰、特定身份、医疗健康、金融账户、行踪轨迹等信息，以及不满十四周岁未成年人的个人信息。

只有在具有特定的目的和充分的必要性，并采取严格保护措施的情形下，个人信息处理者方可处理敏感个人信息。

第二十九条　处理敏感个人信息应当取得个人的单独同意；法律、行政法规规定处理敏感个人信息应当取得书面同意的，从其规定。

第三十条　个人信息处理者处理敏感个人信息的，除本法第十七条第一款规定的事项外，还应当向个人告知处理敏感个人信息的必要性以及对个人权益的影响；依照本法规定可以不向个人告知的除外。

第三十一条　个人信息处理者处理不满十四周岁未成年人个人信息的，应当取得未成年人的父母或者其他监护人的同意。

个人信息处理者处理不满十四周岁未成年人个人信息的，应当制定专门的个人信息处理规则。

第三十二条　法律、行政法规对处理敏感个人信息规定应当取得相关行政许可或者作出其他限制的，从其规定。

第三节　国家机关处理个人信息的特别规定

第三十三条　国家机关处理个人信息的活动，适用本法；本节有特别规定的，适用本节规定。

第三十四条　国家机关为履行法定职责处理个人信息，应当依照法律、行政法规规定的权限、程序进行，不得超出履行法定职责所必需的范围和限度。

第三十五条　国家机关为履行法定职责处理个人信息，应当依照本法规定履行告知义务；有本法第十八条第一款规定的情形，或者告知将妨碍国家机关履行法定职责的除外。

第三十六条　国家机关处理的个人信息应当在中华人民共和国境内存储；确需向境外提供的，应当进行安全评估。安全评估可以要求有关部门提供支持与协助。

第三十七条　法律、法规授权的具有管理公共事务职能的组织为履行法定职责处理个人信息，适用本法关于国家机关处理个人信息的规定。

第三章　个人信息跨境提供的规则

第三十八条　个人信息处理者因业务等需要，确需向中华人民共和国境外提供个人信息的，应当具备下列条件之一：

（一）依照本法第四十条的规定通过国家网信部门组织的安全评估；

（二）按照国家网信部门的规定经专业机构进行个人信息保护认证；

（三）按照国家网信部门制定的标准合同与境外接收方订立合同，约定双方的权利和义务；

（四）法律、行政法规或者国家网信部门规定的其他条件。

中华人民共和国缔结或者参加的国际条约、协定对向中华人民共和国境外提供个人信息的条件等有规定的，可以按照其规定执行。

个人信息处理者应当采取必要措施，保障境外接收方处理个人信息的活动达到本法规定的个人信息保护标准。

第三十九条　个人信息处理者向中华人民共和国境外提供个人信息的，应当向个人告知境外接收方的名称或者姓名、联系方式、处理目的、处理方式、个人信息的种类以及个人向境外接收方行使本法规定权利的方式和程序等事项，并取得个人的单独同意。

第四十条　关键信息基础设施运营者和处理个人信息达到国家网信部

门规定数量的个人信息处理者，应当将在中华人民共和国境内收集和产生的个人信息存储在境内。确需向境外提供的，应当通过国家网信部门组织的安全评估；法律、行政法规和国家网信部门规定可以不进行安全评估的，从其规定。

第四十一条　中华人民共和国主管机关根据有关法律和中华人民共和国缔结或者参加的国际条约、协定，或者按照平等互惠原则，处理外国司法或者执法机构关于提供存储于境内个人信息的请求。非经中华人民共和国主管机关批准，个人信息处理者不得向外国司法或执法机构提供存储于中华人民共和国境内的个人信息。

第四十二条　境外的组织、个人从事侵害中华人民共和国公民的个人信息权益，或者危害中华人民共和国国家安全、公共利益的个人信息处理活动的，国家网信部门可以将其列入限制或者禁止个人信息提供清单，予以公告，并采取限制或者禁止向其提供个人信息等措施。

第四十三条　任何国家或者地区在个人信息保护方面对中华人民共和国采取歧视性的禁止、限制或者其他类似措施的，中华人民共和国可以根据实际情况对该国家或者地区对等采取措施。

第四章　个人在个人信息处理活动中的权利

第四十四条　个人对其个人信息的处理享有知情权、决定权，有权限制或者拒绝他人对其个人信息进行处理；法律、行政法规另有规定的除外。

第四十五条　个人有权向个人信息处理者查阅、复制其个人信息；有本法第十八条第一款、第三十五条规定情形的除外。

个人请求查阅、复制其个人信息的，个人信息处理者应当及时提供。

个人请求将个人信息转移至其指定的个人信息处理者，符合国家网信部门规定条件的，个人信息处理者应当提供转移的途径。

第四十六条　个人发现其个人信息不准确或者不完整的，有权请求个人信息处理者更正、补充。

个人请求更正、补充其个人信息的，个人信息处理者应当对其个人信息予以核实，并及时更正、补充。

第四十七条　有下列情形之一的，个人信息处理者应当主动删除个人信息；个人信息处理者未删除的，个人有权请求删除：

（一）处理目的已实现、无法实现或者为实现处理目的不再必要；

（二）个人信息处理者停止提供产品或者服务，或者保存期限已届满；

（三）个人撤回同意；

（四）个人信息处理者违反法律、行政法规或者违反约定处理个人信息；

（五）法律、行政法规规定的其他情形。

法律、行政法规规定的保存期限未届满，或者删除个人信息从技术上难以实现的，个人信息处理者应当停止除存储和采取必要的安全保护措施之外的处理。

第四十八条 个人有权要求个人信息处理者对其个人信息处理规则进行解释说明。

第四十九条 自然人死亡的，其近亲属为了自身的合法、正当利益，可以对死者的相关个人信息行使本章规定的查阅、复制、更正、删除等权利；死者生前另有安排的除外。

第五十条 个人信息处理者应当建立便捷的个人行使权利的申请受理和处理机制。拒绝个人行使权利的请求的，应当说明理由。

个人信息处理者拒绝个人行使权利的请求的，个人可以依法向人民法院提起诉讼。

第五章 个人信息处理者的义务

第五十一条 个人信息处理者应当根据个人信息的处理目的、处理方式、个人信息的种类以及对个人权益的影响、可能存在的安全风险等，采取下列措施确保个人信息处理活动符合法律、行政法规的规定，并防止未经授权的访问以及个人信息泄露、篡改、丢失：

（一）制定内部管理制度和操作规程；

（二）对个人信息实行分类管理；

（三）采取相应的加密、去标识化等安全技术措施；

（四）合理确定个人信息处理的操作权限，并定期对从业人员进行安全教育和培训；

（五）制定并组织实施个人信息安全事件应急预案；

（六）法律、行政法规规定的其他措施。

第五十二条 处理个人信息达到国家网信部门规定数量的个人信息处理者应当指定个人信息保护负责人，负责对个人信息处理活动以及采取的保护措施等进行监督。

个人信息处理者应当公开个人信息保护负责人的联系方式，并将个人信息保护负责人的姓名、联系方式等报送履行个人信息保护职责的部门。

第五十三条 本法第三条第二款规定的中华人民共和国境外的个人信息处理者，应当在中华人民共和国境内设立专门机构或者指定代表，负责处理个人信息保护相关事务,并将有关机构的名称或者代表的姓名、联系方式等报送履行个人信息保护职责的部门。

第五十四条 个人信息处理者应当定期对其处理个人信息遵守法律、行政法规的情况进行合规审计。

第五十五条 有下列情形之一的,个人信息处理者应当事前进行个人信息保护影响评估,并对处理情况进行记录:

(一)处理敏感个人信息;

(二)利用个人信息进行自动化决策;

(三)委托处理个人信息、向其他个人信息处理者提供个人信息、公开个人信息;

(四)向境外提供个人信息;

(五)其他对个人权益有重大影响的个人信息处理活动。

第五十六条 个人信息保护影响评估应当包括下列内容:

(一)个人信息的处理目的、处理方式等是否合法、正当、必要;

(二)对个人权益的影响及安全风险;

(三)所采取的保护措施是否合法、有效并与风险程度相适应。

个人信息保护影响评估报告和处理情况记录应当至少保存三年。

第五十七条 发生或者可能发生个人信息泄露、篡改、丢失的,个人信息处理者应当立即采取补救措施,并通知履行个人信息保护职责的部门和个人。通知应当包括下列事项:

(一)发生或者可能发生个人信息泄露、篡改、丢失的信息种类、原因和可能造成的危害;

(二)个人信息处理者采取的补救措施和个人可以采取的减轻危害的措施;

(三)个人信息处理者的联系方式。

个人信息处理者采取措施能够有效避免信息泄露、篡改、丢失造成危害的,个人信息处理者可以不通知个人;履行个人信息保护职责的部门认为可能造成危害的,有权要求个人信息处理者通知个人。

第五十八条 提供重要互联网平台服务、用户数量巨大、业务类型复杂的个人信息处理者,应当履行下列义务:

(一)按照国家规定建立健全个人信息保护合规制度体系,成立主要由外部成员组成的独立机构对个人信息保护情况进行监督;

(二)遵循公开、公平、公正的原则,制定平台规则,明确平台内产品或者服务提供者处理个人信息的规范和保护个人信息的义务；

（三）对严重违反法律、行政法规处理个人信息的平台内的产品或者服务提供者，停止提供服务；

（四）定期发布个人信息保护社会责任报告，接受社会监督。

第五十九条 接受委托处理个人信息的受托人，应当依照本法和有关法律、行政法规的规定，采取必要措施保障所处理的个人信息的安全，并协助个人信息处理者履行本法规定的义务。

第六章 履行个人信息保护职责的部门

第六十条 国家网信部门负责统筹协调个人信息保护工作和相关监督管理工作。国务院有关部门依照本法和有关法律、行政法规的规定，在各自职责范围内负责个人信息保护和监督管理工作。

县级以上地方人民政府有关部门的个人信息保护和监督管理职责，按照国家有关规定确定。

前两款规定的部门统称为履行个人信息保护职责的部门。

第六十一条 履行个人信息保护职责的部门履行下列个人信息保护职责：

（一）开展个人信息保护宣传教育，指导、监督个人信息处理者开展个人信息保护工作；

（二）接受、处理与个人信息保护有关的投诉、举报；

（三）组织对应用程序等个人信息保护情况进行测评，并公布测评结果；

（四）调查、处理违法个人信息处理活动；

（五）法律、行政法规规定的其他职责。

第六十二条 国家网信部门统筹协调有关部门依据本法推进下列个人信息保护工作：

（一）制定个人信息保护具体规则、标准；

（二）针对小型个人信息处理者、处理敏感个人信息以及人脸识别、人工智能等新技术、新应用，制定专门的个人信息保护规则、标准；

（三）支持研究开发和推广应用安全、方便的电子身份认证技术，推进网络身份认证公共服务建设；

（四）推进个人信息保护社会化服务体系建设，支持有关机构开展个人信息保护评估、认证服务；

（五）完善个人信息保护投诉、举报工作机制。

第六十三条 履行个人信息保护职责的部门履行个人信息保护职责，可以采取下列措施：

（一）询问有关当事人，调查与个人信息处理活动有关的情况；

（二）查阅、复制当事人与个人信息处理活动有关的合同、记录、账簿以及其他有关资料；

（三）实施现场检查，对涉嫌违法的个人信息处理活动进行调查；

（四）检查与个人信息处理活动有关的设备、物品；对有证据证明是用于违法个人信息处理活动的设备、物品，向本部门主要负责人书面报告并经批准，可以查封或者扣押。

履行个人信息保护职责的部门依法履行职责，当事人应当予以协助、配合，不得拒绝、阻挠。

第六十四条 履行个人信息保护职责的部门在履行职责中，发现个人信息处理活动存在较大风险或者发生个人信息安全事件的，可以按照规定的权限和程序对该个人信息处理者的法定代表人或者主要负责人进行约谈，或者要求个人信息处理者委托专业机构对其个人信息处理活动进行合规审计。个人信息处理者应当按照要求采取措施，进行整改，消除隐患。

履行个人信息保护职责的部门在履行职责中，发现违法处理个人信息涉嫌犯罪的，应当及时移送公安机关依法处理。

第六十五条 任何组织、个人有权对违法个人信息处理活动向履行个人信息保护职责的部门进行投诉、举报。收到投诉、举报的部门应当依法及时处理，并将处理结果告知投诉、举报人。

履行个人信息保护职责的部门应当公布接受投诉、举报的联系方式。

第七章　法律责任

第六十六条 违反本法规定处理个人信息，或者处理个人信息未履行本法规定的个人信息保护义务的，由履行个人信息保护职责的部门责令改正，给予警告，没收违法所得，对违法处理个人信息的应用程序，责令暂停或者终止提供服务；拒不改正的，并处一百万元以下罚款；对直接负责的主管人员和其他直接责任人员处一万元以上十万元以下罚款。

有前款规定的违法行为，情节严重的，由省级以上履行个人信息保护职责的部门责令改正，没收违法所得，并处五千万元以下或者上一年度营业额百分之五以下罚款，并可以责令暂停相关业务或者停业整顿、通报有关主管部门吊销相关业务许可或者吊销营业执照；对直接负责的主管人员和其他直接责任人员处十万元以上一百万元以下罚款，并可以决定禁止其在一定期限内担任相关企业的董事、监事、高级管理人员和个人信息保护负责人。

第六十七条 有本法规定的违法行为的，依照有关法律、行政法规的规定记入信用档案，并予以公示。

第六十八条 国家机关不履行本法规定的个人信息保护义务的，由其上级机关或者履行个人信息保护职责的部门责令改正；对直接负责的主管人员和其他直接责任人员依法给予处分。

履行个人信息保护职责的部门的工作人员玩忽职守、滥用职权、徇私舞弊，尚不构成犯罪的，依法给予处分。

第六十九条 处理个人信息侵害个人信息权益造成损害，个人信息处理者不能证明自己没有过错的，应当承担损害赔偿等侵权责任。

前款规定的损害赔偿责任按照个人因此受到的损失或者个人信息处理者因此获得的利益确定；个人因此受到的损失和个人信息处理者因此获得的利益难以确定的，根据实际情况确定赔偿数额。

第七十条 个人信息处理者违反本法规定处理个人信息，侵害众多个人的权益的，人民检察院、法律规定的消费者组织和由国家网信部门确定的组织可以依法向人民法院提起诉讼。

第七十一条 违反本法规定，构成违反治安管理行为的，依法给予治安管理处罚；构成犯罪的，依法追究刑事责任。

第八章 附　　则

第七十二条 自然人因个人或者家庭事务处理个人信息的，不适用本法。

法律对各级人民政府及其有关部门组织实施的统计、档案管理活动中的个人信息处理有规定的，适用其规定。

第七十三条 本法下列用语的含义：

（一）个人信息处理者，是指在个人信息处理活动中自主决定处理目的、处理方式的组织、个人。

（二）自动化决策，是指通过计算机程序自动分析、评估个人的行为习惯、兴趣爱好或者经济、健康、信用状况等，并进行决策的活动。

（三）去标识化，是指个人信息经过处理，使其在不借助额外信息的情况下无法识别特定自然人的过程。

（四）匿名化，是指个人信息经过处理无法识别特定自然人且不能复原的过程。

第七十四条 本法自 2021 年 11 月 1 日起施行。

中华人民共和国数据安全法

（2021年6月10日）

第一章 总 则

第一条 为了规范数据处理活动，保障数据安全，促进数据开发利用，保护个人、组织的合法权益，维护国家主权、安全和发展利益，制定本法。

第二条 在中华人民共和国境内开展数据处理活动及其安全监管，适用本法。

在中华人民共和国境外开展数据处理活动，损害中华人民共和国国家安全、公共利益或者公民、组织合法权益的，依法追究法律责任。

第三条 本法所称数据，是指任何以电子或者其他方式对信息的记录。

数据处理，包括数据的收集、存储、使用、加工、传输、提供、公开等。

数据安全，是指通过采取必要措施，确保数据处于有效保护和合法利用的状态，以及具备保障持续安全状态的能力。

第四条 维护数据安全，应当坚持总体国家安全观，建立健全数据安全治理体系，提高数据安全保障能力。

第五条 中央国家安全领导机构负责国家数据安全工作的决策和议事协调，研究制定、指导实施国家数据安全战略和有关重大方针政策，统筹协调国家数据安全的重大事项和重要工作，建立国家数据安全工作协调机制。

第六条 各地区、各部门对本地区、本部门工作中收集和产生的数据及数据安全负责。

工业、电信、交通、金融、自然资源、卫生健康、教育、科技等主管部门承担本行业、本领域数据安全监管职责。

公安机关、国家安全机关等依照本法和有关法律、行政法规的规定，在各自职责范围内承担数据安全监管职责。

国家网信部门依照本法和有关法律、行政法规的规定，负责统筹协调网络数据安全和相关监管工作。

第七条 国家保护个人、组织与数据有关的权益，鼓励数据依法合理有效利用，保障数据依法有序自由流动，促进以数据为关键要素的数字经济发展。

第八条 开展数据处理活动,应当遵守法律、法规,尊重社会公德和伦理,遵守商业道德和职业道德,诚实守信,履行数据安全保护义务,承担社会责任,不得危害国家安全、公共利益,不得损害个人、组织的合法权益。

第九条 国家支持开展数据安全知识宣传普及,提高全社会的数据安全保护意识和水平,推动有关部门、行业组织、科研机构、企业、个人等共同参与数据安全保护工作,形成全社会共同维护数据安全和促进发展的良好环境。

第十条 相关行业组织按照章程,依法制定数据安全行为规范和团体标准,加强行业自律,指导会员加强数据安全保护,提高数据安全保护水平,促进行业健康发展。

第十一条 国家积极开展数据安全治理、数据开发利用等领域的国际交流与合作,参与数据安全相关国际规则和标准的制定,促进数据跨境安全、自由流动。

第十二条 任何个人、组织都有权对违反本法规定的行为向有关主管部门投诉、举报。收到投诉、举报的部门应当及时依法处理。

有关主管部门应当对投诉、举报人的相关信息予以保密,保护投诉、举报人的合法权益。

第二章 数据安全与发展

第十三条 国家统筹发展和安全,坚持以数据开发利用和产业发展促进数据安全,以数据安全保障数据开发利用和产业发展。

第十四条 国家实施大数据战略,推进数据基础设施建设,鼓励和支持数据在各行业、各领域的创新应用。

省级以上人民政府应当将数字经济发展纳入本级国民经济和社会发展规划,并根据需要制定数字经济发展规划。

第十五条 国家支持开发利用数据提升公共服务的智能化水平。提供智能化公共服务,应当充分考虑老年人、残疾人的需求,避免对老年人、残疾人的日常生活造成障碍。

第十六条 国家支持数据开发利用和数据安全技术研究,鼓励数据开发利用和数据安全等领域的技术推广和商业创新,培育、发展数据开发利用和数据安全产品、产业体系。

第十七条 国家推进数据开发利用技术和数据安全标准体系建设。国务院标准化行政主管部门和国务院有关部门根据各自的职责,组织制定并适时修订有关数据开发利用技术、产品和数据安全相关标准。国家支持企业、社会团体和教育、科研机构等参与标准制定。

第十八条 国家促进数据安全检测评估、认证等服务的发展，支持数据安全检测评估、认证等专业机构依法开展服务活动。

国家支持有关部门、行业组织、企业、教育和科研机构、有关专业机构等在数据安全风险评估、防范、处置等方面开展协作。

第十九条 国家建立健全数据交易管理制度，规范数据交易行为，培育数据交易市场。

第二十条 国家支持教育、科研机构和企业等开展数据开发利用技术和数据安全相关教育和培训，采取多种方式培养数据开发利用技术和数据安全专业人才，促进人才交流。

第三章 数据安全制度

第二十一条 国家建立数据分类分级保护制度，根据数据在经济社会发展中的重要程度，以及一旦遭到篡改、破坏、泄露或者非法获取、非法利用，对国家安全、公共利益或者个人、组织合法权益造成的危害程度，对数据实行分类分级保护。国家数据安全工作协调机制统筹协调有关部门制定重要数据目录，加强对重要数据的保护。

关系国家安全、国民经济命脉、重要民生、重大公共利益等数据属于国家核心数据，实行更加严格的管理制度。

各地区、各部门应当按照数据分类分级保护制度，确定本地区、本部门以及相关行业、领域的重要数据具体目录，对列入目录的数据进行重点保护。

第二十二条 国家建立集中统一、高效权威的数据安全风险评估、报告、信息共享、监测预警机制。国家数据安全工作协调机制统筹协调有关部门加强数据安全风险信息的获取、分析、研判、预警工作。

第二十三条 国家建立数据安全应急处置机制。发生数据安全事件，有关主管部门应当依法启动应急预案，采取相应的应急处置措施，防止危害扩大，消除安全隐患，并及时向社会发布与公众有关的警示信息。

第二十四条 国家建立数据安全审查制度，对影响或者可能影响国家安全的数据处理活动进行国家安全审查。

依法作出的安全审查决定为最终决定。

第二十五条 国家对与维护国家安全和利益、履行国际义务相关的属于管制物项的数据依法实施出口管制。

第二十六条 任何国家或者地区在与数据和数据开发利用技术等有关

的投资、贸易等方面对中华人民共和国采取歧视性的禁止、限制或者其他类似措施的，中华人民共和国可以根据实际情况对该国家或者地区对等采取措施。

第四章　数据安全保护义务

第二十七条　开展数据处理活动应当依照法律、法规的规定，建立健全全流程数据安全管理制度，组织开展数据安全教育培训，采取相应的技术措施和其他必要措施，保障数据安全。利用互联网等信息网络开展数据处理活动，应当在网络安全等级保护制度的基础上，履行上述数据安全保护义务。

重要数据的处理者应当明确数据安全负责人和管理机构，落实数据安全保护责任。

第二十八条　开展数据处理活动以及研究开发数据新技术，应当有利于促进经济社会发展，增进人民福祉，符合社会公德和伦理。

第二十九条　开展数据处理活动应当加强风险监测，发现数据安全缺陷、漏洞等风险时，应当立即采取补救措施；发生数据安全事件时，应当立即采取处置措施，按照规定及时告知用户并向有关主管部门报告。

第三十条　重要数据的处理者应当按照规定对其数据处理活动定期开展风险评估，并向有关主管部门报送风险评估报告。

风险评估报告应当包括处理的重要数据的种类、数量，开展数据处理活动的情况，面临的数据安全风险及其应对措施等。

第三十一条　关键信息基础设施的运营者在中华人民共和国境内运营中收集和产生的重要数据的出境安全管理，适用《中华人民共和国网络安全法》的规定；其他数据处理者在中华人民共和国境内运营中收集和产生的重要数据的出境安全管理办法，由国家网信部门会同国务院有关部门制定。

第三十二条　任何组织、个人收集数据，应当采取合法、正当的方式，不得窃取或者以其他非法方式获取数据。

法律、行政法规对收集、使用数据的目的、范围有规定的，应当在法律、行政法规规定的目的和范围内收集、使用数据。

第三十三条　从事数据交易中介服务的机构提供服务，应当要求数据提供方说明数据来源，审核交易双方的身份，并留存审核、交易记录。

第三十四条　法律、行政法规规定提供数据处理相关服务应当取得行政许可的，服务提供者应当依法取得许可。

第三十五条　公安机关、国家安全机关因依法维护国家安全或者侦查犯罪的需要调取数据，应当按照国家有关规定，经过严格的批准手续，依法进行,有关组织、个人应当予以配合。

第三十六条 中华人民共和国主管机关根据有关法律和中华人民共和国缔结或者参加的国际条约、协定,或者按照平等互惠原则,处理外国司法或者执法机构关于提供数据的请求。非经中华人民共和国主管机关批准,境内的组织、个人不得向外国司法或者执法机构提供存储于中华人民共和国境内的数据。

第五章 政务数据安全与开放

第三十七条 国家大力推进电子政务建设,提高政务数据的科学性、准确性、时效性,提升运用数据服务经济社会发展的能力。

第三十八条 国家机关为履行法定职责的需要收集、使用数据,应当在其履行法定职责的范围内依照法律、行政法规规定的条件和程序进行;对在履行职责中知悉的个人隐私、个人信息、商业秘密、保密商务信息等数据应当依法予以保密,不得泄露或者非法向他人提供。

第三十九条 国家机关应当依照法律、行政法规的规定,建立健全数据安全管理制度,落实数据安全保护责任,保障政务数据安全。

第四十条 国家机关委托他人建设、维护电子政务系统,存储、加工政务数据,应当经过严格的批准程序,并应当监督受托方履行相应的数据安全保护义务。受托方应当依照法律、法规的规定和合同约定履行数据安全保护义务,不得擅自留存、使用、泄露或者向他人提供政务数据。

第四十一条 国家机关应当遵循公正、公平、便民的原则,按照规定及时、准确地公开政务数据。依法不予公开的除外。

第四十二条 国家制定政务数据开放目录,构建统一规范、互联互通、安全可控的政务数据开放平台,推动政务数据开放利用。

第四十三条 法律、法规授权的具有管理公共事务职能的组织为履行法定职责开展数据处理活动,适用本章规定。

第六章 法律责任

第四十四条 有关主管部门在履行数据安全监管职责中,发现数据处理活动存在较大安全风险的,可以按照规定的权限和程序对有关组织、个人进行约谈,并要求有关组织、个人采取措施进行整改,消除隐患。

第四十五条 开展数据处理活动的组织、个人不履行本法第二十七条、第二十九条、第三十条规定的数据安全保护义务的,由有关主管部门责令改正,给予警告,可以并处五万元以上五十万元以下罚款,对直接负责的主管人员和其他直接责任人员可以处一万元以上十万元以下罚款;拒不改正或者造成大量数据泄露等严重后果的，处五十万元以上二百万元以下罚款，并可以责令暂停相关业务、停业整顿、吊销相关业务许可证或者吊销营业执照，对直接负责的主管人员和其他直接责任人员处五万元以上二十万元以下罚款。

违反国家核心数据管理制度，危害国家主权、安全和发展利益的，由有关主管部门处二百万元以上一千万元以下罚款，并根据情况责令暂停相关业务、停业整顿、吊销相关业务许可证或者吊销营业执照；构成犯罪的，依法追究刑事责任。

第四十六条 违反本法第三十一条规定，向境外提供重要数据的，由有关主管部门责令改正，给予警告，可以并处十万元以上一百万元以下罚款，对直接负责的主管人员和其他直接责任人员可以处一万元以上十万元以下罚款；情节严重的，处一百万元以上一千万元以下罚款，并可以责令暂停相关业务、停业整顿、吊销相关业务许可证或者吊销营业执照，对直接负责的主管人员和其他直接责任人员处十万元以上一百万元以下罚款。

第四十七条 从事数据交易中介服务的机构未履行本法第三十三条规定的义务的，由有关主管部门责令改正，没收违法所得，处违法所得一倍以上十倍以下罚款，没有违法所得或者违法所得不足十万元的，处十万元以上一百万元以下罚款，并可以责令暂停相关业务、停业整顿、吊销相关业务许可证或者吊销营业执照；对直接负责的主管人员和其他直接责任人员处一万元以上十万元以下罚款。

第四十八条 违反本法第三十五条规定，拒不配合数据调取的，由有关主管部门责令改正，给予警告，并处五万元以上五十万元以下罚款，对直接负责的主管人员和其他直接责任人员处一万元以上十万元以下罚款。

违反本法第三十六条规定，未经主管机关批准向外国司法或者执法机构提供数据的，由有关主管部门给予警告，可以并处十万元以上一百万元以下罚款，对直接负责的主管人员和其他直接责任人员可以处一万元以上十万元以下罚款；造成严重后果的，处一百万元以上五百万元以下罚款，并可以责令暂停相关业务、停业整顿、吊销相关业务许可证或者吊销营业执照，对直接负责的主管人员和其他直接责任人员处五万元以上五十万元以下罚款。

第四十九条 国家机关不履行本法规定的数据安全保护义务的，对直接负责的主管人员和其他直接责任人员依法给予处分。

第五十条 履行数据安全监管职责的国家工作人员玩忽职守、滥用职权、徇私舞弊的，依法给予处分。

第五十一条 窃取或者以其他非法方式获取数据，开展数据处理活动排除、限制竞争，或者损害个人、组织合法权益的，依照有关法律、行政法规的规定处罚。

第五十二条 违反本法规定，给他人造成损害的，依法承担民事责任。

违反本法规定，构成违反治安管理行为的，依法给予治安管理处罚；构成犯罪的，依法追究刑事责任。

第七章 附 则

第五十三条 开展涉及国家秘密的数据处理活动，适用《中华人民共和国保守国家秘密法》等法律、行政法规的规定。

在统计、档案工作中开展数据处理活动，开展涉及个人信息的数据处理活动，还应当遵守有关法律、行政法规的规定。

第五十四条 军事数据安全保护的办法，由中央军事委员会依据本法另行制定。

第五十五条 本法自 2021 年 9 月 1 日起施行。

中华人民共和国刑法（节录）

（2020 年 12 月 26 日修正）

第一百七十七条之一第二款、第三款 窃取、收买或者非法提供他人信用卡信息资料的，依照前款规定处罚。

银行或者其他金融机构的工作人员利用职务上的便利，犯第二款罪的，从重处罚。

第二百一十九条 有下列侵犯商业秘密行为之一，情节严重的，处三年以下有期徒刑，并处或者单处罚金；情节特别严重的，处三年以上十年以下有期徒刑，并处罚金：

（一）以盗窃、贿赂、欺诈、胁迫、电子侵入或者其他不正当手段获取权利人的商业秘密的；

（二）披露、使用或者允许他人使用以前项手段获取的权利人的商业秘密的；

（三）违反保密义务或者违反权利人有关保守商业秘密的要求，披露、使用或者允许他人使用其所掌握的商业秘密的。

明知前款所列行为，获取、披露、使用或者允许他人使用该商业秘密的，以侵犯商业秘密论。

本条所称权利人，是指商业秘密的所有人和经商业秘密所有人许可的商业秘密使用人。

第二百五十三条之一　违反国家有关规定，向他人出售或者提供公民个人信息，情节严重的，处三年以下有期徒刑或者拘役，并处或者单处罚金；情节特别严重的，处三年以上七年以下有期徒刑，并处罚金。

违反国家有关规定，将在履行职责或者提供服务过程中获得的公民个人信息，出售或者提供给他人的，依照前款的规定从重处罚。

窃取或者以其他方法非法获取公民个人信息的，依照第一款的规定处罚。

单位犯前三款罪的，对单位判处罚金，并对其直接负责的主管人员和其他直接责任人员，依照各该款的规定处罚。

第二百八十五条第二款、第四款　违反国家规定，侵入前款规定以外的计算机信息系统或者采用其他技术手段，获取该计算机信息系统中存储、处理或者传输的数据，或者对该计算机信息系统实施非法控制，情节严重的，处三年以下有期徒刑或者拘役，并处或者单处罚金；情节特别严重的，处三年以上七年以下有期徒刑，并处罚金。

单位犯前三款罪的，对单位判处罚金，并对其直接负责的主管人员和其他直接责任人员，依照各该款的规定处罚。

第二百八十六条之一　网络服务提供者不履行法律、行政法规规定的信息网络安全管理义务，经监管部门责令采取改正措施而拒不改正，有下列情形之一的，处三年以下有期徒刑、拘役或者管制，并处或者单处罚金：

（一）致使违法信息大量传播的；

（二）致使用户信息泄露，造成严重后果的；

（三）致使刑事案件证据灭失，情节严重的；

（四）有其他严重情节的。

单位犯前款罪的，对单位判处罚金，并对其直接负责的主管人员和其他直接责任人员，依照前款的规定处罚。

有前两款行为，同时构成其他犯罪的，依照处罚较重的规定定罪处罚。

第二百八十七条之一　利用信息网络实施下列行为之一，情节严重的，处三年以下有期徒刑或者拘役，并处或者单处罚金：

（一）设立用于实施诈骗、传授犯罪方法、制作或者销售违禁物品、管制物品等违法犯罪活动的网站、通讯群组的；

（二）发布有关制作或者销售毒品、枪支、淫秽物品等违禁物品、管制物品或者其他违法犯罪信息的；

（三）为实施诈骗等违法犯罪活动发布信息的。

单位犯前款罪的，对单位判处罚金，并对其直接负责的主管人员和其他直接责任人员，依照第一款的规定处罚。

有前两款行为，同时构成其他犯罪的，依照处罚较重的规定定罪处罚。

中华人民共和国网络安全法（节录）

（2016年11月7日）

第四章 网络信息安全

第四十条 网络运营者应当对其收集的用户信息严格保密，并建立健全用户信息保护制度。

第四十一条 网络运营者收集、使用个人信息，应当遵循合法、正当、必要的原则，公开收集、使用规则，明示收集、使用信息的目的、方式和范围，并经被收集者同意。

网络运营者不得收集与其提供的服务无关的个人信息，不得违反法律、行政法规的规定和双方的约定收集、使用个人信息，并应当依照法律、行政法规的规定和与用户的约定，处理其保存的个人信息。

第四十二条 网络运营者不得泄露、篡改、毁损其收集的个人信息；未经被收集者同意，不得向他人提供个人信息。但是，经过处理无法识别特定个人且不能复原的除外。

网络运营者应当采取技术措施和其他必要措施，确保其收集的个人信息安全，防止信息泄露、毁损、丢失。在发生或者可能发生个人信息泄露、毁损、丢失的情况时，应当立即采取补救措施，按照规定及时告知用户并向有关主管部门报告。

第四十三条 个人发现网络运营者违反法律、行政法规的规定或者双方的约定收集、使用其个人信息的，有权要求网络运营者删除其个人信息；发现网络运营者收集、存储的其个人信息有错误的，有权要求网络运营者予以更正。网络运营者应当采取措施予以删除或者更正。

第四十四条 任何个人和组织不得窃取或者以其他非法方式获取个人信息，不得非法出售或者非法向他人提供个人信息。

第四十五条 依法负有网络安全监督管理职责的部门及其工作人员，必须对在履行职责中知悉的个人信息、隐私和商业秘密严格保密，不得泄露、出售或者非法向他人提供。

第四十六条 任何个人和组织应当对其使用网络的行为负责，不得设立用于实施诈骗，传授犯罪方法，制作或者销售违禁物品、管制物品等违法犯罪活动的网站、通讯群组，不得利用网络发布涉及实施诈骗，制作或者销售违禁物品、管制物品以及其他违法犯罪活动的信息。

第四十七条 网络运营者应当加强对其用户发布的信息的管理，发现法律、行政法规禁止发布或者传输的信息的，应当立即停止传输该信息，采取消除等处置措施，防止信息扩散，保存有关记录，并向有关主管部门报告。

第四十八条 任何个人和组织发送的电子信息、提供的应用软件，不得设置恶意程序，不得含有法律、行政法规禁止发布或者传输的信息。

电子信息发送服务提供者和应用软件下载服务提供者，应当履行安全管理义务，知道其用户有前款规定行为的，应当停止提供服务，采取消除等处置措施，保存有关记录，并向有关主管部门报告。

第四十九条 网络运营者应当建立网络信息安全投诉、举报制度，公布投诉、举报方式等信息，及时受理并处理有关网络信息安全的投诉和举报。

网络运营者对网信部门和有关部门依法实施的监督检查，应当予以配合。

第五十条 国家网信部门和有关部门依法履行网络信息安全监督管理职责，发现法律、行政法规禁止发布或者传输的信息的，应当要求网络运营者停止传输，采取消除等处置措施，保存有关记录；对来源于中华人民共和国境外的上述信息，应当通知有关机构采取技术措施和其他必要措施阻断传播。

中华人民共和国消费者权益保护法（节录）

（2013年10月25日修正）

第十四条 消费者在购买、使用商品和接受服务时，享有人格尊严、民族风俗习惯得到尊重的权利，享有个人信息依法得到保护的权利。

第二十九条 经营者收集、使用消费者个人信息，应当遵循合法、正当、必要的原则，明示收集、使用信息的目的、方式和范围，并经消费者同意。经营者收集、使用消费者个人信息，应当公开其收集、使用规则，不得违反法律、法规的规定和双方的约定收集、使用信息。

经营者及其工作人员对收集的消费者个人信息必须严格保密，不得泄露、出售或者非法向他人提供。经营者应当采取技术措施和其他必要措施，确保信息安全，防止消费者个人信息泄露、丢失。在发生或者可能发生信息泄露、丢失的情况时，应当立即采取补救措施。

经营者未经消费者同意或者请求，或者消费者明确表示拒绝的，不得向其发送商业性信息。

第五十条 经营者侵害消费者的人格尊严、侵犯消费者人身自由或者侵害消费者个人信息依法得到保护的权利的，应当停止侵害、恢复名誉、消除影响、赔礼道歉，并赔偿损失。

第五十六条 经营者有下列情形之一，除承担相应的民事责任外，其他有关法律、法规对处罚机关和处罚方式有规定的，依照法律、法规的规定执行；法律、法规未作规定的，由工商行政管理部门或者其他有关行政部门责令改正，可以根据情节单处或者并处警告、没收违法所得、处以违法所得一倍以上十倍以下的罚款，没有违法所得的，处以五十万元以下的罚款；情节严重的，责令停业整顿、吊销营业执照：

（一）提供的商品或者服务不符合保障人身、财产安全要求的；

（二）在商品中掺杂、掺假，以假充真，以次充好，或者以不合格商品冒充合格商品的；

（三）生产国家明令淘汰的商品或者销售失效、变质的商品的；

（四）伪造商品的产地，伪造或者冒用他人的厂名、厂址，篡改生产日期，伪造或者冒用认证标志等质量标志的；

（五）销售的商品应当检验、检疫而未检验、检疫或者伪造检验、检疫结果的；

（六）对商品或者服务作虚假或者引人误解的宣传的；

（七）拒绝或者拖延有关行政部门责令对缺陷商品或者服务采取停止销售、警示、召回、无害化处理、销毁、停止生产或者服务等措施的；

（八）对消费者提出的修理、重作、更换、退货、补足商品数量、退还货款和服务费用或者赔偿损失的要求，故意拖延或者无理拒绝的；

（九）侵害消费者人格尊严、侵犯消费者人身自由或者侵害消费者个人信息依法得到保护的权利的；

（十）法律、法规规定的对损害消费者权益应当予以处罚的其他情形。

经营者有前款规定情形的，除依照法律、法规规定予以处罚外，处罚机关应当记入信用档案，向社会公布。

中华人民共和国未成年人保护法（节录）

（2020年10月17日修订）

第四条 保护未成年人，应当坚持最有利于未成年人的原则。处理涉及未成年人事项，应当符合下列要求：

（一）给予未成年人特殊、优先保护；

（二）尊重未成年人人格尊严；

（三）保护未成年人隐私权和个人信息；

（四）适应未成年人身心健康发展的规律和特点；

（五）听取未成年人的意见；

（六）保护与教育相结合。

第五章 网络保护

第六十四条 国家、社会、学校和家庭应当加强未成年人网络素养宣传教育，培养和提高未成年人的网络素养，增强未成年人科学、文明、安全、合理使用网络的意识和能力，保障未成年人在网络空间的合法权益。

第六十五条 国家鼓励和支持有利于未成年人健康成长的网络内容的创作与传播，鼓励和支持专门以未成年人为服务对象、适合未成年人身心健康特点的网络技术、产品、服务的研发、生产和使用。

第六十六条　网信部门及其他有关部门应当加强对未成年人网络保护工作的监督检查，依法惩处利用网络从事危害未成年人身心健康的活动，为未成年人提供安全、健康的网络环境。

第六十七条　网信部门会同公安、文化和旅游、新闻出版、电影、广播电视等部门根据保护不同年龄阶段未成年人的需要，确定可能影响未成年人身心健康网络信息的种类、范围和判断标准。

第六十八条　新闻出版、教育、卫生健康、文化和旅游、网信等部门应当定期开展预防未成年人沉迷网络的宣传教育，监督网络产品和服务提供者履行预防未成年人沉迷网络的义务，指导家庭、学校、社会组织互相配合，采取科学、合理的方式对未成年人沉迷网络进行预防和干预。

任何组织或者个人不得以侵害未成年人身心健康的方式对未成年人沉迷网络进行干预。

第六十九条　学校、社区、图书馆、文化馆、青少年宫等场所为未成年人提供的互联网上网服务设施，应当安装未成年人网络保护软件或者采取其他安全保护技术措施。

智能终端产品的制造者、销售者应当在产品上安装未成年人网络保护软件，或者以显著方式告知用户未成年人网络保护软件的安装渠道和方法。

第七十条　学校应当合理使用网络开展教学活动。未经学校允许，未成年学生不得将手机等智能终端产品带入课堂，带入学校的应当统一管理。

学校发现未成年学生沉迷网络的，应当及时告知其父母或者其他监护人，共同对未成年学生进行教育和引导，帮助其恢复正常的学习生活。

第七十一条　未成年人的父母或者其他监护人应当提高网络素养，规范自身使用网络的行为，加强对未成年人使用网络行为的引导和监督。

未成年人的父母或者其他监护人应当通过在智能终端产品上安装未成年人网络保护软件、选择适合未成年人的服务模式和管理功能等方式，避免未成年人接触危害或者可能影响其身心健康的网络信息，合理安排未成年人使用网络的时间，有效预防未成年人沉迷网络。

第七十二条　信息处理者通过网络处理未成年人个人信息的，应当遵循合法、正当和必要的原则。处理不满十四周岁未成年人个人信息的，应当征得未成年人的父母或者其他监护人同意，但法律、行政法规另有规定的除外。

未成年人、父母或者其他监护人要求信息处理者更正、删除未成年人个人信息的，信息处理者应当及时采取措施予以更正、删除，但法律、行政法规另有规定的除外。

第七十三条 网络服务提供者发现未成年人通过网络发布私密信息的，应当及时提示，并采取必要的保护措施。

第七十四条 网络产品和服务提供者不得向未成年人提供诱导其沉迷的产品和服务。

网络游戏、网络直播、网络音视频、网络社交等网络服务提供者应当针对未成年人使用其服务设置相应的时间管理、权限管理、消费管理等功能。

以未成年人为服务对象的在线教育网络产品和服务，不得插入网络游戏链接，不得推送广告等与教学无关的信息。

第七十五条 网络游戏经依法审批后方可运营。

国家建立统一的未成年人网络游戏电子身份认证系统。网络游戏服务提供者应当要求未成年人以真实身份信息注册并登录网络游戏。

网络游戏服务提供者应当按照国家有关规定和标准，对游戏产品进行分类，作出适龄提示，并采取技术措施，不得让未成年人接触不适宜的游戏或者游戏功能。

网络游戏服务提供者不得在每日二十二时至次日八时向未成年人提供网络游戏服务。

第七十六条 网络直播服务提供者不得为未满十六周岁的未成年人提供网络直播发布者账号注册服务；为年满十六周岁的未成年人提供网络直播发布者账号注册服务时，应当对其身份信息进行认证，并征得其父母或者其他监护人同意。

第七十七条 任何组织或者个人不得通过网络以文字、图片、音视频等形式，对未成年人实施侮辱、诽谤、威胁或者恶意损害形象等网络欺凌行为。

遭受网络欺凌的未成年人及其父母或者其他监护人有权通知网络服务提供者采取删除、屏蔽、断开链接等措施。网络服务提供者接到通知后，应当及时采取必要的措施制止网络欺凌行为，防止信息扩散。

第七十八条 网络产品和服务提供者应当建立便捷、合理、有效的投诉和举报渠道，公开投诉、举报方式等信息，及时受理并处理涉未成年人的投诉、举报。

第七十九条 任何组织或者个人发现网络产品、服务含有危害未成年人身心健康的信息，有权向网络产品和服务提供者或者网信、公安等部门投诉、举报。

第八十条 网络服务提供者发现用户发布、传播可能影响未成年人身心健康的信息且未作显著提示的，应当作出提示或者通知用户予以提示；未作出提示的，不得传输相关信息。

网络服务提供者发现用户发布、传播含有危害未成年人身心健康内容的信息的，应当立即停止传输相关信息，采取删除、屏蔽、断开链接等处置措施，保存有关记录，并向网信、公安等部门报告。

网络服务提供者发现用户利用其网络服务对未成年人实施违法犯罪行为的，应当立即停止向该用户提供网络服务，保存有关记录，并向公安机关报告。

全国人民代表大会常务委员会关于加强网络信息保护的决定

（2012年12月28日）

为了保护网络信息安全，保障公民、法人和其他组织的合法权益，维护国家安全和社会公共利益，特作如下决定：

一、国家保护能够识别公民个人身份和涉及公民个人隐私的电子信息。

任何组织和个人不得窃取或者以其他非法方式获取公民个人电子信息，不得出售或者非法向他人提供公民个人电子信息。

二、网络服务提供者和其他企业事业单位在业务活动中收集、使用公民个人电子信息，应当遵循合法、正当、必要的原则，明示收集、使用信息的目的、方式和范围，并经被收集者同意，不得违反法律、法规的规定和双方的约定收集、使用信息。

网络服务提供者和其他企业事业单位收集、使用公民个人电子信息，应当公开其收集、使用规则。

三、网络服务提供者和其他企业事业单位及其工作人员对在业务活动中收集的公民个人电子信息必须严格保密，不得泄露、篡改、毁损，不得出售或者非法向他人提供。

四、网络服务提供者和其他企业事业单位应当采取技术措施和其他必要措施，确保信息安全，防止在业务活动中收集的公民个人电子信息泄露、毁损、丢失。在发生或者可能发生信息泄露、毁损、丢失的情况时，应当立即采取补救措施。

五、网络服务提供者应当加强对其用户发布的信息的管理，发现法律、法规禁止发布或者传输的信息的,应当立即停止传输该信息,采取消除等处置措施,保存有关记录,并向有关主管部门报告。

六、网络服务提供者为用户办理网站接入服务,办理固定电话、移动电话等入网手续,或者为用户提供信息发布服务,应当在与用户签订协议或者确认提供服务时,要求用户提供真实身份信息。

七、任何组织和个人未经电子信息接收者同意或者请求,或者电子信息接收者明确表示拒绝的,不得向其固定电话、移动电话或者个人电子邮箱发送商业性电子信息。

八、公民发现泄露个人身份、散布个人隐私等侵害其合法权益的网络信息,或者受到商业性电子信息侵扰的,有权要求网络服务提供者删除有关信息或者采取其他必要措施予以制止。

九、任何组织和个人对窃取或者以其他非法方式获取、出售或者非法向他人提供公民个人电子信息的违法犯罪行为以及其他网络信息违法犯罪行为,有权向有关主管部门举报、控告;接到举报、控告的部门应当依法及时处理。被侵权人可以依法提起诉讼。

十、有关主管部门应当在各自职权范围内依法履行职责,采取技术措施和其他必要措施,防范、制止和查处窃取或者以其他非法方式获取、出售或者非法向他人提供公民个人电子信息的违法犯罪行为以及其他网络信息违法犯罪行为。有关主管部门依法履行职责时,网络服务提供者应当予以配合,提供技术支持。

国家机关及其工作人员对在履行职责中知悉的公民个人电子信息应当予以保密,不得泄露、篡改、毁损,不得出售或者非法向他人提供。

十一、对有违反本决定行为的,依法给予警告、罚款、没收违法所得、吊销许可证或者取消备案、关闭网站、禁止有关责任人员从事网络服务业务等处罚,记入社会信用档案并予以公布;构成违反治安管理行为的,依法给予治安管理处罚。构成犯罪的,依法追究刑事责任。侵害他人民事权益的,依法承担民事责任。

十二、本决定自公布之日起施行。

中华人民共和国商业银行法（节录）

（2015年8月29日修正）

第二十九条 商业银行办理个人储蓄存款业务，应当遵循存款自愿、取款自由、存款有息、为存款人保密的原则。

对个人储蓄存款，商业银行有权拒绝任何单位或者个人查询、冻结、扣划，但法律另有规定的除外。

第三十条 对单位存款，商业银行有权拒绝任何单位或者个人查询，但法律、行政法规另有规定的除外；有权拒绝任何单位或者个人冻结、扣划，但法律另有规定的除外。

第五十三条 商业银行的工作人员不得泄露其在任职期间知悉的国家秘密、商业秘密。

第七十三条 商业银行有下列情形之一，对存款人或者其他客户造成财产损害的，应当承担支付迟延履行的利息以及其他民事责任：

（一）无故拖延、拒绝支付存款本金和利息的；

（二）违反票据承兑等结算业务规定，不予兑现，不予收付入账，压单、压票或者违反规定退票的；

（三）非法查询、冻结、扣划个人储蓄存款或者单位存款的；

（四）违反本法规定对存款人或者其他客户造成损害的其他行为。

有前款规定情形的，由国务院银行业监督管理机构责令改正，有违法所得的，没收违法所得，违法所得五万元以上的，并处违法所得一倍以上五倍以下罚款；没有违法所得或者违法所得不足五万元的，处五万元以上五十万元以下罚款。

第八十七条 商业银行工作人员泄露在任职期间知悉的国家秘密、商业秘密的，应当给予纪律处分；构成犯罪的，依法追究刑事责任。

中华人民共和国反洗钱法（节录）

（2006 年 10 月 31 日）

第五条 对依法履行反洗钱职责或者义务获得的客户身份资料和交易信息，应当予以保密；非依法律规定，不得向任何单位和个人提供。

反洗钱行政主管部门和其他依法负有反洗钱监督管理职责的部门、机构履行反洗钱职责获得的客户身份资料和交易信息，只能用于反洗钱行政调查。

司法机关依照本法获得的客户身份资料和交易信息，只能用于反洗钱刑事诉讼。

第十七条 金融机构通过第三方识别客户身份的，应当确保第三方已经采取符合本法要求的客户身份识别措施；第三方未采取符合本法要求的客户身份识别措施的，由该金融机构承担未履行客户身份识别义务的责任。

第十八条 金融机构进行客户身份识别，认为必要时，可以向公安、工商行政管理等部门核实客户的有关身份信息。

第十九条 金融机构应当按照规定建立客户身份资料和交易记录保存制度。

在业务关系存续期间，客户身份资料发生变更的，应当及时更新客户身份资料。

客户身份资料在业务关系结束后、客户交易信息在交易结束后，应当至少保存五年。

金融机构破产和解散时，应当将客户身份资料和客户交易信息移交国务院有关部门指定的机构。

第三十二条 金融机构有下列行为之一的，由国务院反洗钱行政主管部门或者其授权的设区的市一级以上派出机构责令限期改正；情节严重的，处二十万元以上五十万元以下罚款，并对直接负责的董事、高级管理人员和其他直接责任人员，处一万元以上五万元以下罚款：

（一）未按照规定履行客户身份识别义务的；

（二）未按照规定保存客户身份资料和交易记录的；

（三）未按照规定报送大额交易报告或者可疑交易报告的；

（四）与身份不明的客户进行交易或者为客户开立匿名账户、假名账户的；

（五）违反保密规定，泄露有关信息的；

（六）拒绝、阻碍反洗钱检查、调查的；

（七）拒绝提供调查材料或者故意提供虚假材料的。

金融机构有前款行为，致使洗钱后果发生的，处五十万元以上五百万元以下罚款，并对直接负责的董事、高级管理人员和其他直接责任人员处五万元以上五十万元以下罚款；情节特别严重的，反洗钱行政主管部门可以建议有关金融监督管理机构责令停业整顿或者吊销其经营许可证。

对有前两款规定情形的金融机构直接负责的董事、高级管理人员和其他直接责任人员，反洗钱行政主管部门可以建议有关金融监督管理机构依法责令金融机构给予纪律处分，或者建议依法取消其任职资格、禁止其从事有关金融行业工作。

第三十三条　违反本法规定，构成犯罪的，依法追究刑事责任。

【部门规章及规范性文件】

网络交易监督管理办法

2021 年 3 月 15 日　　　　　国家市场监督管理总局令第 37 号

第一章　总　　则

第一条　为了规范网络交易活动，维护网络交易秩序，保障网络交易各方主体合法权益，促进数字经济持续健康发展，根据有关法律、行政法规，制定本办法。

第二条　在中华人民共和国境内，通过互联网等信息网络（以下简称通过网络）销售商品或者提供服务的经营活动以及市场监督管理部门对其进行监督管理，适用本办法。

在网络社交、网络直播等信息网络活动中销售商品或者提供服务的经营活动，适用本办法。

第三条　网络交易经营者从事经营活动，应当遵循自愿、平等、公平、诚信原则，遵守法律、法规、规章和商业道德、公序良俗，公平参与市场竞争，认真履行法定义务，积极承担主体责任，接受社会各界监督。

第四条　网络交易监督管理坚持鼓励创新、包容审慎、严守底线、线上线下一体化监管的原则。

第五条　国家市场监督管理总局负责组织指导全国网络交易监督管理工作。

县级以上地方市场监督管理部门负责本行政区域内的网络交易监督管理工作。

第六条　市场监督管理部门引导网络交易经营者、网络交易行业组织、消费者组织、消费者共同参与网络交易市场治理，推动完善多元参与、有效协同、规范有序的网络交易市场治理体系。

第二章　网络交易经营者

第一节　一般规定

第七条　本办法所称网络交易经营者，是指组织、开展网络交易活动的自然人、法人和非法人组织，包括网络交易平台经营者、平台内经营者、自建网站经营者以及通过其他网络服务开展网络交易活动的网络交易经营者。

本办法所称网络交易平台经营者，是指在网络交易活动中为交易双方或者多方提供网络经营场所、交易撮合、信息发布等服务，供交易双方或者多方独立开展网络交易活动的法人或者非法人组织。

本办法所称平台内经营者，是指通过网络交易平台开展网络交易活动的网络交易经营者。

网络社交、网络直播等网络服务提供者为经营者提供网络经营场所、商品浏览、订单生成、在线支付等网络交易平台服务的，应当依法履行网络交易平台经营者的义务。通过上述网络交易平台服务开展网络交易活动的经营者，应当依法履行平台内经营者的义务。

第八条 网络交易经营者不得违反法律、法规、国务院决定的规定，从事无证无照经营。除《中华人民共和国电子商务法》第十条规定的不需要进行登记的情形外，网络交易经营者应当依法办理市场主体登记。

个人通过网络从事保洁、洗涤、缝纫、理发、搬家、配制钥匙、管道疏通、家电家具修理修配等依法无须取得许可的便民劳务活动，依照《中华人民共和国电子商务法》第十条的规定不需要进行登记。

个人从事网络交易活动，年交易额累计不超过10万元的，依照《中华人民共和国电子商务法》第十条的规定不需要进行登记。同一经营者在同一平台或者不同平台开设多家网店的，各网店交易额合并计算。个人从事的零星小额交易须依法取得行政许可的，应当依法办理市场主体登记。

第九条 仅通过网络开展经营活动的平台内经营者申请登记为个体工商户的，可以将网络经营场所登记为经营场所，将经常居住地登记为住所，其住所所在地的县、自治县、不设区的市、市辖区市场监督管理部门为其登记机关。同一经营者有两个以上网络经营场所的，应当一并登记。

第十条 平台内经营者申请将网络经营场所登记为经营场所的，由其入驻的网络交易平台为其出具符合登记机关要求的网络经营场所相关材料。

第十一条 网络交易经营者销售的商品或者提供的服务应当符合保障人身、财产安全的要求和环境保护要求，不得销售或者提供法律、行政法规禁止交易，损害国家利益和社会公共利益，违背公序良俗的商品或者服务。

第十二条 网络交易经营者应当在其网站首页或者从事经营活动的主页面显著位置，持续公示经营者主体信息或者该信息的链接标识。鼓励网络交易经营者链接到国家市场监督管理总局电子营业执照亮照系统，公示其营业执照信息。

已经办理市场主体登记的网络交易经营者应当如实公示下列营业执照信

息以及与其经营业务有关的行政许可等信息,或者该信息的链接标识:

(一)企业应当公示其营业执照登载的统一社会信用代码、名称、企业类型、法定代表人(负责人)、住所、注册资本(出资额)等信息;

(二)个体工商户应当公示其营业执照登载的统一社会信用代码、名称、经营者姓名、经营场所、组成形式等信息;

(三)农民专业合作社、农民专业合作社联合社应当公示其营业执照登载的统一社会信用代码、名称、法定代表人、住所、成员出资总额等信息。

依照《中华人民共和国电子商务法》第十条规定不需要进行登记的经营者应当根据自身实际经营活动类型,如实公示以下自我声明以及实际经营地址、联系方式等信息,或者该信息的链接标识:

(一)"个人销售自产农副产品,依法不需要办理市场主体登记";

(二)"个人销售家庭手工业产品,依法不需要办理市场主体登记";

(三)"个人利用自己的技能从事依法无须取得许可的便民劳务活动,依法不需要办理市场主体登记";

(四)"个人从事零星小额交易活动,依法不需要办理市场主体登记"。

网络交易经营者公示的信息发生变更的,应当在十个工作日内完成更新公示。

第十三条 网络交易经营者收集、使用消费者个人信息,应当遵循合法、正当、必要的原则,明示收集、使用信息的目的、方式和范围,并经消费者同意。网络交易经营者收集、使用消费者个人信息,应当公开其收集、使用规则,不得违反法律、法规的规定和双方的约定收集、使用信息。

网络交易经营者不得采用一次概括授权、默认授权、与其他授权捆绑、停止安装使用等方式,强迫或者变相强迫消费者同意收集、使用与经营活动无直接关系的信息。收集、使用个人生物特征、医疗健康、金融账户、个人行踪等敏感信息的,应当逐项取得消费者同意。

网络交易经营者及其工作人员应当对收集的个人信息严格保密,除依法配合监管执法活动外,未经被收集者授权同意,不得向包括关联方在内的任何第三方提供。

第十四条 网络交易经营者不得违反《中华人民共和国反不正当竞争法》等规定,实施扰乱市场竞争秩序,损害其他经营者或者消费者合法权益的不正当竞争行为。

网络交易经营者不得以下列方式,作虚假或者引人误解的商业宣传,欺骗、误导消费者:

（一）虚构交易、编造用户评价；

（二）采用误导性展示等方式，将好评前置、差评后置，或者不显著区分不同商品或者服务的评价等；

（三）采用谎称现货、虚构预订、虚假抢购等方式进行虚假营销；

（四）虚构点击量、关注度等流量数据，以及虚构点赞、打赏等交易互动数据。

网络交易经营者不得实施混淆行为，引人误认为是他人商品、服务或者与他人存在特定联系。

网络交易经营者不得编造、传播虚假信息或者误导性信息，损害竞争对手的商业信誉、商品声誉。

第十五条 消费者评价中包含法律、行政法规、规章禁止发布或者传输的信息的，网络交易经营者可以依法予以技术处理。

第十六条 网络交易经营者未经消费者同意或者请求，不得向其发送商业性信息。

网络交易经营者发送商业性信息时，应当明示其真实身份和联系方式，并向消费者提供显著、简便、免费的拒绝继续接收的方式。消费者明确表示拒绝的，应当立即停止发送，不得更换名义后再次发送。

第十七条 网络交易经营者以直接捆绑或者提供多种可选项方式向消费者搭售商品或者服务的，应当以显著方式提醒消费者注意。提供多种可选项方式的，不得将搭售商品或者服务的任何选项设定为消费者默认同意，不得将消费者以往交易中选择的选项在后续独立交易中设定为消费者默认选择。

第十八条 网络交易经营者采取自动展期、自动续费等方式提供服务的，应当在消费者接受服务前和自动展期、自动续费等日期前五日，以显著方式提请消费者注意，由消费者自主选择；在服务期间内，应当为消费者提供显著、简便的随时取消或者变更的选项，并不得收取不合理费用。

第十九条 网络交易经营者应当全面、真实、准确、及时地披露商品或者服务信息，保障消费者的知情权和选择权。

第二十条 通过网络社交、网络直播等网络服务开展网络交易活动的网络交易经营者，应当以显著方式展示商品或者服务及其实际经营主体、售后服务等信息，或者上述信息的链接标识。

网络直播服务提供者对网络交易活动的直播视频保存时间自直播结束之日起不少于三年。

第二十一条 网络交易经营者向消费者提供商品或者服务使用格式条

款、通知、声明等的，应当以显著方式提请消费者注意与消费者有重大利害关系的内容，并按照消费者的要求予以说明，不得作出含有下列内容的规定：

（一）免除或者部分免除网络交易经营者对其所提供的商品或者服务应当承担的修理、重作、更换、退货、补足商品数量、退还货款和服务费用、赔偿损失等责任；

（二）排除或者限制消费者提出修理、更换、退货、赔偿损失以及获得违约金和其他合理赔偿的权利；

（三）排除或者限制消费者依法投诉、举报、请求调解、申请仲裁、提起诉讼的权利；

（四）排除或者限制消费者依法变更或者解除合同的权利；

（五）规定网络交易经营者单方享有解释权或者最终解释权；

（六）其他对消费者不公平、不合理的规定。

第二十二条 网络交易经营者应当按照国家市场监督管理总局及其授权的省级市场监督管理部门的要求，提供特定时段、特定品类、特定区域的商品或者服务的价格、销量、销售额等数据信息。

第二十三条 网络交易经营者自行终止从事网络交易活动的，应当提前三十日在其网站首页或者从事经营活动的主页面显著位置，持续公示终止网络交易活动公告等有关信息，并采取合理、必要、及时的措施保障消费者和相关经营者的合法权益。

第二节 网络交易平台经营者

第二十四条 网络交易平台经营者应当要求申请进入平台销售商品或者提供服务的经营者提交其身份、地址、联系方式、行政许可等真实信息，进行核验、登记，建立登记档案，并至少每六个月核验更新一次。

网络交易平台经营者应当对未办理市场主体登记的平台内经营者进行动态监测，对超过本办法第八条第三款规定额度的，及时提醒其依法办理市场主体登记。

第二十五条 网络交易平台经营者应当依照法律、行政法规的规定，向市场监督管理部门报送有关信息。

网络交易平台经营者应当分别于每年1月和7月向住所地省级市场监督管理部门报送平台内经营者的下列身份信息：

（一）已办理市场主体登记的平台内经营者的名称（姓名）、统一社会信用代码、实际经营地址、联系方式、网店名称以及网址链接等信息；

（二）未办理市场主体登记的平台内经营者的姓名、身份证件号码、实际经营地址、联系方式、网店名称以及网址链接、属于依法不需要办理市场主体登记的具体情形的自我声明等信息；其中，对超过本办法第八条第三款规定额度的平台内经营者进行特别标示。

鼓励网络交易平台经营者与市场监督管理部门建立开放数据接口等形式的自动化信息报送机制。

第二十六条　网络交易平台经营者应当为平台内经营者依法履行信息公示义务提供技术支持。平台内经营者公示的信息发生变更的，应当在三个工作日内将变更情况报送平台，平台应当在七个工作日内进行核验，完成更新公示。

第二十七条　网络交易平台经营者应当以显著方式区分标记已办理市场主体登记的经营者和未办理市场主体登记的经营者，确保消费者能够清晰辨认。

第二十八条　网络交易平台经营者修改平台服务协议和交易规则的，应当完整保存修改后的版本生效之日前三年的全部历史版本，并保证经营者和消费者能够便利、完整地阅览和下载。

第二十九条　网络交易平台经营者应当对平台内经营者及其发布的商品或者服务信息建立检查监控制度。网络交易平台经营者发现平台内的商品或者服务信息有违反市场监督管理法律、法规、规章，损害国家利益和社会公共利益，违背公序良俗的，应当依法采取必要的处置措施，保存有关记录，并向平台住所地县级以上市场监督管理部门报告。

第三十条　网络交易平台经营者依据法律、法规、规章的规定或者平台服务协议和交易规则对平台内经营者违法行为采取警示、暂停或者终止服务等处理措施的，应当自决定作出处理措施之日起一个工作日内予以公示，载明平台内经营者的网店名称、违法行为、处理措施等信息。警示、暂停服务等短期处理措施的相关信息应当持续公示至处理措施实施期满之日止。

第三十一条　网络交易平台经营者对平台内经营者身份信息的保存时间自其退出平台之日起不少于三年；对商品或者服务信息，支付记录、物流快递、退换货以及售后等交易信息的保存时间自交易完成之日起不少于三年。法律、行政法规另有规定的，依照其规定。

第三十二条　网络交易平台经营者不得违反《中华人民共和国电子商务法》第三十五条的规定，对平台内经营者在平台内的交易、交易价格以及与其他经营者的交易等进行不合理限制或者附加不合理条件，干涉平台内经营者的自主经营。具体包括：

（一）通过搜索降权、下架商品、限制经营、屏蔽店铺、提高服务收费等方式，禁止或者限制平台内经营者自主选择在多个平台开展经营活动，或者利用不正当手段限制其仅在特定平台开展经营活动；

（二）禁止或者限制平台内经营者自主选择快递物流等交易辅助服务提供者；

（三）其他干涉平台内经营者自主经营的行为。

第三章 监督管理

第三十三条 县级以上地方市场监督管理部门应当在日常管理和执法活动中加强协同配合。

网络交易平台经营者住所地省级市场监督管理部门应当根据工作需要，及时将掌握的平台内经营者身份信息与其实际经营地的省级市场监督管理部门共享。

第三十四条 市场监督管理部门在依法开展监督检查、案件调查、事故处置、缺陷消费品召回、消费争议处理等监管执法活动时，可以要求网络交易平台经营者提供有关的平台内经营者身份信息，商品或者服务信息，支付记录、物流快递、退换货以及售后等交易信息。网络交易平台经营者应当提供，并在技术方面积极配合市场监督管理部门开展网络交易违法行为监测工作。

为网络交易经营者提供宣传推广、支付结算、物流快递、网络接入、服务器托管、虚拟主机、云服务、网站网页设计制作等服务的经营者（以下简称其他服务提供者），应当及时协助市场监督管理部门依法查处网络交易违法行为，提供其掌握的有关数据信息。法律、行政法规另有规定的，依照其规定。

市场监督管理部门发现网络交易经营者有违法行为，依法要求网络交易平台经营者、其他服务提供者采取措施制止的，网络交易平台经营者、其他服务提供者应当予以配合。

第三十五条 市场监督管理部门对涉嫌违法的网络交易行为进行查处时，可以依法采取下列措施：

（一）对与涉嫌违法的网络交易行为有关的场所进行现场检查；

（二）查阅、复制与涉嫌违法的网络交易行为有关的合同、票据、账簿等有关资料；

（三）收集、调取、复制与涉嫌违法的网络交易行为有关的电子数据；

（四）询问涉嫌从事违法的网络交易行为的当事人；

（五）向与涉嫌违法的网络交易行为有关的自然人、法人和非法人组织调查了解有关情况；

（六）法律、法规规定可以采取的其他措施。

采取前款规定的措施，依法需要报经批准的，应当办理批准手续。

市场监督管理部门对网络交易违法行为的技术监测记录资料，可以作为实施行政处罚或者采取行政措施的电子数据证据。

第三十六条　市场监督管理部门应当采取必要措施保护网络交易经营者提供的数据信息的安全，并对其中的个人信息、隐私和商业秘密严格保密。

第三十七条　市场监督管理部门依法对网络交易经营者实施信用监管，将网络交易经营者的注册登记、备案、行政许可、抽查检查结果、行政处罚、列入经营异常名录和严重违法失信企业名单等信息，通过国家企业信用信息公示系统统一归集并公示。对存在严重违法失信行为的，依法实施联合惩戒。

前款规定的信息还可以通过市场监督管理部门官方网站、网络搜索引擎、经营者从事经营活动的主页面显著位置等途径公示。

第三十八条　网络交易经营者未依法履行法定责任和义务，扰乱或者可能扰乱网络交易秩序，影响消费者合法权益的，市场监督管理部门可以依职责对其法定代表人或者主要负责人进行约谈，要求其采取措施进行整改。

第四章　法律责任

第三十九条　法律、行政法规对网络交易违法行为的处罚已有规定的，依照其规定。

第四十条　网络交易平台经营者违反本办法第十条，拒不为入驻的平台内经营者出具网络经营场所相关材料的，由市场监督管理部门责令限期改正；逾期不改正的，处一万元以上三万元以下罚款。

第四十一条　网络交易经营者违反本办法第十一条、第十三条、第十六条、第十八条，法律、行政法规有规定的，依照其规定；法律、行政法规没有规定的，由市场监督管理部门依职责责令限期改正，可以处五千元以上三万元以下罚款。

第四十二条　网络交易经营者违反本办法第十二条、第二十三条，未履行法定信息公示义务的，依照《中华人民共和国电子商务法》第七十六条的规定进行处罚。对其中的网络交易平台经营者，依照《中华人民共和国电子商务法》第八十一条第一款的规定进行处罚。

第四十三条　网络交易经营者违反本办法第十四条的，依照《中华人民共和国反不正当竞争法》的相关规定进行处罚。

第四十四条　网络交易经营者违反本办法第十七条的，依照《中华人民共和国电子商务法》第七十七条的规定进行处罚。

第四十五条　网络交易经营者违反本办法第二十条，法律、行政法规有规定的，依照其规定；法律、行政法规没有规定的，由市场监督管理部门责令限期改正；逾期不改正的，处一万元以下罚款。

第四十六条　网络交易经营者违反本办法第二十二条的，由市场监督管理部门责令限期改正；逾期不改正的，处五千元以上三万元以下罚款。

第四十七条　网络交易平台经营者违反本办法第二十四条第一款、第二十五条第二款、第三十一条，不履行法定核验、登记义务，有关信息报送义务，商品和服务信息、交易信息保存义务的，依照《中华人民共和国电子商务法》第八十条的规定进行处罚。

第四十八条　网络交易平台经营者违反本办法第二十七条、第二十八条、第三十条的，由市场监督管理部门责令限期改正；逾期不改正的，处一万元以上三万元以下罚款。

第四十九条　网络交易平台经营者违反本办法第二十九条，法律、行政法规有规定的，依照其规定；法律、行政法规没有规定的，由市场监督管理部门依职责责令限期改正，可以处一万元以上三万元以下罚款。

第五十条　网络交易平台经营者违反本办法第三十二条的，依照《中华人民共和国电子商务法》第八十二条的规定进行处罚。

第五十一条　网络交易经营者销售商品或者提供服务，不履行合同义务或者履行合同义务不符合约定，或者造成他人损害的，依法承担民事责任。

第五十二条　网络交易平台经营者知道或者应当知道平台内经营者销售的商品或者提供的服务不符合保障人身、财产安全的要求，或者有其他侵害消费者合法权益行为，未采取必要措施的，依法与该平台内经营者承担连带责任。

对关系消费者生命健康的商品或者服务，网络交易平台经营者对平台内经营者的资质资格未尽到审核义务，或者对消费者未尽到安全保障义务，造成消费者损害的，依法承担相应的责任。

第五十三条　对市场监督管理部门依法开展的监管执法活动，拒绝依照本办法规定提供有关材料、信息，或者提供虚假材料、信息，或者隐匿、销毁、转移证据，或者有其他拒绝、阻碍监管执法行为，法律、行政法规、其他市场监督管理部门规章有规定的，依照其规定；法律、行政法规、其他市场监督管理部门规章没有规定的，由市场监督管理部门责令改正，可以处五千元以上三万元以下罚款。

第五十四条 市场监督管理部门的工作人员，玩忽职守、滥用职权、徇私舞弊，或者泄露、出售或者非法向他人提供在履行职责中所知悉的个人信息、隐私和商业秘密的，依法追究法律责任。

第五十五条 违反本办法规定，构成犯罪的，依法追究刑事责任。

第五章 附 则

第五十六条 本办法自2021年5月1日起施行。2014年1月26日原国家工商行政管理总局令第60号公布的《网络交易管理办法》同时废止。

电信和互联网用户个人信息保护规定

2013年7月16日　　　　　　　　　　工业和信息化部令第24号

第一章 总 则

第一条 为了保护电信和互联网用户的合法权益，维护网络信息安全，根据《全国人民代表大会常务委员会关于加强网络信息保护的决定》《中华人民共和国电信条例》和《互联网信息服务管理办法》等法律、行政法规，制定本规定。

第二条 在中华人民共和国境内提供电信服务和互联网信息服务过程中收集、使用用户个人信息的活动，适用本规定。

第三条 工业和信息化部和各省、自治区、直辖市通信管理局（以下统称电信管理机构）依法对电信和互联网用户个人信息保护工作实施监督管理。

第四条 本规定所称用户个人信息，是指电信业务经营者和互联网信息服务提供者在提供服务的过程中收集的用户姓名、出生日期、身份证件号码、住址、电话号码、账号和密码等能够单独或者与其他信息结合识别用户的信息以及用户使用服务的时间、地点等信息。

第五条 电信业务经营者、互联网信息服务提供者在提供服务的过程中收集、使用用户个人信息，应当遵循合法、正当、必要的原则。

第六条 电信业务经营者、互联网信息服务提供者对其在提供服务过程中收集、使用的用户个人信息的安全负责。

第七条 国家鼓励电信和互联网行业开展用户个人信息保护自律工作。

第二章 信息收集和使用规范

第八条 电信业务经营者、互联网信息服务提供者应当制定用户个人信息收集、使用规则，并在其经营或者服务场所、网站等予以公布。

第九条 未经用户同意，电信业务经营者、互联网信息服务提供者不得收集、使用用户个人信息。

电信业务经营者、互联网信息服务提供者收集、使用用户个人信息的，应当明确告知用户收集、使用信息的目的、方式和范围，查询、更正信息的渠道以及拒绝提供信息的后果等事项。

电信业务经营者、互联网信息服务提供者不得收集其提供服务所必需以外的用户个人信息或者将信息用于提供服务之外的目的，不得以欺骗、误导或者强迫等方式或者违反法律、行政法规以及双方的约定收集、使用信息。

电信业务经营者、互联网信息服务提供者在用户终止使用电信服务或者互联网信息服务后，应当停止对用户个人信息的收集和使用，并为用户提供注销号码或者账号的服务。

法律、行政法规对本条第一款至第四款规定的情形另有规定的，从其规定。

第十条 电信业务经营者、互联网信息服务提供者及其工作人员对在提供服务过程中收集、使用的用户个人信息应当严格保密，不得泄露、篡改或者毁损，不得出售或者非法向他人提供。

第十一条 电信业务经营者、互联网信息服务提供者委托他人代理市场销售和技术服务等直接面向用户的服务性工作，涉及收集、使用用户个人信息的，应当对代理人的用户个人信息保护工作进行监督和管理，不得委托不符合本规定有关用户个人信息保护要求的代理人代办相关服务。

第十二条 电信业务经营者、互联网信息服务提供者应当建立用户投诉处理机制，公布有效的联系方式，接受与用户个人信息保护有关的投诉，并自接到投诉之日起十五日内答复投诉人。

第三章 安全保障措施

第十三条 电信业务经营者、互联网信息服务提供者应当采取以下措施防止用户个人信息泄露、毁损、篡改或者丢失：

（一）确定各部门、岗位和分支机构的用户个人信息安全管理责任；

（二）建立用户个人信息收集、使用及其相关活动的工作流程和安全管理制度；

（三）对工作人员及代理人实行权限管理，对批量导出、复制、销毁信息实行审查，并采取防泄密措施；

（四）妥善保管记录用户个人信息的纸介质、光介质、电磁介质等载体，并采取相应的安全储存措施；

（五）对储存用户个人信息的信息系统实行接入审查，并采取防入侵、防病毒等措施；

（六）记录对用户个人信息进行操作的人员、时间、地点、事项等信息；

（七）按照电信管理机构的规定开展通信网络安全防护工作；

（八）电信管理机构规定的其他必要措施。

第十四条 电信业务经营者、互联网信息服务提供者保管的用户个人信息发生或者可能发生泄露、毁损、丢失的，应当立即采取补救措施；造成或者可能造成严重后果的，应当立即向准予其许可或者备案的电信管理机构报告，配合相关部门进行的调查处理。

电信管理机构应当对报告或者发现的可能违反本规定的行为的影响进行评估；影响特别重大的，相关省、自治区、直辖市通信管理局应当向工业和信息化部报告。电信管理机构在依据本规定作出处理决定前，可以要求电信业务经营者和互联网信息服务提供者暂停有关行为，电信业务经营者和互联网信息服务提供者应当执行。

第十五条 电信业务经营者、互联网信息服务提供者应当对其工作人员进行用户个人信息保护相关知识、技能和安全责任培训。

第十六条 电信业务经营者、互联网信息服务提供者应当对用户个人信息保护情况每年至少进行一次自查，记录自查情况，及时消除自查中发现的安全隐患。

第四章 监督检查

第十七条 电信管理机构应当对电信业务经营者、互联网信息服务提供者保护用户个人信息的情况实施监督检查。

电信管理机构实施监督检查时，可以要求电信业务经营者、互联网信息服务提供者提供相关材料，进入其生产经营场所调查情况，电信业务经营者、互联网信息服务提供者应当予以配合。

电信管理机构实施监督检查，应当记录监督检查的情况，不得妨碍电信业务经营者、互联网信息服务提供者正常的经营或者服务活动，不得收取任何费用。

第十八条 电信管理机构及其工作人员对在履行职责中知悉的用户个人信息应当予以保密，不得泄露、篡改或者毁损，不得出售或者非法向他人提供。

第十九条 电信管理机构实施电信业务经营许可及经营许可证年检时，应当对用户个人信息保护情况进行审查。

第二十条 电信管理机构应当将电信业务经营者、互联网信息服务提供者违反本规定的行为记入其社会信用档案并予以公布。

第二十一条 鼓励电信和互联网行业协会依法制定有关用户个人信息保护的自律性管理制度，引导会员加强自律管理，提高用户个人信息保护水平。

第五章 法律责任

第二十二条 电信业务经营者、互联网信息服务提供者违反本规定第八条、第十二条规定的，由电信管理机构依据职权责令限期改正，予以警告，可以并处一万元以下的罚款。

第二十三条 电信业务经营者、互联网信息服务提供者违反本规定第九条至第十一条、第十三条至第十六条、第十七条第二款规定的，由电信管理机构依据职权责令限期改正，予以警告，可以并处一万元以上三万元以下的罚款，向社会公告；构成犯罪的，依法追究刑事责任。

第二十四条 电信管理机构工作人员在对用户个人信息保护工作实施监督管理的过程中玩忽职守、滥用职权、徇私舞弊的，依法给予处理；构成犯罪的，依法追究刑事责任。

第六章 附 则

第二十五条 本规定自 2013 年 9 月 1 日起施行。

网络预约出租汽车经营服务管理暂行办法（节录）

2019 年 12 月 28 日　　　　交通运输部令 2019 年第 46 号

第十八条 网约车平台公司应当保证提供服务的驾驶员具有合法从业资格，按照有关法律法规规定，根据工作时长、服务频次等特点，与驾驶员签订多种形式的劳动合同或者协议，明确双方的权利和义务。网约车平台公司应当维护和保障驾驶员合法权益，开展有关法律法规、职业道德、服务规范、安全运营等方面的岗前培训和日常教育，保证线上提供服务的驾驶员与线下实际提供服务的驾驶员一致，并将驾驶员相关信息向服务所在地出租汽车行政主管部门报备。

网约车平台公司应当记录驾驶员、约车人在其服务平台发布的信息内容、用户注册信息、身份认证信息、订单日志、上网日志、网上交易日志、行驶轨迹日志等数据并备份。

第十九条　网约车平台公司应当公布确定符合国家有关规定的计程计价方式，明确服务项目和质量承诺，建立服务评价体系和乘客投诉处理制度，如实采集与记录驾驶员服务信息。在提供网约车服务时，提供驾驶员姓名、照片、手机号码和服务评价结果，以及车辆牌照等信息。

第二十六条　网约车平台公司应当通过其服务平台以显著方式将驾驶员、约车人和乘客等个人信息的采集和使用的目的、方式和范围进行告知。未经信息主体明示同意，网约车平台公司不得使用前述个人信息用于开展其他业务。

网约车平台公司采集驾驶员、约车人和乘客的个人信息，不得超越提供网约车业务所必需的范围。

除配合国家机关依法行使监督检查权或者刑事侦查权外，网约车平台公司不得向任何第三方提供驾驶员、约车人和乘客的姓名、联系方式、家庭住址、银行账户或者支付账户、地理位置、出行线路等个人信息，不得泄露地理坐标、地理标志物等涉及国家安全的敏感信息。发生信息泄露后，网约车平台公司应当及时向相关主管部门报告，并采取及时有效的补救措施。

第二十七条　网约车平台公司应当遵守国家网络和信息安全有关规定，所采集的个人信息和生成的业务数据，应当在中国内地存储和使用，保存期限不少于 2 年，除法律法规另有规定外，上述信息和数据不得外流。

网约车平台公司不得利用其服务平台发布法律法规禁止传播的信息，不得为企业、个人及其他团体、组织发布有害信息提供便利，并采取有效措施过滤阻断有害信息传播。发现他人利用其网络服务平台传播有害信息的，应当立即停止传输，保存有关记录，并向国家有关机关报告。

网约车平台公司应当依照法律规定，为公安机关依法开展国家安全工作，防范、调查违法犯罪活动提供必要的技术支持与协助。

第三十七条　网约车平台公司违反本规定第十、十八、二十六、二十七条有关规定的，由网信部门、公安机关和通信主管部门按各自职责依照相关法律法规规定给予处罚；给信息主体造成损失的，依法承担民事责任；涉嫌犯罪的，依法追究刑事责任。

网约车平台公司及网约车驾驶员违法使用或者泄露约车人、乘客个人信息的，由公安、网信等部门依照各自职责处以2000元以上10000元以下罚款；给信息主体造成损失的，依法承担民事责任；涉嫌犯罪的，依法追究刑事责任。

网约车平台公司拒不履行或者拒不按要求为公安机关依法开展国家安全工作，防范、调查违法犯罪活动提供技术支持与协助的，由公安机关依法予以处罚；构成犯罪的，依法追究刑事责任。

儿童个人信息网络保护规定

2019年8月22日　　　　　　　　国家互联网信息办公室令第4号

第一条　为了保护儿童个人信息安全，促进儿童健康成长，根据《中华人民共和国网络安全法》《中华人民共和国未成年人保护法》等法律法规，制定本规定。

第二条　本规定所称儿童，是指不满十四周岁的未成年人。

第三条　在中华人民共和国境内通过网络从事收集、存储、使用、转移、披露儿童个人信息等活动，适用本规定。

第四条　任何组织和个人不得制作、发布、传播侵害儿童个人信息安全的信息。

第五条　儿童监护人应当正确履行监护职责，教育引导儿童增强个人信息保护意识和能力，保护儿童个人信息安全。

第六条　鼓励互联网行业组织指导推动网络运营者制定儿童个人信息保护的行业规范、行为准则等，加强行业自律，履行社会责任。

第七条　网络运营者收集、存储、使用、转移、披露儿童个人信息的，应当遵循正当必要、知情同意、目的明确、安全保障、依法利用的原则。

第八条　网络运营者应当设置专门的儿童个人信息保护规则和用户协议，并指定专人负责儿童个人信息保护。

第九条　网络运营者收集、使用、转移、披露儿童个人信息的，应当以显著、清晰的方式告知儿童监护人，并应当征得儿童监护人的同意。

第十条　网络运营者征得同意时，应当同时提供拒绝选项，并明确告知以下事项：

（一）收集、存储、使用、转移、披露儿童个人信息的目的、方式和范围；

（二）儿童个人信息存储的地点、期限和到期后的处理方式；

（三）儿童个人信息的安全保障措施；

（四）拒绝的后果；

（五）投诉、举报的渠道和方式；

（六）更正、删除儿童个人信息的途径和方法；

（七）其他应当告知的事项。

前款规定的告知事项发生实质性变化的，应当再次征得儿童监护人的同意。

第十一条　网络运营者不得收集与其提供的服务无关的儿童个人信息，不得违反法律、行政法规的规定和双方的约定收集儿童个人信息。

第十二条　网络运营者存储儿童个人信息，不得超过实现其收集、使用目的所必需的期限。

第十三条　网络运营者应当采取加密等措施存储儿童个人信息，确保信息安全。

第十四条　网络运营者使用儿童个人信息，不得违反法律、行政法规的规定和双方约定的目的、范围。因业务需要，确需超出约定的目的、范围使用的，应当再次征得儿童监护人的同意。

第十五条　网络运营者对其工作人员应当以最小授权为原则，严格设定信息访问权限，控制儿童个人信息知悉范围。工作人员访问儿童个人信息的，应当经过儿童个人信息保护负责人或者其授权的管理人员审批，记录访问情况，并采取技术措施，避免违法复制、下载儿童个人信息。

第十六条　网络运营者委托第三方处理儿童个人信息的，应当对受委托方及委托行为等进行安全评估，签署委托协议，明确双方责任、处理事项、处理期限、处理性质和目的等，委托行为不得超出授权范围。

前款规定的受委托方，应当履行以下义务：

（一）按照法律、行政法规的规定和网络运营者的要求处理儿童个人信息；

（二）协助网络运营者回应儿童监护人提出的申请；

（三）采取措施保障信息安全，并在发生儿童个人信息泄露安全事件时，及时向网络运营者反馈；

（四）委托关系解除时及时删除儿童个人信息；

（五）不得转委托；

（六）其他依法应当履行的儿童个人信息保护义务。

第十七条 网络运营者向第三方转移儿童个人信息的，应当自行或者委托第三方机构进行安全评估。

第十八条 网络运营者不得披露儿童个人信息，但法律、行政法规规定应当披露或者根据与儿童监护人的约定可以披露的除外。

第十九条 儿童或者其监护人发现网络运营者收集、存储、使用、披露的儿童个人信息有错误的，有权要求网络运营者予以更正。网络运营者应当及时采取措施予以更正。

第二十条 儿童或者其监护人要求网络运营者删除其收集、存储、使用、披露的儿童个人信息的，网络运营者应当及时采取措施予以删除，包括但不限于以下情形：

（一）网络运营者违反法律、行政法规的规定或者双方的约定收集、存储、使用、转移、披露儿童个人信息的；

（二）超出目的范围或者必要期限收集、存储、使用、转移、披露儿童个人信息的；

（三）儿童监护人撤回同意的；

（四）儿童或者其监护人通过注销等方式终止使用产品或者服务的。

第二十一条 网络运营者发现儿童个人信息发生或者可能发生泄露、毁损、丢失的，应当立即启动应急预案，采取补救措施；造成或者可能造成严重后果的，应当立即向有关主管部门报告，并将事件相关情况以邮件、信函、电话、推送通知等方式告知受影响的儿童及其监护人，难以逐一告知的，应当采取合理、有效的方式发布相关警示信息。

第二十二条 网络运营者应当对网信部门和其他有关部门依法开展的监督检查予以配合。

第二十三条 网络运营者停止运营产品或者服务的，应当立即停止收集儿童个人信息的活动，删除其持有的儿童个人信息，并将停止运营的通知及时告知儿童监护人。

第二十四条 任何组织和个人发现有违反本规定行为的，可以向网信部门和其他有关部门举报。

网信部门和其他有关部门收到相关举报的,应当依据职责及时进行处理。

第二十五条 网络运营者落实儿童个人信息安全管理责任不到位,存在较大安全风险或者发生安全事件的,由网信部门依据职责进行约谈,网络运营者应当及时采取措施进行整改,消除隐患。

第二十六条 违反本规定的,由网信部门和其他有关部门依据职责,根据《中华人民共和国网络安全法》《互联网信息服务管理办法》等相关法律法规规定处理;构成犯罪的,依法追究刑事责任。

第二十七条 违反本规定被追究法律责任的,依照有关法律、行政法规的规定记入信用档案,并予以公示。

第二十八条 通过计算机信息系统自动留存处理信息且无法识别所留存处理的信息属于儿童个人信息的,依照其他有关规定执行。

第二十九条 本规定自 2019 年 10 月 1 日起施行。

国家互联网信息办公室秘书局、工业和信息化部办公厅、公安部办公厅、国家市场监督管理总局办公厅关于印发《常见类型移动互联网应用程序必要个人信息范围规定》的通知

2021 年 3 月 12 日　　　　　　　　　国信办秘字〔2021〕14 号

各省、自治区、直辖市及新疆生产建设兵团网信办、通信管理局、公安厅(局)、市场监管局(厅、委):

为贯彻落实《中华人民共和国网络安全法》关于"网络运营者收集、使用个人信息,应当遵循合法、正当、必要的原则""网络运营者不得收集与其提供的服务无关的个人信息"等规定,国家互联网信息办公室、工业和信息化部、公安部、国家市场监督管理总局联合制定了《常见类型移动互联网应用程序必要个人信息范围规定》,明确移动互联网应用程序(App)运营者不得因用户不同意收集非必要个人信息,而拒绝用户使用 App 基本功能服务。

现将《常见类型移动互联网应用程序必要个人信息范围规定》印发给你们,请指导督促本地区 App 运营者抓紧落实,并加强监督检查,及时调

查、处理违法违规收集使用个人信息行为,切实维护公民在网络空间的合法权益。

特此通知。

常见类型移动互联网应用程序必要个人信息范围规定

第一条 为了规范移动互联网应用程序(App)收集个人信息行为,保障公民个人信息安全,根据《中华人民共和国网络安全法》,制定本规定。

第二条 移动智能终端上运行的 App 存在收集用户个人信息行为的,应当遵守本规定。法律、行政法规、部门规章和规范性文件另有规定的,依照其规定。

App 包括移动智能终端预置、下载安装的应用软件,基于应用软件开放平台接口开发的、用户无需安装即可使用的小程序。

第三条 本规定所称必要个人信息,是指保障 App 基本功能服务正常运行所必需的个人信息,缺少该信息 App 即无法实现基本功能服务。具体是指消费侧用户个人信息,不包括服务供给侧用户个人信息。

第四条 App 不得因为用户不同意提供非必要个人信息,而拒绝用户使用其基本功能服务。

第五条 常见类型 App 的必要个人信息范围:

(一)地图导航类,基本功能服务为"定位和导航",必要个人信息为:位置信息、出发地、到达地。

(二)网络约车类,基本功能服务为"网络预约出租汽车服务、巡游出租汽车电召服务",必要个人信息包括:

1. 注册用户移动电话号码;

2. 乘车人出发地、到达地、位置信息、行踪轨迹;

3. 支付时间、支付金额、支付渠道等支付信息(网络预约出租汽车服务)。

(三)即时通信类,基本功能服务为"提供文字、图片、语音、视频等网络即时通信服务",必要个人信息包括:

1. 注册用户移动电话号码;

2. 账号信息:账号、即时通信联系人账号列表。

(四)网络社区类,基本功能服务为"博客、论坛、社区等话题讨论、信息分享和关注互动",必要个人信息为:注册用户移动电话号码。

（五）网络支付类，基本功能服务为"网络支付、提现、转账等功能"，必要个人信息包括：

1. 注册用户移动电话号码；

2. 注册用户姓名、证件类型和号码、证件有效期限、银行卡号码。

（六）网上购物类，基本功能服务为"购买商品"，必要个人信息包括：

1. 注册用户移动电话号码；

2. 收货人姓名（名称）、地址、联系电话；

3. 支付时间、支付金额、支付渠道等支付信息。

（七）餐饮外卖类，基本功能服务为"餐饮购买及外送"，必要个人信息包括：

1. 注册用户移动电话号码；

2. 收货人姓名（名称）、地址、联系电话；

3. 支付时间、支付金额、支付渠道等支付信息。

（八）邮件快件寄递类，基本功能服务为"信件、包裹、印刷品等物品寄递服务"，必要个人信息包括：

1. 寄件人姓名、证件类型和号码等身份信息；

2. 寄件人地址、联系电话；

3. 收件人姓名（名称）、地址、联系电话；

4. 寄递物品的名称、性质、数量。

（九）交通票务类，基本功能服务为"交通相关的票务服务及行程管理（如票务购买、改签、退票、行程管理等）"，必要个人信息包括：

1. 注册用户移动电话号码；

2. 旅客姓名、证件类型和号码、旅客类型。旅客类型通常包括儿童、成人、学生等；

3. 旅客出发地、目的地、出发时间、车次/船次/航班号、席别/舱位等级、座位号（如有）、车牌号及车牌颜色（ETC服务）；

4. 支付时间、支付金额、支付渠道等支付信息。

（十）婚恋相亲类，基本功能服务为"婚恋相亲"，必要个人信息包括：

1. 注册用户移动电话号码；

2. 婚恋相亲人的性别、年龄、婚姻状况。

（十一）求职招聘类，基本功能服务为"求职招聘信息交换"，必要个人信息包括：

1. 注册用户移动电话号码；

2. 求职者提供的简历。

（十二）网络借贷类，基本功能服务为"通过互联网平台实现的用于消费、日常生产经营周转等的个人申贷服务"，必要个人信息包括：

1. 注册用户移动电话号码；

2. 借款人姓名、证件类型和号码、证件有效期限、银行卡号码。

（十三）房屋租售类，基本功能服务为"个人房源信息发布、房屋出租或买卖"，必要个人信息包括：

1. 注册用户移动电话号码；

2. 房源基本信息：房屋地址、面积/户型、期望售价或租金。

（十四）二手车交易类，基本功能服务为"二手车买卖信息交换"，必要个人信息包括：

1. 注册用户移动电话号码；

2. 购买方姓名、证件类型和号码；

3. 出售方姓名、证件类型和号码、车辆行驶证号、车辆识别号码。

（十五）问诊挂号类，基本功能服务为"在线咨询问诊、预约挂号"，必要个人信息包括：

1. 注册用户移动电话号码；

2. 挂号时需提供患者姓名、证件类型和号码、预约挂号的医院和科室；

3. 问诊时需提供病情描述。

（十六）旅游服务类，基本功能服务为"旅游服务产品信息的发布与订购"，必要个人信息包括：

1. 注册用户移动电话号码；

2. 出行人旅游目的地、旅游时间；

3. 出行人姓名、证件类型和号码、联系方式。

（十七）酒店服务类，基本功能服务为"酒店预订"，必要个人信息包括：

1. 注册用户移动电话号码；

2. 住宿人姓名和联系方式、入住和退房时间、入住酒店名称。

（十八）网络游戏类，基本功能服务为"提供网络游戏产品和服务"，必要个人信息为：注册用户移动电话号码。

（十九）学习教育类，基本功能服务为"在线辅导、网络课堂等"，必要个人信息为：注册用户移动电话号码。

（二十）本地生活类，基本功能服务为"家政维修、家居装修、二手闲置物品交易等日常生活服务",必要个人信息为:注册用户移动电话号码。

(二十一)女性健康类,基本功能服务为"女性经期管理、备孕育儿、美容美体等健康管理服务",无须个人信息,即可使用基本功能服务。

(二十二)用车服务类,基本功能服务为"共享单车、共享汽车、租赁汽车等服务",必要个人信息包括:

1.注册用户移动电话号码;

2.使用共享汽车、租赁汽车服务用户的证件类型和号码,驾驶证件信息;

3.支付时间、支付金额、支付渠道等支付信息;

4.使用共享单车、分时租赁汽车服务用户的位置信息。

(二十三)投资理财类,基本功能服务为"股票、期货、基金、债券等相关投资理财服务",必要个人信息包括:

1.注册用户移动电话号码;

2.投资理财用户姓名、证件类型和号码、证件有效期限、证件影印件;

3.投资理财用户资金账户、银行卡号码或支付账号。

(二十四)手机银行类,基本功能服务为"通过手机等移动智能终端设备进行银行账户管理、信息查询、转账汇款等服务",必要个人信息包括:

1.注册用户移动电话号码;

2.用户姓名、证件类型和号码、证件有效期限、证件影印件、银行卡号码、银行预留移动电话号码;

3.转账时需提供收款人姓名、银行卡号码、开户银行信息。

(二十五)邮箱云盘类,基本功能服务为"邮箱、云盘等",必要个人信息为:注册用户移动电话号码。

(二十六)远程会议类,基本功能服务为"通过网络提供音频或视频会议",必要个人信息为:注册用户移动电话号码。

(二十七)网络直播类,基本功能服务为"向公众持续提供实时视频、音频、图文等形式信息浏览服务",无须个人信息,即可使用基本功能服务。

(二十八)在线影音类,基本功能服务为"影视、音乐搜索和播放",无须个人信息,即可使用基本功能服务。

(二十九)短视频类,基本功能服务为"不超过一定时长的视频搜索、播放",无须个人信息,即可使用基本功能服务。

(三十)新闻资讯类,基本功能服务为"新闻资讯的浏览、搜索",无须个人信息,即可使用基本功能服务。

（三十一）运动健身类，基本功能服务为"运动健身训练"，无须个人信息，即可使用基本功能服务。

（三十二）浏览器类，基本功能服务为"浏览互联网信息资源"，无须个人信息，即可使用基本功能服务。

（三十三）输入法类，基本功能服务为"文字、符号等输入"，无须个人信息，即可使用基本功能服务。

（三十四）安全管理类，基本功能服务为"查杀病毒、清理恶意插件、修复漏洞等"，无须个人信息，即可使用基本功能服务。

（三十五）电子图书类，基本功能服务为"电子图书搜索、阅读"，无须个人信息，即可使用基本功能服务。

（三十六）拍摄美化类，基本功能服务为"拍摄、美颜、滤镜等"，无须个人信息，即可使用基本功能服务。

（三十七）应用商店类，基本功能服务为"App 搜索、下载"，无须个人信息，即可使用基本功能服务。

（三十八）实用工具类，基本功能服务为"日历、天气、词典翻译、计算器、遥控器、手电筒、指南针、时钟闹钟、文件传输、文件管理、壁纸铃声、截图录屏、录音、文档处理、智能家居助手、星座性格测试等"，无须个人信息，即可使用基本功能服务。

（三十九）演出票务类，基本功能服务为"演出购票"，必要个人信息包括：

1. 注册用户移动电话号码；

2. 观演场次、座位号（如有）；

3. 支付时间、支付金额、支付渠道等支付信息。

第六条 任何组织和个人发现违反本规定行为的，可以向相关部门举报。

相关部门收到举报后，应当依法予以处理。

第七条 本规定自 2021 年 5 月 1 日起施行。

中国人民银行关于银行业金融机构做好
个人金融信息保护工作的通知

2011年1月21日　　　　　　　　　　　　银发〔2011〕17号

人民银行上海总部，各分行、营业管理部，各省会（首府）城市中心支行，国有商业银行，股份制商业银行，中国邮政储蓄银行：

　　个人金融信息是金融机构日常业务工作中积累的一项重要基础数据，也是金融机构客户个人隐私的重要内容。如何收集、使用、对外提供个人金融信息，既涉及到银行业金融机构业务的正常开展，也涉及客户信息、个人隐私的保护。如果出现与个人金融信息有关的不当行为，不但会直接侵害客户的合法权益，也会增加银行业金融机构的诉讼风险，加大运营成本。近年来，个人金融信息侵权行为时有发生，并引起社会的广泛关注。因此，强化个人金融信息保护和银行业金融机构法制意识，依法收集、使用和对外提供个人金融信息，十分必要。对个人金融信息的保护是银行业金融机构的一项法定义务。为了规范银行业金融机构收集、使用和对外提供个人金融信息行为，保护金融消费者合法权益，维护金融稳定，根据《中华人民共和国中国人民银行法》《中华人民共和国商业银行法》《中华人民共和国反洗钱法》《个人存款账户实名制规定》等法律、法规的规定，现就个人金融信息保护的有关事项通知如下：

　　一、本通知所称个人金融信息，是指银行业金融机构在开展业务时，或通过接入中国人民银行征信系统、支付系统以及其他系统获取、加工和保存的以下个人信息：

　　（一）个人身份信息，包括个人姓名、性别、国籍、民族、身份证件种类号码及有效期限、职业、联系方式、婚姻状况、家庭状况、住所或工作单位地址及照片等；

　　（二）个人财产信息，包括个人收入状况、拥有的不动产状况、拥有的车辆状况、纳税额、公积金缴存金额等；

　　（三）个人账户信息，包括账号、账户开立时间、开户行、账户余额、账户交易情况等；

　　（四）个人信用信息，包括信用卡还款情况、贷款偿还情况以及个人在经济活动中形成的，能够反映其信用状况的其他信息；

（五）个人金融交易信息，包括银行业金融机构在支付结算、理财、保险箱等中间业务过程中获取、保存、留存的个人信息和客户在通过银行业金融机构与保险公司、证券公司、基金公司、期货公司等第三方机构发生业务关系时产生的个人信息等；

（六）衍生信息，包括个人消费习惯、投资意愿等对原始信息进行处理、分析所形成的反映特定个人某些情况的信息；

（七）在与个人建立业务关系过程中获取、保存的其他个人信息。

二、银行业金融机构在收集、保存、使用、对外提供个人金融信息时，应当严格遵守法律规定，采取有效措施加强对个人金融信息保护，确保信息安全，防止信息泄露和滥用。特别是在收集个人金融信息时，应当遵循合法、合理原则，不得收集与业务无关的信息或采取不正当方式收集信息。

三、银行业金融机构应当建立健全内部控制制度，对易发生个人金融信息泄露的环节进行充分排查，明确规定各部门、岗位和人员的管理责任，加强个人金融信息管理的权限设置，形成相互监督、相互制约的管理机制，切实防止信息泄露或滥用事件的发生。

银行业金融机构要完善信息安全技术防范措施，确保个人金融信息在收集、传输、加工、保存、使用等环节中不被泄露。

银行业金融机构要加强对从业人员的培训，强化从业人员个人金融信息安全意识，防止从业人员非法使用、泄露、出售个人金融信息。接触个人金融信息岗位的从业人员在上岗前，应当书面做出保密承诺。

四、银行业金融机构不得篡改、违法使用个人金融信息。使用个人金融信息时，应当符合收集该信息的目的，并不得进行以下行为：

（一）出售个人金融信息；

（二）向本金融机构以外的其他机构和个人提供个人金融信息，但为个人办理相关业务所必需并经个人书面授权或同意的，以及法律法规和中国人民银行另有规定的除外；

（三）在个人提出反对的情况下，将个人金融信息用于产生该信息以外的本金融机构其他营销活动。

银行业金融机构通过格式条款取得客户书面授权或同意的，应当在协议中明确该授权或同意所适用的向他人提供个人金融信息的范围和具体情形。同时，还应当在协议的醒目位置使用通俗易懂的语言明确提示该授权或同意的可能后果，并在客户签署协议时提醒其注意上述提示。

五、银行业金融机构不得将客户授权或同意其将个人信息用于营销、对外提供等作为与客户建立业务关系的先决条件,但该业务关系的性质决定需要预先做出相关授权或同意的除外。

六、在中国境内收集的个人金融信息的储存、处理和分析应当在中国境内进行。除法律法规及中国人民银行另有规定外,银行业金融机构不得向境外提供境内个人金融信息。

七、银行业金融机构通过外包开展业务的,应当充分审查、评估外包服务供应商保护个人金融信息的能力,并将其作为选择外包服务供应商的重要指标。

银行业金融机构与外包服务供应商签订服务协议时,应当明确其保护个人金融信息的职责和保密义务,并采取必要措施保证外包服务供应商履行上述职责和义务,确保个人金融信息安全。银行业金融机构应要求外包服务供应商在外包业务终止后,及时销毁因外包业务而获得的个人金融信息。

八、银行业金融机构通过接入中国人民银行征信系统、支付系统以及其他系统获取的个人金融信息,应当严格按照系统规定的用途使用,不得违反规定查询和滥用。

九、银行业金融机构发生个人金融信息泄露事件的,或银行业金融机构的上级机构发现下级机构有违反规定对外提供个人金融信息及其他违反本通知行为的,应当在事件发生之日或发现下级机构违规行为之日起7个工作日内将相关情况及初步处理意见报告中国人民银行当地分支机构。

中国人民银行分支机构在收到银行业金融机构报告后,应视情况予以处理,并及时向中国人民银行报告。

十、中国人民银行及其地市中心支行以上分支机构受理投诉或发现银行业金融机构可能未履行个人金融信息保护义务的,可依法进行核实,认定银行业金融机构存在违反本通知规定,或存在其他未履行个人金融信息保护义务情形的,可采取以下处理措施:

(一)约见其高管人员谈话,要求说明情况;

(二)责令银行业金融机构限期整改;

(三)在金融系统内予以通报;

(四)建议银行业金融机构对直接负责的高级管理人员和其他直接责任人员依法给予处分;

(五)涉嫌犯罪的,依法移交司法机关处理。

十一、银行业金融机构违反规定通过中国人民银行征信系统、支付系统以及其他系统查询或滥用个人金融信息的,中国人民银行及其地市中心支行以上分支机构可按照本通知第十条及其他相关规定予以处理。

银行业金融机构违法情节严重或拒不改正的,中国人民银行可决定暂停其使用,或禁止其新设分支机构接入上述系统。

十二、银行业金融机构及其工作人员违反规定使用和对外提供个人金融信息,给客户造成损害的,应当依法承担相应的法律责任。

本通知自 2011 年 5 月 1 日起执行。请中国人民银行上海总部,各分行、营业管理部、省会(首府)城市中心支行将本通知转发至辖区内各银行业金融机构。本通知执行过程中发现的新情况、新问题,请及时向中国人民银行报告。

移动互联网应用程序信息服务管理规定(节录)

(国家互联网信息办公室 2016 年 6 月 28 日)

第七条 移动互联网应用程序提供者应当严格落实信息安全管理责任,依法履行以下义务:

(一)按照"后台实名、前台自愿"的原则,对注册用户进行基于移动电话号码等真实身份信息认证。

(二)建立健全用户信息安全保护机制,收集、使用用户个人信息应当遵循合法、正当、必要的原则,明示收集使用信息的目的、方式和范围,并经用户同意。

(三)建立健全信息内容审核管理机制,对发布违法违规信息内容的,视情采取警示、限制功能、暂停更新、关闭账号等处置措施,保存记录并向有关主管部门报告。

(四)依法保障用户在安装或使用过程中的知情权和选择权,未向用户明示并经用户同意,不得开启收集地理位置、读取通讯录、使用摄像头、启用录音等功能,不得开启与服务无关的功能,不得捆绑安装无关应用程序。

(五)尊重和保护知识产权,不得制作、发布侵犯他人知识产权的应用程序。

(六)记录用户日志信息,并保存六十日。

互联网直播服务管理规定(节录)

(国家互联网信息办公室 2016年11月4日)

第十二条 互联网直播服务提供者应当按照"后台实名、前台自愿"的原则,对互联网直播用户进行基于移动电话号码等方式的真实身份信息认证,对互联网直播发布者进行基于身份证件、营业执照、组织机构代码证等的认证登记。互联网直播服务提供者应当对互联网直播发布者的真实身份信息进行审核,向所在地省、自治区、直辖市互联网信息办公室分类备案,并在相关执法部门依法查询时予以提供。

互联网直播服务提供者应当保护互联网直播服务使用者身份信息和隐私,不得泄露、篡改、毁损,不得出售或者非法向他人提供。

【国家标准】

信息安全技术 个人信息安全规范

GB/T 35273—2020

国家市场监督管理总局、国家标准化管理委员会发布
（2020年3月6日发布，2020年10月1日实施）

前　言

本标准按照 GB/T 1.1—2009 给出的规则起草。

本标准代替 GB/T 35273—2017《信息安全技术　个人信息安全规范》，与 GB/T 35273—2017 相比，除编辑性修改外主要技术变化如下：

——增加了"多项业务功能的自主选择"（见5.3）；

——修改了"征得授权同意的例外"（见5.6，2017年版的5.4）；

——增加了"用户画像的使用限制"（见7.4）；

——增加了"个性化展示的使用"（见7.5）；

——增加了"基于不同业务目所收集个人信息的汇聚融合"（见7.6）；

——修改了"个人信息主体注销账户"（见8.5，2017年版的7.8）；

——增加了"第三方接入管理"（见9.7）；

——修改了"明确责任部门与人员"（见11.1，2017年版的10.1）；

——增加了"个人信息安全工程"（见11.2）；

——增加了"个人信息处理活动记录"（见11.3）；

——修改了"实现个人信息主体自主意愿的方法"（见附录C，2017年版的附录C）。

请注意本文件的某些内容可能涉及专利，本文件的发布机构不承担识别这些专利的责任。

本标准由全国信息安全标准化技术委员会（SAC/TC 260）提出并归口。

本标准起草单位：中国电子技术标准化研究院、北京信息安全测评中心、颐信科技有限公司、四川大学、清华大学、中国信息通信研究院、公安

部第一研究所、中国网络安全审查技术与认证中心、深圳腾讯计算机系统有限公司、上海国际问题研究院、阿里巴巴（北京）软件服务有限公司、中电长城网际系统应用有限公司、阿里云计算有限公司、华为技术有限公司、强韵数据科技有限公司。

本标准主要起草人：洪延青、何延哲、杨建军、钱秀槟、陈兴蜀、刘贤刚、上官晓丽、高林、邵正强、金涛、胡影、赵冉冉、韩煜、陈湉、高磊、张晓梅、张志强、葛鑫、周晨炜、秦小伟、邵华、蔡晓丹、黄晓林、顾伟、黄劲、李媛、许静慧、赵章界、孔耀辉、范红、杜跃进、杨思磊、张亚男、叶晓俊、郑斌、闵京华、鲁传颖、周亚超、杨露、王海舟、王建民、秦颂、姚相振、葛小宇、王道奎、沈锡镛。

本标准所代替标准的历次版本发布情况为：
——GB/T 35273—2017。

引　言

近年，随着信息技术的快速发展和互联网应用的普及，越来越多的组织大量收集、使用个人信息，给人们生活带来便利的同时，也出现了对个人信息的非法收集、滥用、泄露等问题，个人信息安全面临严重威胁。

本标准针对个人信息面临的安全问题，根据《中华人民共和国网络安全法》等相关法律，规范个人信息控制者在收集、存储、使用、共享、转让、公开披露等信息处理环节中的相关行为，旨在遏制个人信息非法收集、滥用、泄漏等乱象，最大程度地保障个人的合法权益和社会公共利益。

对标准中的具体事项，法律法规另有规定的，需遵照其规定执行。

信息安全技术　个人信息安全规范

1　范围

本标准规定了开展收集、存储、使用、共享、转让、公开披露、删除等个人信息处理活动应遵循的原则和安全要求。

本标准适用于规范各类组织个人信息处理活动，也适用于主管监管部门、第三方评估机构等组织对个人信息处理活动进行监督、管理和评估。

2　规范性引用文件

下列文件对于本文件的应用是必不可少的。凡是注日期的引用文件，仅注日期的版本适用于本文件。凡是不注日期的引用文件，其最新版本（包括所有的修改单）适用于本文件。

GB/T 25069—2010　信息安全技术　术语

3　术语和定义

GB/T 25069—2010 界定的以及下列术语和定义适用于本文件。

3.1

个人信息　personal information

以电子或者其他方式记录的能够单独或者与其他信息结合识别特定自然人身份或者反映特定自然人活动情况的各种信息。

注1：个人信息包括姓名、出生日期、身份证件号码、个人生物识别信息、住址、通信通讯联系方式、通信记录和内容、账号密码、财产信息、征信信息、行踪轨迹、住宿信息、健康生理信息、交易信息等。

注2：关于个人信息的判定方法和类型参见附录A。

注3：个人信息控制者通过个人信息或其他信息加工处理后形成的信息，例如，用户画像或特征标签，能够单独或者与其他信息结合识别特定自然人身份或者反映特定自然人活动情况的，属于个人信息。

3.2

个人敏感信息　personal sensitive information

一旦泄露、非法提供或滥用可能危害人身和财产安全，极易导致个人名誉、身心健康受到损害或歧视性待遇等的个人信息。

注1：个人敏感信息包括身份证件号码、个人生物识别信息、银行账号、通信记录和内容、财产信息、征信信息、行踪轨迹、住宿信息、健康生理信息、交易信息、14岁以下（含）儿童的个人信息等。

注2：关于个人敏感信息的判定方法和类型参见附录B。

注3：个人信息控制者通过个人信息或其他信息加工处理后形成的信息，如一旦泄露、非法提供或滥用可能危害人身和财产安全，极易导致个人名誉、身心健康受到损害或歧视性待遇等的，属于个人敏感信息。

3.3

个人信息主体　personal information subject

个人信息所标识或者关联的自然人。

3.4

个人信息控制者　personal information controller

有能力决定个人信息处理目的、方式等的组织或个人。

3.5

收集　collect

获得个人信息的控制权的行为。

注1：包括由个人信息主体主动提供、通过与个人信息主体交互或记录个人信息主体行为等自动采集行为，以及通过共享、转让、搜集公开信息等间接获取个人信息等行为。

注2：如果产品或服务的提供者提供工具供个人信息主体使用，提供者不对个人信息进行访问的，则不属于本标准所称的收集。例如，离线导航软件在终端获取个人信息主体位置信息后，如果不回传至软件提供者，则不属于个人信息主体位置信息的收集。

3.6

明示同意 explicit consent

个人信息主体通过书面、口头等方式主动作出纸质或电子形式的声明，或者自主作出肯定性动作，对其个人信息进行特定处理作出明确授权的行为。

注：肯定性动作包括个人信息主体主动勾选、主动点击"同意""注册""发送""拨打"、主动填写或提供等。

3.7

授权同意 consent

个人信息主体对其个人信息进行特定处理作出明确授权的行为。

注：包括通过积极的行为作出授权（即明示同意），或者通过消极的不作为而作出授权（如信息采集区域内的个人信息主体在被告知信息收集行为后没有离开该区域）。

3.8

用户画像 user profiling

通过收集、汇聚、分析个人信息，对某特定自然人个人特征，如职业、经济、健康、教育、个人喜好、信用、行为等方面作出分析或预测，形成其个人特征模型的过程。

注：直接使用特定自然人的个人信息，形成该自然人的特征模型，称为直接用户画像。使用来源于特定自然人以外的个人信息，如其所在群体的数据，形成该自然人的特征模型，称为间接用户画像。

3.9

个人信息安全影响评估 personal information security impact assessment

针对个人信息处理活动，检验其合法合规程度，判断其对个人信息主体合法权益造成损害的各种风险，以及评估用于保护个人信息主体的各项措施有效性的过程。

3.10

删除 delete

在实现日常业务功能所涉及的系统中去除个人信息的行为,使其保持不可被检索、访问的状态。

3.11

公开披露 public disclosure

向社会或不特定人群发布信息的行为。

3.12

转让 transfer of control

将个人信息控制权由一个控制者向另一个控制者转移的过程。

3.13

共享 sharing

个人信息控制者向其他控制者提供个人信息,且双方分别对个人信息拥有独立控制权的过程。

3.14

匿名化 anonymization

通过对个人信息的技术处理,使得个人信息主体无法被识别或者关联,且处理后的信息不能被复原的过程。

注:个人信息经匿名化处理后所得的信息不属于个人信息。

3.15

去标识化 de-identification

通过对个人信息的技术处理,使其在不借助额外信息的情况下,无法识别或者关联个人信息主体的过程。

注:去标识化建立在个体基础之上,保留了个体颗粒度,采用假名、加密、哈希函数等技术手段替代对个人信息的标识。

3.16

个性化展示 personalized display

基于特定个人信息主体的网络浏览历史、兴趣爱好、消费记录和习惯等个人信息,向该个人信息主体展示信息内容、提供商品或服务的搜索结果等活动。

3.17

业务功能 business function

满足个人信息主体的具体使用需求的服务类型。

注：如地图导航、网络约车、即时通讯、网络社区、网络支付、新闻资讯、网上购物、快递配送、交通票务等。

4 个人信息安全基本原则

个人信息控制者开展个人信息处理活动应遵循合法、正当、必要的原则，具体包括：

a）权责一致——采取技术和其他必要的措施保障个人信息的安全，对其个人信息处理活动对个人信息主体合法权益造成的损害承担责任。

b）目的明确——具有明确、清晰、具体的个人信息处理目的。

c）选择同意——向个人信息主体明示个人信息处理目的、方式、范围等规则，征求其授权同意。

d）最小必要——只处理满足个人信息主体授权同意的目的所需的最少个人信息类型和数量。目的达成后，应及时删除个人信息。

e）公开透明——以明确、易懂和合理的方式公开处理个人信息的范围、目的、规则等，并接受外部监督。

f）确保安全——具备与所面临的安全风险相匹配的安全能力，并采取足够的管理措施和技术手段，保护个人信息的保密性、完整性、可用性。

g）主体参与——向个人信息主体提供能够查询、更正、删除其个人信息，以及撤回授权同意、注销账户、投诉等方法。

5 个人信息的收集

5.1 收集个人信息的合法性

对个人信息控制者的要求包括：

a）不应以欺诈、诱骗、误导的方式收集个人信息；

b）不应隐瞒产品或服务所具有的收集个人信息的功能；

c）不应从非法渠道获取个人信息。

5.2 收集个人信息的最小必要

对个人信息控制者的要求包括：

a）收集的个人信息的类型应与实现产品或服务的业务功能有直接关联；直接关联是指没有上述个人信息的参与，产品或服务的功能无法实现。

b）自动采集个人信息的频率应是实现产品或服务的业务功能所必需的最低频率。

c）间接获取个人信息的数量应是实现产品或服务的业务功能所必需的

最少数量。

5.3 多项业务功能的自主选择

当产品或服务提供多项需收集个人信息的业务功能时，个人信息控制者不应违背个人信息主体的自主意愿，强迫个人信息主体接受产品或服务所提供的业务功能及相应的个人信息收集请求。对个人信息控制者的要求包括：

a) 不应通过捆绑产品或服务各项业务功能的方式，要求个人信息主体一次性接受并授权同意其未申请或使用的业务功能收集个人信息的请求。

b) 应把个人信息主体自主作出的肯定性动作，如主动点击、勾选、填写等，作为产品或服务的特定业务功能的开启条件。个人信息控制者应仅在个人信息主体开启该业务功能后，开始收集个人信息。

c) 关闭或退出业务功能的途径或方式应与个人信息主体选择使用业务功能的途径或方式同样方便。个人信息主体选择关闭或退出特定业务功能后，个人信息控制者应停止该业务功能的个人信息收集活动。

d) 个人信息主体不授权同意使用、关闭或退出特定业务功能的，不应频繁征求个人信息主体的授权同意。

e) 个人信息主体不授权同意使用、关闭或退出特定业务功能的，不应暂停个人信息主体自主选择使用的其他业务功能，或降低其他业务功能的服务质量。

f) 不得仅以改善服务质量、提升使用体验、研发新产品、增强安全性等为由，强制要求个人信息主体同意收集个人信息。

5.4 收集个人信息时的授权同意

对个人信息控制者的要求包括：

a) 收集个人信息，应向个人信息主体告知收集、使用个人信息的目的、方式和范围等规则，并获得个人信息主体的授权同意。

注1：如产品或服务仅提供一项收集、使用个人信息的业务功能时，个人信息控制者可通过个人信息保护政策的形式，实现向个人信息主体的告知；产品或服务提供多项收集、使用个人信息的业务功能的，除个人信息保护政策外，个人信息控制者宜在实际开始收集特定个人信息时，向个人信息主体提供收集、使用该个人信息的目的、方式和范围，以便个人信息主体在作出具体的授权同意前，能充分考虑对其的具体影响。

注2：符合5.3和a)要求的实现方法，可参考附录C。

b) 收集个人敏感信息前，应征得个人信息主体的明示同意，并应确保个人信息主体的明示同意是其在完全知情的基础上自主给出的、具体的、清晰明确的意愿表示。

c）收集个人生物识别信息前，应单独向个人信息主体告知收集、使用个人生物识别信息的目的、方式和范围，以及存储时间等规则，并征得个人信息主体的明示同意。

注：个人生物识别信息包括个人基因、指纹、声纹、掌纹、耳廓、虹膜、面部识别特征等。

d）收集年满14周岁未成年人的个人信息前，应征得未成年人或其监护人的明示同意；不满14周岁的，应征得其监护人的明示同意。

e）间接获取个人信息时：

1）应要求个人信息提供方说明个人信息来源，并对其个人信息来源的合法性进行确认；

2）应了解个人信息提供方已获得的个人信息处理的授权同意范围，包括使用目的，个人信息主体是否授权同意转让、共享、公开披露、删除等；

3）如开展业务所需进行的个人信息处理活动超出已获得的授权同意范围的，应在获取个人信息后的合理期限内或处理个人信息前，征得个人信息主体的明示同意，或通过个人信息提供方征得个人信息主体的明示同意。

5.5 个人信息保护政策

对个人信息控制者的要求包括：

a）应制定个人信息保护政策，内容应包括但不限于：

1）个人信息控制者的基本情况，包括主体身份、联系方式；

2）收集、使用个人信息的业务功能，以及各业务功能分别收集的个人信息类型。涉及个人敏感信息的，需明确标识或突出显示；

3）个人信息收集方式、存储期限、涉及数据出境情况等个人信息处理规则；

4）对外共享、转让、公开披露个人信息的目的、涉及的个人信息类型、接收个人信息的第三方类型，以及各自的安全和法律责任；

5）个人信息主体的权利和实现机制，如查询方法、更正方法、删除方法、注销账户的方法、撤回授权同意的方法、获取个人信息副本的方法、对信息系统自动决策结果进行投诉的方法等；

6）提供个人信息后可能存在的安全风险，及不提供个人信息可能产生的影响；

7) 遵循的个人信息安全基本原则，具备的数据安全能力，以及采取的个人信息安全保护措施，必要时可公开数据安全和个人信息保护相关的合规证明；

8) 处理个人信息主体询问、投诉的渠道和机制，以及外部纠纷解决机构及联络方式。

b) 个人信息保护政策所告知的信息应真实、准确、完整。

c) 个人信息保护政策的内容应清晰易懂，符合通用的语言习惯，使用标准化的数字、图示等，避免使用有歧义的语言。

d) 个人信息保护政策应公开发布且易于访问，例如，在网站主页、移动互联网应用程序安装页、附录 C 中的交互界面或设计等显著位置设置链接。

e) 个人信息保护政策应逐一送达个人信息主体。当成本过高或有显著困难时，可以公告的形式发布。

f) 在 a) 所载事项发生变化时，应及时更新个人信息保护政策并重新告知个人信息主体。

注1：组织会习惯性将个人信息保护政策命名为"隐私政策"或其他名称，其内容宜与个人信息保护政策内容保持一致。

注2：个人信息保护政策的内容可参考附录 D。

注3：在个人信息主体首次打开产品或服务、注册账户等情形时，宜通过弹窗等形式主动向其展示个人信息保护政策的主要或核心内容，帮助个人信息主体理解该产品或服务的个人信息处理范围和规则，并决定是否继续使用该产品或服务。

5.6 征得授权同意的例外

以下情形中，个人信息控制者收集、使用个人信息不必征得个人信息主体的授权同意：

a) 与个人信息控制者履行法律法规规定的义务相关的；

b) 与国家安全、国防安全直接相关的；

c) 与公共安全、公共卫生、重大公共利益直接相关的；

d) 与刑事侦查、起诉、审判和判决执行等直接相关的；

e) 出于维护个人信息主体或其他个人的生命、财产等重大合法权益但又很难得到本人授权同意的；

f) 所涉及的个人信息是个人信息主体自行向社会公众公开的；

g) 根据个人信息主体要求签订和履行合同所必需的；

注：个人信息保护政策的主要功能为公开个人信息控制者收集、使用个人信息

范围和规则，不应将其视为合同。

h）从合法公开披露的信息中收集个人信息的，如合法的新闻报道、政府信息公开等渠道；

i）维护所提供产品或服务的安全稳定运行所必需的，如发现、处置产品或服务的故障；

j）个人信息控制者为新闻单位，且其开展合法的新闻报道所必需的；

k）个人信息控制者为学术研究机构，出于公共利益开展统计或学术研究所必要，且其对外提供学术研究或描述的结果时，对结果中所包含的个人信息进行去标识化处理的。

6 个人信息的存储

6.1 个人信息存储时间最小化

对个人信息控制者的要求包括：

a）个人信息存储期限应为实现个人信息主体授权使用的目的所必需的最短时间，法律法规另有规定或者个人信息主体另行授权同意的除外；

b）超出上述个人信息存储期限后，应对个人信息进行删除或匿名化处理。

6.2 去标识化处理

收集个人信息后，个人信息控制者宜立即进行去标识化处理，并采取技术和管理方面的措施，将可用于恢复识别个人的信息与去标识化后的信息分开存储并加强访问和使用的权限管理。

6.3 个人敏感信息的传输和存储

对个人信息控制者的要求包括：

a）传输和存储个人敏感信息时，应采用加密等安全措施；

注：采用密码技术时宜遵循密码管理相关国家标准。

b）个人生物识别信息应与个人身份信息分开存储；

c）原则上不应存储原始个人生物识别信息（如样本、图像等），可采取的措施包括但不限于：

    1）仅存储个人生物识别信息的摘要信息；

    2）在采集终端中直接使用个人生物识别信息实现身份识别、认证等功能；

    3）在使用面部识别特征、指纹、掌纹、虹膜等实现识别身份、认证等功能后删除可提取个人生物识别信息的原始图像。

注1：摘要信息通常具有不可逆特点，无法回溯到原始信息。

注2：个人信息控制者履行法律法规规定的义务相关的情形除外。

6.4 个人信息控制者停止运营

当个人信息控制者停止运营其产品或服务时，应：

a) 及时停止继续收集个人信息；

b) 将停止运营的通知以逐一送达或公告的形式通知个人信息主体；

c) 对其所持有的个人信息进行删除或匿名化处理。

7 个人信息的使用

7.1 个人信息访问控制措施

对个人信息控制者的要求包括：

a) 对被授权访问个人信息的人员，应建立最小授权的访问控制策略，使其只能访问职责所需的最小必要的个人信息，且仅具备完成职责所需的最少的数据操作权限；

b) 对个人信息的重要操作设置内部审批流程，如进行批量修改、拷贝、下载等重要操作；

c) 对安全管理人员、数据操作人员、审计人员的角色进行分离设置；

d) 确因工作需要，需授权特定人员超权限处理个人信息的，应经个人信息保护责任人或个人信息保护工作机构进行审批，并记录在册；

注：个人信息保护责任人或个人信息保护工作机构的确定见11.1。

e) 对个人敏感信息的访问、修改等操作行为，宜在对角色权限控制的基础上，按照业务流程的需求触发操作授权。例如，当收到客户投诉，投诉处理人员才可访问该个人信息主体的相关信息。

7.2 个人信息的展示限制

涉及通过界面展示个人信息的（如显示屏幕、纸面），个人信息控制者宜对需展示的个人信息采取去标识化处理等措施，降低个人信息在展示环节的泄露风险。例如，在个人信息展示时，防止内部非授权人员及个人信息主体之外的其他人员未经授权获取个人信息。

7.3 个人信息使用的目的限制

对个人信息控制者的要求包括：

a) 使用个人信息时，不应超出与收集个人信息时所声称的目的具有直接或合理关联的范围。因业务需要，确需超出上述范围使用个人信息的，应再次征得个人信息主体明示同意。

注1：将所收集的个人信息用于学术研究或得出对自然、科学、社会、经济等现象总体状态的描述，属于与收集目的具有合理关联的范围之内。但对

外提供学术研究或描述的结果时，需对结果中所包含的个人信息进行去标识化处理。

b）如所收集的个人信息进行加工处理而产生的信息，能够单独或与其他信息结合识别特定自然人身份或者反映特定自然人活动情况的，应将其认定为个人信息。对其处理应遵循收集个人信息时获得的授权同意范围。

注2：加工处理而产生的个人信息属于个人敏感信息的，对其处理需符合对个人敏感信息的要求。

7.4 用户画像的使用限制

对个人信息控制者的要求包括：

a）用户画像中对个人信息主体的特征描述，不应：
　　1）包含淫秽、色情、赌博、迷信、恐怖、暴力的内容；
　　2）表达对民族、种族、宗教、残疾、疾病歧视的内容。

b）在业务运营或对外业务合作中使用用户画像的，不应：
　　1）侵害公民、法人和其他组织的合法权益；
　　2）危害国家安全、荣誉和利益，煽动颠覆国家政权、推翻社会主义制度，煽动分裂国家、破坏国家统一，宣扬恐怖主义、极端主义，宣扬民族仇恨、民族歧视，传播暴力、淫秽色情信息，编造、传播虚假信息扰乱经济秩序和社会秩序。

c）除为实现个人信息主体授权同意的使用目的所必需外，使用个人信息时应消除明确身份指向性，避免精确定位到特定个人。例如，为准确评价个人信用状况，可使用直接用户画像，而用于推送商业广告目的时，则宜使用间接用户画像。

7.5 个性化展示的使用

对个人信息控制者的要求包括：

a）在向个人信息主体提供业务功能的过程中使用个性化展示的，应显著区分个性化展示的内容和非个性化展示的内容。

注1：显著区分的方式包括但不限于：标明"定推"等字样，或通过不同的栏目、版块、页面分别展示等。

b）在向个人信息主体提供电子商务服务的过程中，根据消费者的兴趣爱好、消费习惯等特征向其提供商品或者服务搜索结果的个性化展示的，应当同时向该消费者提供不针对其个人特征的选项。

注2：基于个人信息主体所选择的特定地理位置进行展示、搜索结果排序，且不因个人信息主体身份不同展示不一样的内容和搜索结果排序，则属于

不针对其个人特征的选项。

c）在向个人信息主体推送新闻信息服务的过程中使用个性化展示的，应：

1）为个人信息主体提供简单直观的退出或关闭个性化展示模式的选项；

2）当个人信息主体选择退出或关闭个性化展示模式时，向个人信息主体提供删除或匿名化定向推送活动所基于的个人信息的选项。

d）在向个人信息主体提供业务功能的过程中使用个性化展示的，宜建立个人信息主体对个性化展示所依赖的个人信息（如标签、画像维度等）的自主控制机制，保障个人信息主体调控个性化展示相关性程度的能力。

7.6 基于不同业务目的所收集个人信息的汇聚融合

对个人信息控制者的要求包括：

a）应遵守 7.3 的要求；

b）应根据汇聚融合后个人信息所用于的目的，开展个人信息安全影响评估，采取有效的个人信息保护措施。

7.7 信息系统自动决策机制的使用

个人信息控制者业务运营所使用的信息系统，具备自动决策机制且能对个人信息主体权益造成显著影响的（例如，自动决定个人征信及贷款额度，或用于面试人员的自动化筛选等），应：

a）在规划设计阶段或首次使用前开展个人信息安全影响评估，并依评估结果采取有效的保护个人信息主体的措施；

b）在使用过程中定期（至少每年一次）开展个人信息安全影响评估，并依评估结果改进保护个人信息主体的措施；

c）向个人信息主体提供针对自动决策结果的投诉渠道，并支持对自动决策结果的人工复核。

8 个人信息主体的权利

8.1 个人信息查询

个人信息控制者应向个人信息主体提供查询下列信息的方法：

a）其所持有的关于该主体的个人信息或个人信息的类型；

b）上述个人信息的来源、所用于的目的；

c）已经获得上述个人信息的第三方身份或类型。

注：个人信息主体提出查询非其主动提供的个人信息时，个人信息控制者可在

综合考虑不响应请求可能对个人信息主体合法权益带来的风险和损害，以及技术可行性、实现请求的成本等因素后，作出是否响应的决定，并给出解释说明。

8.2 个人信息更正

个人信息主体发现个人信息控制者所持有的该主体的个人信息有错误或不完整的，个人信息控制者应为其提供请求更正或补充信息的方法。

8.3 个人信息删除

对个人信息控制者的要求包括：

a）符合以下情形，个人信息主体要求删除的，应及时删除个人信息：
   1）个人信息控制者违反法律法规规定，收集、使用个人信息的；
   2）个人信息控制者违反与个人信息主体的约定，收集、使用个人信息的。

b）个人信息控制者违反法律法规规定或违反与个人信息主体的约定向第三方共享、转让个人信息，且个人信息主体要求删除的，个人信息控制者应立即停止共享、转让的行为，并通知第三方及时删除。

c）个人信息控制者违反法律法规规定或违反与个人信息主体的约定，公开披露个人信息，且个人信息主体要求删除的，个人信息控制者应立即停止公开披露的行为，并发布通知要求相关接收方删除相应的信息。

8.4 个人信息主体撤回授权同意

对个人信息控制者的要求包括：

a）应向个人信息主体提供撤回收集、使用其个人信息的授权同意的方法。撤回授权同意后，个人信息控制者后续不应再处理相应的个人信息。

b）应保障个人信息主体拒绝接收基于其个人信息推送商业广告的权利。对外共享、转让、公开披露个人信息，应向个人信息主体提供撤回授权同意的方法。

注：撤回授权同意不影响撤回前基于授权同意的个人信息处理。

8.5 个人信息主体注销账户

对个人信息控制者的要求包括：

a）通过注册账户提供产品或服务的个人信息控制者，应向个人信息主体提供注销账户的方法，且方法简便易操作；

b）受理注销账户请求后，需要人工处理的，应在承诺时限内（不超过

15 个工作日）完成核查和处理；

c）注销过程如需进行身份核验，要求个人信息主体再次提供的个人信息类型不应多于注册、使用等服务环节收集的个人信息类型；

d）注销过程不应设置不合理的条件或提出额外要求增加个人信息主体义务，如注销单个账户视同注销多个产品或服务，要求个人信息主体填写精确的历史操作记录作为注销的必要条件等；

注1：多个产品或服务之间存在必要业务关联系的，例如，一旦注销某个产品或服务的账户，将会导致其他产品或服务的必要业务功能无法实现或者服质量明显下降的，需向个人信息主体进行详细说明。

注2：产品或服务没有独立的账户体系的，可采取对该产品或服务账号以外其他个人信息进行删除，并切断账户体系与产品或服务的关联等措施实现注销。

e）注销账户的过程需收集个人敏感信息核验身份时，应明确对收集个人敏感信息后的处理措施，如达成目的后立即删除或匿名化处理等；

f）个人信息主体注销账户后，应及时删除其个人信息或匿名化处理。因法律法规规定需要留存个人信息的，不能再次将其用于日常业务活动中。

8.6 个人信息主体获取个人信息副本

根据个人信息主体的请求，个人信息控制者宜为个人信息主体提供获取以下类型个人信息副本的方法，或在技术可行的前提下直接将以下类型个人信息的副本传输给个人信息主体指定的第三方：

a）本人的基本资料、身份信息；

b）本人的健康生理信息、教育工作信息。

8.7 响应个人信息主体的请求

对个人信息控制者的要求包括：

a）在验证个人信息主体身份后，应及时响应个人信息主体基于 8.1~8.6 提出的请求，应在三十天内或法律法规规定的期限内作出答复及合理解释，并告知个人信息主体外部纠纷解决途径。

b）采用交互式页面（如网站、移动互联网应用程序、客户端软件等）提供产品或服务的，宜直接设置便捷的交互页面提供功能或选项，便于个人信息主体在线行使其访问、更正、删除、撤回授权同意、注销账户等权利。

c）对合理的请求原则上不收取费用，但对一定时期内多次重复的请求，可视情收取一定成本费用。

d）直接实现个人信息主体的请求需要付出高额成本或存在其他显著困难的，个人信息控制者应向个人信息主体提供替代方法，以保障个人信息主体的合法权益。

e）以下情形可不响应个人信息主体基于8.1~8.6提出的请求，包括：
  1）与个人信息控制者履行法律法规规定的义务相关的；
  2）与国家安全、国防安全直接相关的；
  3）与公共安全、公共卫生、重大公共利益直接相关的；
  4）与刑事侦查、起诉、审判和执行判决等直接相关的；
  5）个人信息控制者有充分证据表明个人信息主体存在主观恶意或滥用权利的；
  6）出于维护个人信息主体或其他个人的生命、财产等重大合法权益但又很难得到本人授权同意的；
  7）响应个人信息主体的请求将导致个人信息主体或其他个人、组织的合法权益受到严重损害的；
  8）涉及商业秘密的。

f）如决定不响应个人信息主体的请求，应向个人信息主体告知该决定的理由，并向个人信息主体提供投诉的途径。

8.8 投诉管理

个人信息控制者应建立投诉管理机制和投诉跟踪流程，并在合理的时间内对投诉进行响应。

9 个人信息的委托处理、共享、转让、公开披露

9.1 委托处理

个人信息控制者委托第三方处理个人信息时，应符合以下要求：

a）个人信息控制者作出委托行为，不应超出已征得个人信息主体授权同意的范围或应遵守5.6所列情形。

b）个人信息控制者应对委托行为进行个人信息安全影响评估，确保受委托者达到11.5的数据安全能力要求。

c）受委托者应：
  1）严格按照个人信息控制者的要求处理个人信息。受委托者因特殊原因未按照个人信息控制者的要求处理个人信息的，应及时向个人信息控制者反馈；
  2）受委托者确需再次委托时，应事先征得个人信息控制者的授权；

3）协助个人信息控制者响应个人信息主体基于 8.1~8.6 提出的请求；

4）受委托者在处理个人信息过程中无法提供足够的安全保护水平或发生了安全事件的，应及时向个人信息控制者反馈；

5）在委托关系解除时不再存储相关个人信息。

d）个人信息控制者应对受委托者进行监督，方式包括但不限于：

1）通过合同等方式规定受委托者的责任和义务；

2）对受委托者进行审计。

e）个人信息控制者应准确记录和存储委托处理个人信息的情况；

f）个人信息控制者得知或者发现受委托者未按照委托要求处理个人信息，或未能有效履行个人信息安全保护责任的，应立即要求受托者停止相关行为，且采取或要求受委托者采取有效补救措施（如更改口令、回收权限、断开网络连接等）控制或消除个人信息面临的安全风险。必要时个人信息控制者应终止与受委托者的业务关系，并要求受委托者及时删除从个人信息控制者获得的个人信息。

9.2 个人信息共享、转让

个人信息控制者共享、转让个人信息时，应充分重视风险。共享、转让个人信息，非因收购、兼并、重组、破产原因的，应符合以下要求：

a）事先开展个人信息安全影响评估，并依评估结果采取有效的保护个人信息主体的措施。

b）向个人信息主体告知共享、转让个人信息的目的、数据接收方的类型以及可能产生的后果，并事先征得个人信息主体的授权同意。共享、转让经去标识化处理的个人信息，且确保数据接收方无法重新识别或者关联个人信息主体的除外。

c）共享、转让个人敏感信息前，除 b）中告知的内容外，还应向个人信息主体告知涉及的个人敏感信息类型、数据接收方的身份和数据安全能力，并事先征得个人信息主体的明示同意。

d）通过合同等方式规定数据接收方的责任和义务。

e）准确记录和存储个人信息的共享、转让情况，包括共享、转让的日期、规模、目的，以及数据接收方基本情况等。

f）个人信息控制者发现数据接收方违反法律法规要求或双方约定处理个人信息的，应立即要求数据接收方停止相关行为，且采取或要求数据接收方采取有效补救措施（例如更改口令、回收权限、断开网络连接等）控制或消除个人信息面临的安全风险；必要时个人信息控制者应解除与数据接收方的业务关系，并要求数据接收方及时删除从个人信息控制者获得的个人信息。

g）因共享、转让个人信息发生安全事件而对个人信息主体合法权益造成损害的，个人信息控制者应承担相应的责任。

h）帮助个人信息主体了解数据接收方对个人信息的存储、使用等情况，以及个人信息主体的权利，例如，访问、更正、删除、注销账户等。

i）个人生物识别信息原则上不应共享、转让。因业务需要，确需共享、转让的，应单独向个人信息主体告知目的、涉及的个人生物识别信息类型、数据接收方的具体身份和数据安全能力等，并征得个人信息主体的明示同意。

9.3 收购、兼并、重组、破产时的个人信息转让

当个人信息控制者发生收购、兼并、重组、破产等变更时，对个人信息控制者的要求包括：

a）向个人信息主体告知有关情况；

b）变更后的个人信息控制者应继续履行原个人信息控制者的责任和义务，如变更个人信息使用目的时，应重新取得个人信息主体的明示同意；

c）如破产且无承接方的，对数据做删除处理。

9.4 个人信息公开披露

个人信息原则上不应公开披露。个人信息控制者经法律授权或具备合理事由确需公开披露时，应符合以下要求：

a）事先开展个人信息安全影响评估，并依评估结果采取有效的保护个人信息主体的措施；

b）向个人信息主体告知公开披露个人信息的目的、类型，并事先征得个人信息主体明示同意；

c）公开披露个人敏感信息前，除b）中告知的内容外，还应向个人信息主体告知涉及的个人敏感信息的内容；

d）准确记录和存储个人信息的公开披露的情况，包括公开披露的日期、规模、目的、公开范围等；

e）承担因公开披露个人信息对个人信息主体合法权益造成损害的相应责任；

f）不应公开披露个人生物识别信息；

g）不应公开披露我国公民的种族、民族、政治观点、宗教信仰等个人

敏感数据的分析结果。

9.5 共享、转让、公开披露个人信息时事先征得授权同意的例外

以下情形中，个人信息控制者共享、转让、公开披露个人信息不必事先征得个人信息主体的授权同意：

a) 与个人信息控制者履行法律法规规定的义务相关的；
b) 与国家安全、国防安全直接相关的；
c) 与公共安全、公共卫生、重大公共利益直接相关的；
d) 与刑事侦查、起诉、审判和判决执行等直接相关的；
e) 出于维护个人信息主体或其他个人的生命、财产等重大合法权益但又很难得到本人授权同意的；
f) 个人信息主体自行向社会公众公开的个人信息；
g) 从合法公开披露的信息中收集个人信息的，如合法的新闻报道、政府信息公开等渠道。

9.6 共同个人信息控制者

对个人信息控制者的要求包括：

a) 当个人信息控制者与第三方为共同个人信息控制者时，个人信息控制者应通过合同等形式与第三方共同确定应满足的个人信息安全要求，以及在个人信息安全方面自身和第三方应分别承担的责任和义务，并向个人信息主体明确告知；
b) 如未向个人信息主体明确告知第三方身份，以及在个人信息安全方面自身和第三方应分别承担的责任和义务，个人信息控制者应承担因第三方引起的个人信息安全责任。

注：如个人信息控制者在提供产品或服务的过程中部署了收集个人信息的第三方插件（例如，网站经营者与在其网页或应用程序中部署统计分析工具、软件开发工具包 SDK、调用地图 API 接口），且该第三方并未单独向个人信息主体征得收集个人信息的授权同意，则个人信息控制者与该第三方在个人信息收集阶段为共同个人信息控制者。

9.7 第三方接入管理

当个人信息控制者在其产品或服务中接入具备收集个人信息功能的第三方产品或服务且不适用 9.1 和 9.6 时，对个人信息控制者的要求包括：

a) 建立第三方产品或服务接入管理机制和工作流程，必要时应建立安全评估等机制设置接入条件；
b) 应与第三方产品或服务提供者通过合同等形式明确双方的安全责任

及应实施的个人信息安全措施;

c) 应向个人信息主体明确标识产品或服务由第三方提供;

d) 应妥善留存平台第三方接入有关合同和管理记录,确保可供相关方查阅;

e) 应要求第三方根据本标准相关要求向个人信息主体征得收集个人信息的授权同意,必要时核验其实现的方式;

f) 应要求第三方产品或服务建立响应个人信息主体请求和投诉等的机制,以供个人信息主体查询、使用;

g) 应监督第三方产品或服务提供者加强个人信息安全管理,发现第三方产品或服务没有落实安全管理要求和责任的,应及时督促整改,必要时停止接入;

h) 产品或服务嵌入或接入的第三方自动化工具(如代码、脚本、接口、算法模型、软件开发工具包、小程序等),宜采取以下措施:

1) 开展技术检测确保其个人信息收集、使用行为符合约定要求;

2) 对第三方嵌入或接入的自动化工具收集个人信息的行为进行审计,发现超出约定的行为,及时切断接入。

9.8 个人信息跨境传输

在中华人民共和国境内运营中收集和产生的个人信息向境外提供的,个人信息控制者应遵循国家相关规定和相关标准的要求。

10 个人信息安全事件处置

10.1 个人信息安全事件应急处置和报告

对个人信息控制者的要求包括:

a) 应制定个人信息安全事件应急预案。

b) 应定期(至少每年一次)组织内部相关人员进行应急响应培训和应急演练,使其掌握岗位职责和应急处置策略和规程。

c) 发生个人信息安全事件后,个人信息控制者应根据应急响应预案进行以下处置:

1) 记录事件内容,包括但不限于:发现事件的人员、时间、地点、涉及的个人信息及人数,发生事件的系统名称,对其他互联系统的影响,是否已联系执法机关或有关部门;

2) 评估事件可能造成的影响,并采取必要措施控制事态,消除隐患;

3) 按照《国家网络安全事件应急预案》等有关规定及时上报,报告内容包括但不限于:涉及个人信息主体的类型、数量、内容、性

　　　　质等总体情况，事件可能造成的影响，已采取或将要采取的处置
　　　　措施，事件处置相关人员的联系方式；
　　4）个人信息泄露事件可能会给个人信息主体的合法权益造成严重危
　　　　害的，如个人敏感信息的泄露，按照 10.2 的要求实施安全事件的
　　　　告知。
　d）根据相关法律法规变化情况，以及事件处置情况，及时更新应急
　　　预案。

10.2　安全事件告知

对个人信息控制者的要求包括：

　a）应及时将事件相关情况以邮件、信函、电话、推送通知等方式告知
　　　受影响的个人信息主体。难以逐一告知个人信息主体时，应采取合
　　　理、有效的方式发布与公众有关的警示信息。
　b）告知内容应包括但不限于：
　　1）安全事件的内容和影响；
　　2）已采取或将要采取的处置措施；
　　3）个人信息主体自主防范和降低风险的建议；
　　4）针对个人信息主体提供的补救措施；
　　5）个人信息保护负责人和个人信息保护工作机构的联系方式。

11　组织的个人信息安全管理要求

11.1　明确责任部门与人员

对个人信息控制者的要求包括：

　a）应明确其法定代表人或主要负责人对个人信息安全负全面领导责任，
　　　包括为个人信息安全工作提供人力、财力、物力保障等。
　b）应任命个人信息保护负责人和个人信息保护工作机构，个人信息保
　　　护负责人应由具有相关管理工作经历和个人信息保护专业知识的人
　　　员担任，参与有关个人信息处理活动的重要决策直接向组织主要负
　　　责人报告工作。
　c）满足以下条件之一的组织，应设立专职的个人信息保护负责人和个
　　　人信息保护工作机构，负责个人信息安全工作：
　　1）主要业务涉及个人信息处理，且从业人员规模大于 200 人；
　　2）处理超过 100 万人的个人信息，或预计在 12 个月内处理超过 100
　　　　万人的个人信息；
　　3）处理超过 10 万人的个人敏感信息的。

d）个人信息保护负责人和个人信息保护工作机构的职责应包括但不限于：

1）全面统筹实施组织内部的个人信息安全工作，对个人信息安全负直接责任；

2）组织制定个人信息保护工作计划并督促落实；

3）制定、签发、实施、定期更新个人信息保护政策和相关规程；

4）建立、维护和更新组织所持有的个人信息清单（包括个人信息的类型、数量、来源、接收方等）和授权访问策略；

5）开展个人信息安全影响评估，提出个人信息保护的对策建议，督促整改安全隐患；

6）组织开展个人信息安全培训；

7）在产品或服务上线发布前进行检测，避免未知的个人信息收集、使用、共享等处理行为；

8）公布投诉、举报方式等信息并及时受理投诉举报；

9）进行安全审计；

10）与监督、管理部门保持沟通，通报或报告个人信息保护和事件处置等情况。

e）应为个人信息保护负责人和个人信息保护工作机构提供必要的资源，保障其独立履行职责。

11.2 个人信息安全工程

开发具有处理个人信息功能的产品或服务时，个人信息控制者宜根据国家有关标准在需求、设计、开发、测试、发布等系统工程阶段考虑个人信息保护要求，保证在系统建设时对个人信息保护措施同步规划、同步建设和同步使用。

11.3 个人信息处理活动记录

个人信息控制者宜建立、维护和更新所收集、使用的个人信息处理活动记录，记录的内容可包括：

a）所涉及个人信息的类型、数量、来源（例如从个人信息主体直接收集或通过间接获取方式获得）；

b）根据业务功能和授权情况区分个人信息的处理目的、使用场景，以及委托处理、共享、转让、公开披露、是否涉及出境等情况；

c）与个人信息处理活动各环节相关的信息系统、组织或人员。

11.4 开展个人信息安全影响评估

对个人信息控制者的要求包括:

a) 应建立个人信息安全影响评估制度,评估并处置个人信息处理活动存在的安全风险。

b) 个人信息安全影响评估应主要评估处理活动遵循个人信息安全基本原则的情况,以及个人信息处理活动对个人信息主体合法权益的影响,内容包括但不限于:

　　1) 个人信息收集环节是否遵循目的明确、选择同意、最小必要等原则;

　　2) 个人信息处理是否可能对个人信息主体合法权益造成不利影响,包括是否会危害人身和财产安全、损害个人名誉和身心健康、导致差别性待遇等;

　　3) 个人信息安全措施的有效性;

　　4) 匿名化或去标识化处理后的数据集重新识别出个人信息主体或与其他数据集汇聚后重新识别出个人信息主体的风险;

　　5) 共享、转让、公开披露个人信息对个人信息主体合法权益可能产生的不利影响;

　　6) 发生安全事件时,对个人信息主体合法权益可能产生的不利影响。

c) 在产品或服务发布前,或功能发生重大变化时,应进行个人信息安全影响评估。

d) 在法律法规有新的要求时,或在业务模式、信息系统、运行环境发生重大变更时,或发生重大个人信息安全事件时,应进行个人信息安全影响评估。

e) 形成个人信息安全影响评估报告,并以此采取保护个人信息主体的措施,使风险降低到可接受的水平。

f) 妥善留存个人信息安全影响评估报告,确保可供相关方查阅,并以适宜的形式对外公开。

11.5 数据安全能力

个人信息控制者应根据有关国家标准的要求,建立适当的数据安全能力,落实必要的管理和技术措施,防止个人信息的泄漏、损毁、丢失、篡改。

11.6 人员管理与培训

对个人信息控制者的要求包括:

a）应与从事个人信息处理岗位上的相关人员签署保密协议，对大量接触个人敏感信息的人员进行背景审查，以了解其犯罪记录、诚信状况等；

b）应明确内部涉及个人信息处理不同岗位的安全职责，建立发生安全事件的处罚机制；

c）应要求个人信息处理岗位上的相关人员在调离岗位或终止劳动合同时，继续履行保密义务；

d）应明确可能访问个人信息的外部服务人员应遵守的个人信息安全要求，与其签署保密协议，并进行监督；

e）应建立相应的内部制度和政策对员工提出个人信息保护的指引和要求；

f）应定期（至少每年一次）或在个人信息保护政策发生重大变化时，对个人信息处理岗位上的相关人员开展个人信息安全专业化培训和考核，确保相关人员熟练掌握个人信息保护政策和相关规程。

11.7 安全审计

对个人信息控制者的要求包括：

a）应对个人信息保护政策、相关规程和安全措施的有效性进行审计；

b）应建立自动化审计系统，监测记录个人信息处理活动；

c）审计过程形成的记录应能对安全事件的处置、应急响应和事后调查提供支撑；

d）应防止非授权访问、篡改或删除审计记录；

e）应及时处理审计过程中发现的个人信息违规使用、滥用等情况；

f）审计记录和留存时间应符合法律法规的要求。

附 录 A
（资料性附录）
个人信息示例

个人信息是指以电子或者其他方式记录的能够单独或者与其他信息结合识别特定自然人身份或者反映特定自然人活动情况的各种信息，如姓名、出生日期、身份证件号码、个人生物识别信息、住址、通信通讯联系方式、通信记录和内容、账号密码、财产信息、征信信息、行踪轨迹、住宿信息、健康生理信息、交易信息等。

判定某项信息是否属于个人信息，应考虑以下两条路径：一是识别，即从信息到个人，由信息本身的特殊性识别出特定自然人，个人信息应有助于识别出特定个人。二是关联，即从个人到信息，如已知特定自然人，由该特定自然人在其活动中产生的信息（如个人位置信息、个人通话记录、个人浏览记录等）即为个人信息。符合上述两种情形之一的信息，均应判定为个人信息。

表 A.1 给出了个人信息举例。

表 A.1 个人信息举例

个人基本资料	个人姓名、生日、性别、民族、国籍、家庭关系、住址、个人电话号码、电子邮件地址等
个人身份信息	身份证、军官证、护照、驾驶证、工作证、出入证、社保卡、居住证等
个人生物识别信息	个人基因、指纹、声纹、掌纹、耳廓、虹膜、面部识别特征等
网络身份标识信息	个人信息主体账号、IP 地址、个人数字证书等
个人健康生理信息	个人因生病医治等产生的相关记录，如病症、住院志、医嘱单、检验报告、手术及麻醉记录、护理记录、用药记录、药物食物过敏信息、生育信息、以往病史、诊治情况、家族病史、现病史、传染病史等，以及与个人身体健康状况相关的信息，如体重、身高、肺活量等

表 A.1（续）

个人教育工作信息	个人职业、职位、工作单位、学历、学位、教育经历、工作经历、培训记录、成绩单等
个人财产信息	银行账户、鉴别信息（口令）、存款信息（包括资金数量、支付收款记录等）、房产信息、信贷记录、征信信息、交易和消费记录、流水记录等，以及虚拟货币、虚拟交易、游戏类兑换码等虚拟财产信息
个人通信信息	通信记录和内容、短信、彩信、电子邮件，以及描述个人通信的数据（通常称为元数据）等
联系人信息	通讯录、好友列表、群列表、电子邮件地址列表等
个人上网记录	指通过日志储存的个人信息主体操作记录，包括网站浏览记录、软件使用记录、点击记录、收藏列表等
个人常用设备信息	指包括硬件序列号、设备 MAC 地址、软件列表、唯一设备识别码（如 IMEI/Android ID/IDFA/OpenUDID/GUID/SIM 卡 IMSI 信息等）等在内的描述个人常用设备基本情况的信息
个人位置信息	包括行踪轨迹、精准定位信息、住宿信息、经纬度等
其他信息	婚史、宗教信仰、性取向、未公开的违法犯罪记录等

附 录 B

（资料性附录）

个人敏感信息判定

个人敏感信息是指一旦泄露、非法提供或滥用可能危害人身和财产安全，极易导致个人名誉、身心健康受到损害或歧视性待遇等的个人信息。通常情况下，14 岁以下（含）儿童的个人信息和涉及自然人隐私的信息属于个人敏感信息。可从以下角度判定是否属于个人敏感信息：

泄露：个人信息一旦泄露，将导致个人信息主体及收集、使用个人信息的组织和机构丧失对个人信息的控制能力，造成个人信息扩散范围和用途的不可控。某些个人信息在泄漏后，被以违背个人信息主体意愿的方式直接使用或与其他信息进行关联分析，可能对个人信息主体权益带来重大风险，应判定为个人敏感信息。例如，个人信息主体的身份证复印件被他人用于手机号卡实名登记、银行账户开户办卡等。

非法提供：某些个人信息仅因在个人信息主体授权同意范围外扩散，即可对个人信息主体权益带来重大风险，应判定为个人敏感信息。例如，性取向、存款信息、传染病史等。

滥用：某些个人信息在被超出授权合理界限时使用（如变更处理目的、扩大处理范围等），可能对个人信息主体权益带来重大风险，应判定为个人敏感信息。例如，在未取得个人信息主体授权时，将健康信息用于保险公司营销和确定个体保费高低。

表 B.1 给出了个人敏感信息举例。

表 B.1 个人敏感信息举例

个人财产信息	银行账号、鉴别信息（口令）、存款信息（包括资金数量、支付收款记录等）、房产信息、信贷记录、征信信息、交易和消费记录、流水记录等，以及虚拟货币、虚拟交易、游戏类兑换码等虚拟财产信息
个人健康生理信息	个人因生病医治等产生的相关记录，如病症、住院志、医嘱单、检验报告、手术及麻醉记录、护理记录、用药记录、药物食物过敏信息、生育信息、以往病史、诊治情况、家族病史、现病史、传染病史等
个人生物识别信息	个人基因、指纹、声纹、掌纹、耳廓、虹膜、面部识别特征等
个人身份信息	身份证、军官证、护照、驾驶证、工作证、社保卡、居住证等
其他信息	性取向、婚史、宗教信仰、未公开的违法犯罪记录、通信记录和内容、通讯录、好友列表、群组列表、行踪轨迹、网页浏览记录、住宿信息、精准定位信息等

附 录 C
（资料性附录）
实现个人信息主体自主意愿的方法

C.1 概述

保障个人信息主体自主意愿包括两个方面：一是不强迫个人信息主体接受多项业务功能；二是保障个人信息主体对个人信息收集、使用的知情权和授权同意的权利。个人信息控制者，尤其是移动互联网应用程序运营者，可通过以下方式实现。

C.2 区分基本业务功能和扩展业务功能

保障个人信息主体选择同意的权利，首先需划分产品或服务的基本业务功能和扩展业务功能，划分的方法如下：

a）应根据个人信息主体选择、使用所提供产品或服务的根本期待和最主要的需求，划定产品或服务的基本业务功能；

注1：个人信息主体之所以识别或挑选某项产品或服务，主要依个人信息控制者对所提供产品或服务开展的市场推广和商业定位、产品或服务本身的名称、在应用商店中的描述、所属的应用类型等因素。因此，个人信息控制者应根据一般个人信息主体对上述因素的最可能的认识和理解，而非自身想法来确定个人信息主体的主要需求和期待来划定基本业务功能。一般来说，如果产品或服务不提供基本业务功能，个人信息主体将不会选择使用该产品或服务。

注2：随着产品或服务的迭代、拓展、升级等，基本业务功能可能需要随之重新划分。个人信息控制者仍可根据一般个人信息主体最可能的认识和理解，来重新划定基本业务功能。但个人信息控制者不宜短时间内大范围改变基本业务功能和扩展业务功能的划分。在重新划分后，个人信息控制者宜再次告知并征得个人信息主体对基本业务功能收集、使用其个人信息的明示同意。

b）不应将改善服务质量、提升个人信息主体体验、研发新产品单独作为基本业务功能；

c）将产品或服务所提供的基本业务功能之外的其他功能，划定为扩展业务功能。

C.3 基本业务功能的告知和明示同意

基本业务功能的告知和明示同意的实现方法如下：

a）在基本业务功能开启前（如个人信息主体初始安装、首次使用、注册账号等），应通过交互界面或设计（如弹窗、文字说明、填写框、提示条、提示音等形式），向个人信息主体告知基本业务功能所必要收集的个人信息类型，以及个人信息主体拒绝提供或拒绝同意收集将造成的影响，并通过个人信息主体对信息收集主动作出肯定性动作（如勾选、点击"同意"或"下一步"等）征得其明示同意；

注1：当产品或服务所提供的基本业务功能无需一次性全部开启时，宜根据个人信息主体的具体使用行为逐步开启基本业务功能，并即时完成a）的告知要求。

b）个人信息主体不同意收集基本业务功能所必要收集的个人信息的，个人信息控制者可拒绝向个人信息主体提供该业务功能；

c）a）所要求的交互界面或设计应方便个人信息主体再次访问及更改其同意的范围。

注2：上述要求的实现方式可参考 C.5。

C.4 扩展业务功能的告知和明示同意

扩展业务功能的告知和明示同意的实现方法如下：

a）在扩展业务功能首次使用前，应通过交互界面或设计（如弹窗、文字说明、填写框、提示条、提示音等形式），向个人信息主体逐一告知所提供扩展业务功能及所必要收集的个人信息，并允许个人信息主体对扩展业务功能逐项选择同意。

b）个人信息主体不同意收集扩展业务功能所必要收集的个人信息的，个人信息控制者不应反复征求个人信息主体的同意。除非个人信息主体主动选择开启扩展功能，在48h内向个人信息主体征求同意的次数不应超过一次。

c）个人信息主体不同意收集扩展业务功能所必要收集的个人信息的，不应拒绝提供基本业务功能或降低基本业务功能的服务质量。

d）a）所要求的交互界面或设计应方便个人信息主体再次访问及更改其同意的范围。

注：上述要求的实现方式可参考附录 C.5。

C.5 交互式功能界面设计

个人信息控制者可参考表 C.1 所示模板设计交互式功能界面，保障个人信息主体能充分行使其选择同意的权利。

该功能界面应在个人信息控制者开始收集个人信息前，如产品安装过程中，或个人信息主体首次使用产品或服务时，或个人信息主体注册账号时，由个人信息控制者主动向个人信息主体提供。如以填写纸质材料收集个人信息的，个人信息控制者可以参考以下模板内容设计表格，以保障个人信息主体能行使选择同意的权利。

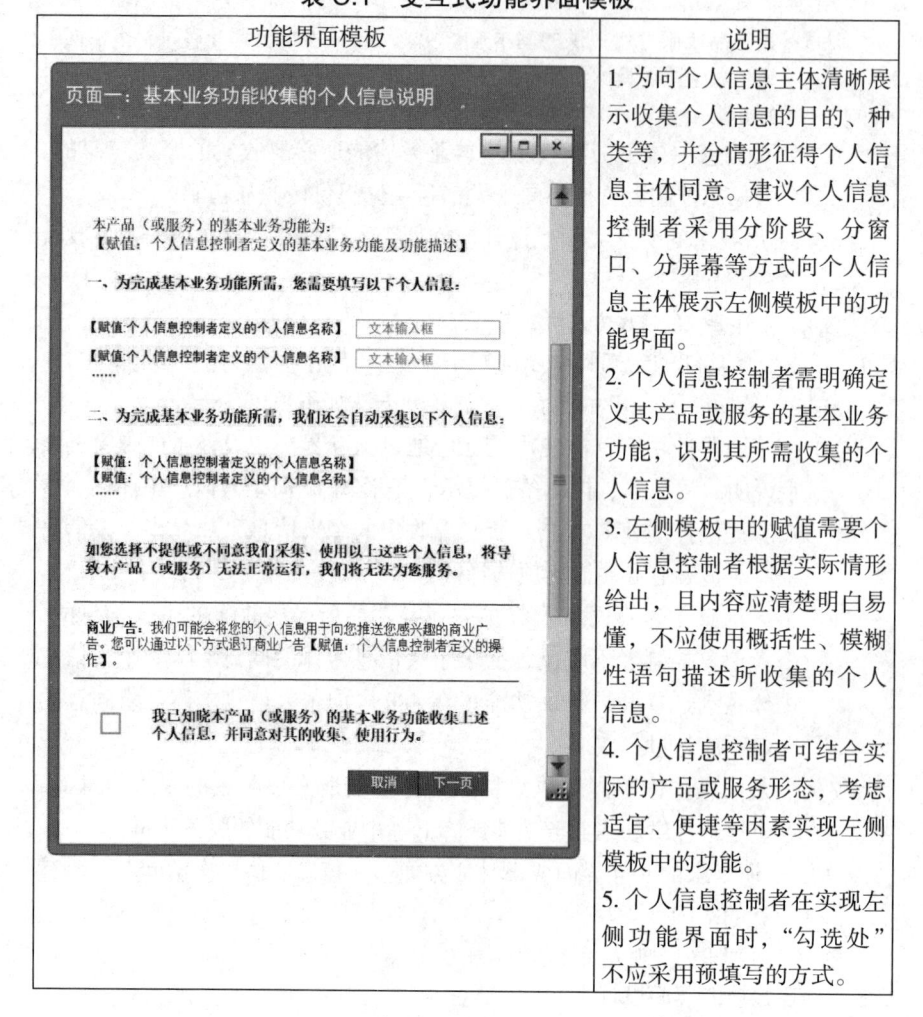

表 C.1　交互式功能界面模板

功能界面模板	说明
页面一：基本业务功能收集的个人信息说明 本产品（或服务）的基本业务功能为： 【赋值：个人信息控制者定义的基本业务功能及功能描述】 一、为完成基本业务功能所需，您需要填写以下个人信息： 【赋值：个人信息控制者定义的个人信息名称】　文本输入框 【赋值：个人信息控制者定义的个人信息名称】　文本输入框 …… 二、为完成基本业务功能所需，我们还会自动采集以下个人信息： 【赋值：个人信息控制者定义的个人信息名称】 【赋值：个人信息控制者定义的个人信息名称】 …… 如您选择不提供或不同意我们采集、使用以上这些个人信息，将导致本产品（或服务）无法正常运行，我们将无法为您服务。 商业广告：我们可能会将您的个人信息用于向您推送您感兴趣的商业广告。您可以通过以下方式退订商业广告【赋值：个人信息控制者定义的操作】。 □ 我已知晓本产品（或服务）的基本业务功能收集上述个人信息，并同意对其的收集、使用行为。 取消　　下一页	1. 为向个人信息主体清晰展示收集个人信息的目的、种类等，并分情形征得个人信息主体同意。建议个人信息控制者采用分阶段、分窗口、分屏幕等方式向个人信息主体展示左侧模板中的功能界面。 2. 个人信息控制者需明确定义其产品或服务的基本业务功能，识别其所需收集的个人信息。 3. 左侧模板中的赋值需要个人信息控制者根据实际情形给出，且内容应清楚明白易懂，不应使用概括性、模糊性语句描述所收集的个人信息。 4. 个人信息控制者可结合实际的产品或服务形态，考虑适宜、便捷等因素实现左侧模板中的功能。 5. 个人信息控制者在实现左侧功能界面时，"勾选处"不应采用预填写的方式。

表 C.1（续）

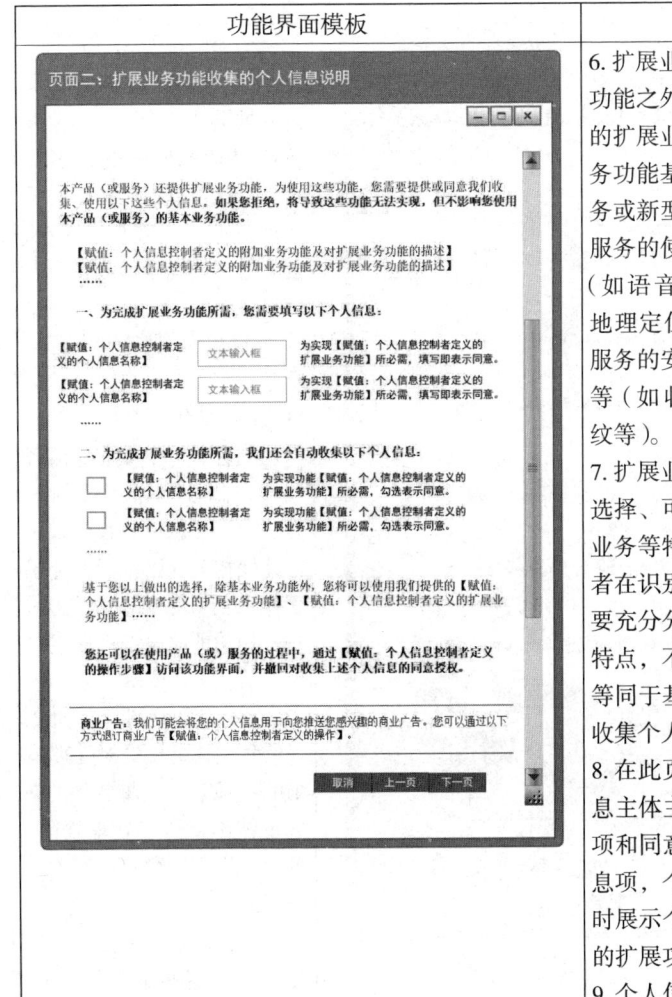

功能界面模板	说明
页面二：扩展业务功能收集的个人信息说明 本产品（或服务）还提供扩展业务功能，为使用这些功能，您需要提供或同意我们收集、使用以下这些个人信息。如果您拒绝，将导致这些功能无法实现，但不影响您使用本产品（或服务）的基本业务功能。 【赋值：个人信息控制者定义的附加业务功能及对扩展业务功能的描述】 【赋值：个人信息控制者定义的附加业务功能及对扩展业务功能的描述】 …… 一、为完成扩展业务功能所需，您需要填写以下个人信息： 【赋值：个人信息控制者定义的个人信息名称】 文本输入框 为实现【赋值：个人信息控制者定义的业务功能】所必需，填写即表示同意。 【赋值：个人信息控制者定义的个人信息名称】 文本输入框 为实现【赋值：个人信息控制者定义的业务功能】所必需，填写即表示同意。 …… 二、为完成扩展业务功能所需，我们还会自动收集以下个人信息： □ 【赋值：个人信息控制者定义的个人信息名称】 为实现【赋值：个人信息控制者定义的业务功能】所必需，勾选表示同意。 □ 【赋值：个人信息控制者定义的个人信息名称】 为实现【赋值：个人信息控制者定义的业务功能】所必需，勾选表示同意。 …… 基于您以上做出的选择，除基本业务功能外，您将可以使用我们提供的【赋值：个人信息控制者定义的扩展业务功能】、【赋值：个人信息控制者定义的扩展业务功能】…… 您还可以在使用产品（或）服务的过程中，通过【赋值：个人信息控制者定义的操作路径】访问该功能界面，并撤回对收集上述个人信息的同意授权。 商业广告：我们可能会将您的个人信息用于向您推送您感兴趣的商业广告。您可以通过以下方式退订商业广告【赋值：个人信息控制者定义的操作】。 取消　上一页　下一页	6. 扩展业务功能是基本业务功能之外的其他功能，常见的扩展业务功能如：基本业务功能基础上的一些衍生服务或新型业务、提高产品或服务的使用体验的附加功能（如语音识别、图片识别、地理定位等）、提升产品或服务的安全机制的扩展功能等（如收集密保邮箱、指纹等）。 7. 扩展业务功能一般具有可选择、可退订、不影响基本业务等特点，个人信息控制者在识别扩展业务功能时需要充分分析其是否具备这些特点，不应将扩展业务功能等同于基本业务功能，强制收集个人信息。 8. 在此页面中，综合个人信息主体主动填写的个人信息项和同意自动采集的个人信息项，个人信息控制者可即时展示个人信息主体可使用的扩展功能。 9. 个人信息控制者应告知个人信息主体再次访问该功能界面的方法，保障个人信息主体撤回授权同意的权利。

表 C.1（续）

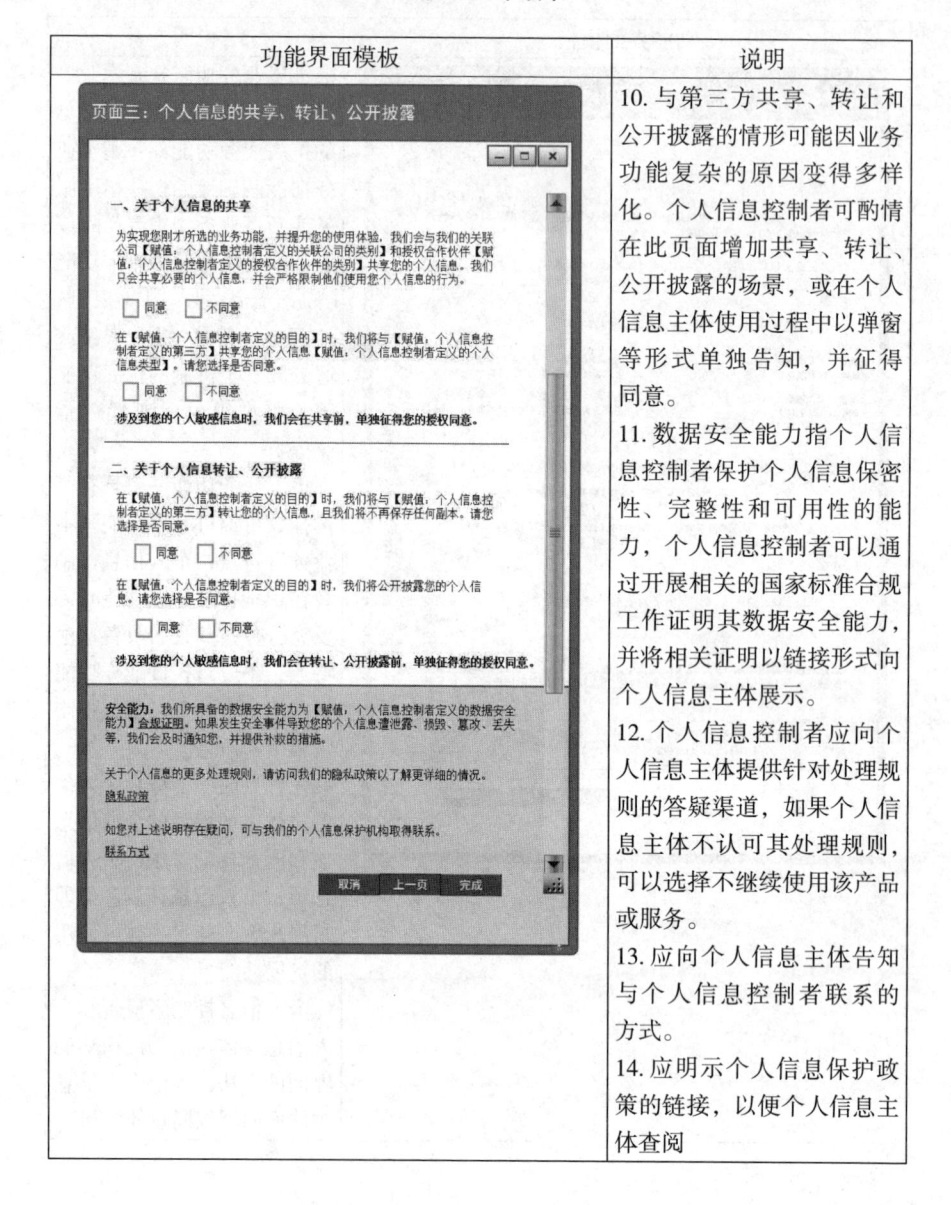

功能界面模板	说明
页面三：个人信息的共享、转让、公开披露 一、关于个人信息的共享 为实现您刚才所选的业务功能，并提升您的使用体验，我们会与我们的关联公司【赋值，个人信息控制者定义的关联公司的类别】和授权合作伙伴【赋值，个人信息控制者定义的授权合作伙伴的类别】共享您的个人信息。我们只会共享必要的个人信息，并会严格限制他们使用您个人信息的行为。 ☐ 同意　☐ 不同意 在【赋值，个人信息控制者定义的目的】时，我们将与【赋值，个人信息控制者定义的第三方】共享您的【赋值，个人信息控制者定义的个人信息类型】。请您选择是否同意。 ☐ 同意　☐ 不同意 涉及到您的个人敏感信息时，我们会在共享前，单独征得您的授权同意。 二、关于个人信息转让、公开披露 在【赋值，个人信息控制者定义的目的】时，我们将与【赋值，个人信息控制者定义的第三方】转让您的个人信息，且我们将不再保存任何副本。请您选择是否同意。 ☐ 同意　☐ 不同意 在【赋值，个人信息控制者定义的目的】时，我们将公开披露您的个人信息。请您选择是否同意。 ☐ 同意　☐ 不同意 涉及到您的个人敏感信息时，我们会在转让、公开披露前，单独征得您的授权同意。 安全能力：我们所具备的数据安全能力为【赋值，个人信息控制者定义的数据安全能力】合规证明。如果发生安全事件导致您的个人信息遭泄露、损毁、篡改、丢失等，我们会及时通知您，并提供补救的措施。 关于个人信息的更多处理规则，请访问我们的隐私政策以了解更详细的情况。 隐私政策 如您对上述说明存在疑问，可与我们的个人信息保护机构取得联系。 联系方式 取消　上一页　完成	10. 与第三方共享、转让和公开披露的情形可能因业务功能复杂的原因变得多样化。个人信息控制者可酌情在此页面增加共享、转让、公开披露的场景，或在个人信息主体使用过程中以弹窗等形式单独告知，并征得同意。 11. 数据安全能力指个人信息控制者保护个人信息保密性、完整性和可用性的能力，个人信息控制者可以通过开展相关的国家标准合规工作证明其数据安全能力，并将相关证明以链接形式向个人信息主体展示。 12. 个人信息控制者应向个人信息主体提供针对处理规则的答疑渠道，如果个人信息主体不认可其处理规则，可以选择不继续使用该产品或服务。 13. 应向个人信息主体告知与个人信息控制者联系的方式。 14. 应明示个人信息保护政策的链接，以便个人信息主体查阅

附 录 D
（资料性附录）
个人信息保护政策模板

发布个人信息保护政策是个人信息控制者遵循公开透明原则的重要体现，是保证个人信息主体知情权的重要手段，还是约束自身行为和配合监督管理的重要机制。个人信息保护政策应清晰、准确、完整地描述个人信息控制者的个人信息处理行为。个人信息保护法政策模板示例见表 D.1。

表 D.1 个人信息保护政策模版

个人信息保护政策模版	编写要求
本政策仅适用于XXXX 的XXXX 产品或服务，包括…… 最近更新日期：XXXX 年 XX 月。 如果您有任何疑问、意见或建议，请通过以下联系方式与我们联系： 电子邮件： 电　话： 传　真：	该部分为适用范围。包含个人信息保护政策所适用的产品或服务范围、所适用的个人信息主体类型、生效及更新时间等
本政策将帮助您了解以下内容： · 业务功能一的个人信息收集使用规则 · 业务功能二的个人信息收集使用规则 …… · 我们如何保护您的个人信息 · 您的权利 · 我们如何处理儿童的个人信息 · 您的个人信息如何在全球范围转移 · 本政策如何更新 · 如何联系我们 XXXX 深知个人信息对您的重要性，并会尽全力保护您的个人信息安全可靠。我们致力于维持您对我们的信任，恪守以下原则，保护您的个人信息：权责一致原则、目的明确原则、选择同意原则、最小必要原则、确保安全原则、主体参与原则、公开透明原则等。同时，XXXX 承诺，我们将按业界成熟的安全标准，采取相应的安全保护措施来保护您的个人信息。 请在使用我们的产品或服务前，仔细阅读并了解本《个人信息保护政策》。	该部分为个人信息保护政策的重点说明，是个人信息保护政策的一个要点摘录。目的是使个人信息主体快速了解个人信息保护政策的主要组成部分、个人信息控制者所做声明的核心要旨

表 D.1（续）

个人信息保护政策模版	编写要求
业务功能一的个人信息收集使用规则 1. 我们收集哪些您的个人信息 · 我们提供的业务功能需要依赖部分信息才得以运行。您选择使用该项业务功能，则需要向我们提供或允许我们收集的必要信息包括：…… 共计 XX 类个人信息。 · 您可自主选择向我们提供或允许我们收集下列信息：…… 共计 XX 类个人信息。这些信息并非该业务功能运行所必需，但这些信息对改善服务质量、研发新产品或服务等有非常重要的意义。我们不会强制要求您提供这些信息，您如拒绝不会对使用该业务功能产生不利影响。 · 在您使用该业务功能时，我们的 App 会向您申请下列与个人信息相关的系统权限：…… 共计 XX 项系统权限。如果您不授权，将会导致我们无法提供该业务功能。除上述权限之外，您可自主选择是否额外授予 App 其他的系统权限。 2. 我们如何使用您的个人信息 · 对于必要的个人信息，我们会用来提供该项业务功能，包括……我们也会使用上述信息来维护和改进本项业务功能，开发新的业务功能等。 · 对于非必要的个人信息，我们会用于以下用途，包括…… 3. 我们如何委托处理、共享、转让、公开披露您的个人信息 （1）委托处理 本业务功能中某些具体的模块或功能由外部供应商提供。例如我们会聘请服务提供商来协助我们提供客户支持。 对我们委托处理个人信息的公司、组织和个人，我们会与其签署严格的保密协定，要求他们按照我们的要求、本个人信息保护政策以及其他任何相关的保密和安全措施来处理个人信息。	1. 详细列举收集和使用个人信息的业务功能，不应使用概括性语言。 2. 根据不同业务功能，分别列出各业务功能所收集的个人信息类型。 3. 明确描述哪些类型的个人信息属于特定业务功能所必需的。 4. 收集身份证、护照、驾驶证等法定证件信息和个人生物识别信息时，应专门提醒个人信息主体此次收集活动涉及的信息，并说明处理目的、处理规则。 5. 不应使用概括性语言综述所收集个人信息，如"我们收集您的身份等相关信息"此类描述，而应明确写明"我们收集您的姓名、电话号码、地址信息"。 6. 说明个人信息在使用过程中涉及的地理区域，如个人信息存储和备份的地域，个人信息传输过程中涉及的地域范围；如果个人信息存在跨境传输情况，需单独列出或重点标识。 7. 根据个人信息的使用情况，注明不同类型个人信息预计的保留时间（如：自收集日期开始 5 年内）以及需要删除或销毁的截止日期（如：2019 年 12 月 31 日或个人信息主体注销账户时）。 8. 确需改变信息收集和使用的目的，应当说明会征得个人信息主体的同意。

表 D.1（续）

个人信息保护政策模版	编写要求
（2）共享 　　我们不会与本公司以外的任何公司、组织和个人分享您的个人信息，除非获得您的明确同意。目前，我们会在以下情形中，向您征求您对共享个人信息的授权同意： a）…… 　　了解此情形中目前涉及的公司、组织和个人，请点击此处。【提供超链接】 b）…… 　　了解此情形中目前涉及的公司、组织和个人，请点击此处。【提供超链接】 c）…… 　　了解此情形中目前涉及的公司、组织和个人，请点击此处。【提供超链接】 　　我们可能会根据法律法规规定，或按政府主管部门的强制性要求，对外共享您的个人信息。 （3）转让 　　我们不会将您的个人信息转让给任何公司、组织和个人，但以下情况除外： a）在获取明确同意的情况下转让：获得您的明确同意后，我们会向其他方转让您的个人信息； b）在涉及合并、收购或破产清算时，如涉及到个人信息转让，我们会在要求新的持有您个人信息的公司、组织继续受此个人信息保护政策的约束，否则我们将要求该公司、组织重新向您征求授权同意。 （4）公开披露 　　我们仅会在以下情形下，公开披露您的个人信息： a）获得您明确同意后； b）基于法律的披露：在法律、法律程序、诉讼或政府主管部门强制性要求的情况下，我们可能会公开披露您的个人信息。	9. 个人信息控制者说明是否需要共享、转让个人信息，并详细描述需要共享、转让的个人信息类型和原因、个人信息的接收方、对接收方的约束和管理准则、接收方使用个人信息的目的、个人信息共享、转让过程中的安全措施，及共享、转让个人信息是否对个人信息主体带来高危风险。 10. 个人信息控制者说明是否需要公开披露个人信息，并详细描述需要公开披露的个人信息类型、原因、是否对个人信息主体带来高危风险。 11. 说明何种情况下个人信息控制者会不经过个人信息主体同意，共享、转让和公开披露数据，如响应执法机关和政府机构的要求、进行个人信息安全审计、保护个人信息主体避免遭受欺诈和严重人身伤害等

表 D.1（续）

个人信息保护政策模版	编写要求
业务功能二的个人信息收集使用规则 略	—
我们如何保护您的个人信息 　　（一）我们已使用符合业界标准的安全防护措施保护您提供的个人信息，防止数据遭到未经授权访问、公开披露、使用、修改、损坏或丢失。我们会采取一切合理可行的措施，保护您的个人信息。例如，…… 　　（二）我们已经取得了以下认证：…… 　　（三）我们的数据安全能力：…… 　　（四）我们会采取一切合理可行的措施，确保未收集无关的个人信息。我们只会在达成本政策所述目的所需的期限内保留您的个人信息，除非需要延长保留期或受到法律的允许。 　　（五）我们将定期更新并公开安全风险、个人信息安全影响评估等报告的有关内容。您可通过以下方式获得…… 　　（六）互联网环境并非百分之百安全，我们将尽力确保或担保您发送给我们的任何信息的安全性。如果我们的物理、技术、或管理防护设施遭到破坏，导致信息被未授权访问、公开披露、篡改、或毁坏，导致您的合法权益受损，我们将承担相应的法律责任。 　　（七）在不幸发生个人信息安全事件后，我们将按照法律法规的要求，及时向您告知：安全事件的基本情况和可能的影响、我们已采取或将要采取的处置措施、您可自主防范和降低风险的建议、对您的补救措施等。我们将及时将事件相关情况以邮件、信函、电话、推送通知等方式告知您，难以逐一告知个人信息主体时，我们会采取合理、有效的方式发布公告。 　　同时，我们还将按照监管部门要求，主动上报个人信息安全事件的处置情况。	1.详细说明个人信息控制者对个人信息进行安全保护的措施。包括但不限于个人信息完整性保护措施，个人信息传输、存储和备份过程的加密措施，个人信息访问、使用的授权和审计机制，个人信息的保留和删除机制等。 　　2.目前遵循的个人信息安全协议和取得的认证。包含个人信息控制者目前主动遵循的国际或国内的个人信息安全法律、法规、标准、协议等，以及个人信息控制者目前已取得的个人信息安全相关的权威独立机构认证。 　　3.应描述提供个人信息后可能存在的安全风险。 　　4.应表明在发生个人信息安全事件后，个人信息控制者将承担法律责任。 　　5.应表明在发生个人信息安全事件后，将及时告知个人信息主体

表 D.1（续）

个人信息保护政策模版	编写要求
您的权利 　　按照中国相关的法律、法规、标准，以及其他国家、地区的通行做法，我们保障您对自己的个人信息行使以下权利： **（一）访问您的个人信息** 　　您有权访问您的个人信息，法律法规规定的例外情况除外。如果您想行使数据访问权，可以通过以下方式自行访问：…… 　　如果您无法通过上述链接访问这些个人信息，您可以随时使用我们的 Web 表单联系，或发送电子邮件至…… 　　我们将在 30 天内回复您的访问请求。 　　对于您在使用我们的产品或服务过程中产生的其他个人信息，只要我们不需要过多投入，我们会向您提供。如果您想行使数据访问权，请发送电子邮件至…… **（二）更正您的个人信息** 　　当您发现我们处理的关于您的个人信息有错误时，您有权要求我们作出更正。您可以通过"（一）访问您的个人信息"中罗列的方式提出更正申请。 　　如果您无法通过上述链接更正这些个人信息，您可以随时使用我们的 Web 表单联系，或发送电子邮件至…… 　　我们将在 30 天内回复您的更正请求。 **（三）删除您的个人信息** 　　在以下情形中，您可以向我们提出删除个人信息的请求： 　　1.如果我们处理个人信息的行为违反法律法规； 　　2.如果我们收集、使用您的个人信息，却未征得您的同意； 　　3.如果我们处理个人信息的行为违反了与您的约定； 　　4.如果您不再使用我们的产品或服务，或您注销了账号；	1.说明个人信息主体对其个人信息拥有何种权利，内容包括但不限于：信息收集、使用和公开披露时允许个人信息主体选择的个人信息范围，个人信息主体所具备的访问、更正、删除、获取等控制权限，个人信息主体隐私偏好设置，个人信息主体可以选择的通信和广告偏好，个人信息主体不再使用服务后撤回授权同意和注销账户的渠道、个人信息主体进行维权的有效渠道等。 2.对于需要自行配置或操作（如对所使用的软件、浏览器、移动终端等进行配置和操作）以达到访问、更正、删除、撤回授权同意等目的，个人信息控制者应对配置和操作的过程进行详细说明，说明方式易于个人信息主体理解，必要时提供技术支持的渠道（客服电话、在线客服等）。 3.如果个人信息主体行使权利的过程产生费用，需明确说明收费的原因和依据。 4.如果个人信息主体提出行使权利的需求后需要较长时间才能响应，需明确说明响应的时间节点，以及无法短时间内响应的原因。 5.如果个人信息主体行使权利的过程需要再次验证身份，需明确说明验证身份的原因，并采取适当的控制措施，避免验证身份过程中造成的个人信息泄露。

表 D.1（续）

个人信息保护政策模版	编写要求
5.如果我们不再为您提供产品或服务。 若我们决定响应您的删除请求，我们还将同时通知从我们获得您的个人信息的实体，要求其及时删除，除非法律法规另有规定，或这些实体获得您的独立授权。 当您从我们的服务中删除信息后，我们可能不会立即在备份系统中删除相应的信息，但会在备份更新时删除这些信息。 （四）改变您授权同意的范围 每个业务功能需要一些基本的个人信息才能得以完成。对于额外收集的个人信息的收集和使用，您可以随时给予或收回您的授权同意。 您可以通过以下方式自行操作：…… 当您收回同意后，我们将不再处理相应的个人信息。但您收回同意的决定，不会影响此前基于您的授权而开展的个人信息处理。 如果您不想接受我们给您发送的商业广告，您随时可通过以下方式取消：…… （五）个人信息主体注销账户 您随时可注销此前注册的账户，您可以通过以下方式自行操作：…… 在注销账户之后，我们将停止为您提供产品或服务，并依据您的要求，删除您的个人信息，法律法规另有规定的除外。 （六）个人信息主体获取个人信息副本 您有权获取您的个人信息副本，您可以通过以下方式自行操作：…… 在技术可行的前提下，如数据接口已匹配，我们还可按您的要求，直接将您的个人信息副本传输给您指定的第三方。 （七）约束信息系统自动决策 在某些业务功能中，我们可能仅依据信息系统、算法等在内的非人工自动决策机制作出决定。如果这些决定显著影响您的合法权益，您有权要求我们作出解释，我们也将提供适当的救济方式。	6.如果个人信息控制者拒绝个人信息主体对个人信息进行访问、更正、删除、撤回同意等的要求，需明确说明拒绝的原因和依据

表 D.1（续）

个人信息保护政策模版	编写要求
（八）响应您的上述请求 　　为保障安全，您可能需要提供书面请求，或以其他方式证明您的身份。我们可能会先要求您验证自己的身份，然后再处理您的请求。 　　我们将在三十天内作出答复。如您不满意，还可以通过以下途径投诉：…… 　　对于您合理的请求，我们原则上不收取费用，但对多次重复、超出合理限度的请求，我们将视情收取一定成本费用。对于那些无端重复、需要过多技术手段（例如，需要开发新系统或从根本上改变现行惯例）、给他人合法权益带来风险或者非常不切实际（例如，涉及备份磁带上存放的信息）的请求，我们可能会予以拒绝。 　　在以下情形中，我们将无法响应您的请求： 　　1. 与个人信息控制者履行法律法规规定的义务相关的； 　　2. 与国家安全、国防安全直接相关的； 　　3. 与公共安全、公共卫生、重大公共利益直接相关的； 　　4. 与刑事侦查、起诉、审判和执行判决等直接相关的； 　　5. 个人信息控制者有充分证据表明个人信息主体存在主观恶意或滥用权利的； 　　6. 出于维护个人信息主体或其他个人的生命、财产等重大合法权益但又很难得到本人同意的； 　　7. 响应个人信息主体的请求将导致个人信息主体或其他个人、组织的合法权益受到严重损害的； 　　8. 涉及商业秘密。	

表 D.1（续）

个人信息保护政策模版	编写要求
我们如何处理儿童的个人信息 　　我们的产品、网站和服务主要面向成人。如果没有父母或监护人的同意，儿童不应创建自己的个人信息主体账户。 　　对于经父母同意而收集儿童个人信息的情况，我们只会在受到法律允许、父母或监护人明确同意或者保护儿童所必要的情况下使用或公开披露此信息。 　　尽管当地法律和习俗对儿童的定义不同，但我们将不满 14 周岁的任何人均视为儿童。 　　如果我们发现自己在未事先获得可证实的父母同意的情况下收集了儿童的个人信息，则会设法尽快删除相关数据。	—
您的个人信息如何在全球范围转移 　　原则上，我们在中华人民共和国境内收集和产生的个人信息，将存储在中华人民共和国境内。 　　由于我们通过遍布全球的资源和服务器提供产品或服务，这意味着，在获得您的授权同意后，您的个人信息可能会被转移到您使用产品或服务所在国家/地区的境外管辖区，或者受到来自这些管辖区的访问。 　　此类管辖区可能设有不同的数据保护法，甚至未设立相关法律。在此类情况下，我们会确保您的个人信息得到在中华人民共和国境内足够同等的保护。例如，我们会请求您对跨境转移个人信息的同意，或者在跨境数据转移之前实施数据去标识化等安全举措。	如果因业务需求、政府和司法监管要求存在跨境信息传输情况，需详细说明需要进行跨境传输的数据类型，以及跨境传输遵守的标准、协议和法律机制（合同等）

表 D.1（续）

个人信息保护政策模版	编写要求
本政策如何更新 　　我们的个人信息保护政策可能变更。 　　未经您明确同意，我们不会削减您按照本个人信息保护政策所应享有的权利。我们会在本页面上发布对本政策所做的任何变更。 　　对于重大变更，我们还会提供更为显著的通知（包括对于某些服务，我们会通过电子邮件发送通知，说明个人信息保护政策的具体变更内容）。 　　本政策所指的重大变更包括但不限于： 　　1. 我们的服务模式发生重大变化。如处理个人信息的目的、处理的个人信息类型、个人信息的使用方式等； 　　2. 我们在所有权结构、组织架构等方面发生重大变化。如业务调整、破产并购等引起的所有者变更等； 　　3. 个人信息共享、转让或公开披露的主要对象发生变化； 　　4. 您参与个人信息处理方面的权利及其行使方式发生重大变化； 　　5. 我们负责处理个人信息安全的责任部门、联络方式及投诉渠道发生变化时； 　　6. 个人信息安全影响评估报告表明存在高风险时。 　　我们还会将本政策的旧版本存档，供您查阅。	个人信息控制者在个人信息保护政策发生重大变化时，需及时更新个人信息保护政策，并说明使用何种方式及时通知个人信息主体。通常情况下采取的通知方式如：个人信息主体登录信息系统时、更新信息系统版本并在个人信息主体使用时弹出窗口、个人信息主体使用信息系统时直接向个人信息主体推送通知、向个人信息主体发送邮件、短信等

表 D.1（续）

个人信息保护政策模版	编写要求
如何联系我们 　　如果您对本个人信息保护政策有任何疑问、意见或建议，通过以下方式与我们联系：…… 　　我们设立了个人信息保护专职部门（或个人信息保护专员），您可以通过以下方式与其联系：…… 　　一般情况下，我们将在三十天内回复。 　　如果您对我们的回复不满意，特别是我们的个人信息处理行为损害了您的合法权益，您还可以通过以下外部途径寻求解决方案：……	1. 个人信息控制者需要明确给出处理个人信息安全问题相关反馈、投诉的渠道，如个人信息安全责任部门的联系方式、地址、电子邮箱、个人信息主体反馈问题的表单等，并明确个人信息主体可以收到回应的时间。 　　2. 个人信息控制者需给出外部争议解决机构及其联络方式，以应对与个人信息主体出现无法协商解决的争议和纠纷。外部争议解决机构通常为：个人信息控制者所在管辖区的法院、认证个人信息控制者个人信息保护政策的独立机构、行业自律协会或政府相关管理机构等。

参考文献

　　[1] GB/Z 28828—2012　信息安全技术　公共及商用服务信息系统个人信息保护指南

　　[2] GB/T 32921—2016　信息安全技术　信息技术产品供应方行为安全准则

　　[3] 中华人民共和国网络安全法（2016年11月7日第十二届全国人民代表大会常务委员会第二十四次会议通过）

　　[4] 全国人大常委会关于维护互联网安全的决定（2000年12月28日第九届全国人民代表大会常务委员会第十九次会议通过）

　　[5] 全国人大常委会关于加强网络信息保护的决定（2012年12月28日第十一届全国人民代表大会常务委员会第三十次会议通过）

　　[6] 中华人民共和国电子商务法（2018年8月31日第十三届全国人民代表大会常务委员会第五次会议通过）

　　[7] 电信和互联网个人信息主体个人信息保护规定（2013年7月16日中华人民共和国工业和信息化部令第24号公布）

［8］中华人民共和国刑法修正案（七）(2009年2月28日第十一届全国人民代表大会常务委员会第七次会议通过）

［9］中华人民共和国刑法修正案（九）(2015年8月29日第十二届全国人民代表大会常务委员会第十六次会议通过）

［10］国家网络安全事件应急预案（2017年1月10日中央网络安全和信息化领导小组办公室〔2017〕4号文公布）

［11］ISO/IEC 29100：2011 Information technology—Security techniques—Privacy framework

［12］ISO/IEC 29101：2013 Information technology—Security techniques—Privacy architecture framework

［13］ISO/IEC 29134：2017 Information technology—Security techniques—Guidelines for privacy impact assessment

［14］ISO/IEC 29151：2017 Information technology—Security techniques—Code of practice for personally identifiable information protection

［15］ISO/IEC DIS 29184 Information technology—Online privacy notices and consent

［16］APEC Privacy Framework，APEC，2005

［17］Consumer Privacy Bill of Rights Act of 2015 (Administration Discussion Draft)，White House，2015

［18］CWA 16113：2012 Personal data protection good practices

［19］EU General Data Protection Regulation，2015

［20］EU–U.S Privacy Shield，2016

［21］NIST SP800–53 Rev. 4：2013 Security and privacy controls for federal information systems and organizations

［22］NIST SP800–122：2010 Guide to protecting the confidentiality of personally identifiable information (PII)

［23］NISTIR 8062：2017 An introduction to privacy engineering and risk management for federal systems

［24］The OECD Privacy Framework，OECD，2013